歴史としての現代日本

五百旗頭真書評集成

五百旗頭真
IOKIBE Makoto

千倉書房

幕末・維新
民権と憲法
大正デモクラシー
満州事変から日中戦争へ
高度成長

はじめに

誰しも意図して歩む人生と、思いもよらぬ人生の双方を生きるであろう。私にとって、おそれ多くも、ひとさまの本をこんなに評するとは想像だにしないことであった。

本書には、学会誌に寄稿した書評や読書冊子への紹介文、あるいはサントリー学芸賞・大佛次郎論壇賞の選評も若干含まれている。が、大部分は新聞書評である。

毎日新聞日曜版から依頼されなければ、怠惰な私がこんなに書評を続けることはありえなかった。毎日新聞の読書欄は変わった放任主義の運営方針をとっている。編集担当者からこの本をお願いしますのおしきせはなく、編集委員会を開いてどの本をとりあげるかの合議もない。書評執筆者と期限だけ決めて、どの本をとりあげるかは執筆者に任せ切りである。そのことが私の性分に合った。自分の好きな本を読み、好きに書けばよい。お陰で十年以上も続いた。

つまり本書は、私が楽しんだ百冊余の本の記録である。

心ひかれ、眼を開かれる本を手にしては、四百字原稿用紙三枚半の書評、もしくは五枚の大書評を、その都度パソコンではなく手書きで書き、期限に遅れながらファックスした。そんな気まぐれな産物がまとまった一冊の読みものになるだろうか。

千倉書房の神谷竜介氏が、百冊を越えるさまざまなテーマの著作について、十数年にわたって執筆した書評を時期順に並べて示して下さった。それぞれの著作へのなつかしさを覚えながら読み返すうちに、いくつかの関心の流れが浮び上って来るように感じた。一方で、歴史的展開という関心を縦軸にとり、他方で、日本－アジア－アメリカ－世界という空間的な関心の展開を横軸ととれば、ここに扱った作品のほとんどが位置を持つのではないか。

本書は内容的に次のような六章構成をなしている。

やはり第一章には、古代から今日に至るまでの日本の歴史を語る本を集めた。歴史家であり、「世界の中の日本」を関心とする私にとって、この軸を通さないと落ち着かないのである。日本がどんな歴史を刻んできたのかを最初に概観したい。

第二章は個性的だと思う。自伝・回想・評伝など、人物を扱ったもののみで章を構成されることに気付き、驚いた。私の職種がら、政治家や外交官をとりあげることが多いが、学者・文人もいる。そして意外に同時代を生き合わせた知友の書が少くない。二十世紀日本の諸相を、人物を通じて見る章といえようか。

第三章は戦後日本の変動を訪ねる。吉田路線の下で経済国家として再生した戦後日本は、どのような政治外交を展開したか。そして冷戦終結後、それはどう変わったか。

第四章はアメリカと日米関係にフォーカスする。対米基軸に生きる戦後は言うに及ばず、ペリー来航のはじめより、アメリカは日本史の節目々々に運命的なかかわりを持ってきた。一国というより一つの世界というべき巨大なアメリカは、矛盾の塊でもある。不可欠にして最重要の存在でありながら、イラク戦争に至るまで世界を悩ませることを止めない。

第五章はアジアである。アジアとは何なのか。日本にとってアジアとは何か。バンドン会議以来、戦後の日本は東南アジアを求め、韓国にたじろぎ、中国におののいてきた。アジアは日本にとって、不実の現住所たるに留まるのか、いつか出会う故郷たりうるのか。

第六章は国際関係である。国際政治学の理論よりも、イギリス外交の歴史、現在進行中の国際関係の激変が意味するもの、アラブ世界の挑戦などに注目し、世界をどう認識して日本は航海するのかを訪ねる終章である。

百冊余の出会った本が以上のように再配置されることは、私の関心を因数分解する意味を持つであろうし、同時に日本という文明が直面している問題を反映してもいると思う。そうした重要な問題に取り組んだ立派な書物の存在に敬意を表し、これらと出会いえたことに心から感謝したい。

政党と官僚の近代
二大政党制への道
政党内閣制の成立
外交の時代
現代中国の外

歴史としての現代日本——五百旗頭真書評集成

目次

第三章　変わりゆく戦後日本……104

第四章　アメリカという例外国家……166

第五章　不実の故郷　アジアを求めて……208

歴史としての現代日本——五百旗頭真書評集成

暗闘

長谷川 毅

日本はどんな歴史を刻んできたのか。

古くは中国文明への対応が中心テーマであった。七世紀に大軍を白村江に投じて唐・新羅の連合軍に完敗した日本は、存立のため唐文明を学び、大いなる飛躍を遂げた。

近代のテーマは西洋文明への対応であった。「攘夷」戦争に敗れた薩長は、幕府を倒し、明治政府を樹立した。猛然と西洋文明に学んだ日本は世界史上はじめて近代化に成功した非西洋国となった。

第一章

歴史の中の日本

アジア唯一の帝国に成長した日本は、第一次大戦後の世界につまづいた。中国ナショナリズムの挑戦に乱れ、帝国のとめどない拡大を求めて、帝国を滅ぼした。世界を敵とする戦争にのめり込んだことは、運命的な刻印を日本史の額に記すことになった。

戦後日本は吉田茂の下で戦争を自問し、権力政治から降りて平和的発展を志向する経済国家の道を歩んだ。驚くべき成功を遂げ、世界第二の経済大国となった。が、トータルに見れば、自己認識を乱しがちなミドルパワーであった。格差のない豊かさを手にした世界に先端的な「無階層社会」の夢は、無節操なバブルにふけり、そしてそれがはじけたことにより挫折した。偏狭な「民族」に身を委ねるのか、「経験に裏打ちされた英知」を輝かせることができるのか。

本章は、このようにわれわれの歴史を綴っている。

激動する東アジアの中の古代日本

『日本の誕生』（岩波新書）

吉田孝 著

大化改新、明治維新、戦後改革が、日本史における三大変革期であるとしばしば語られる。その通りであろうが、私のような者にとっての問題は、三者についての知識の厚みが違い過ぎることにある。大化改新についいては教科書的通念と断片的個別問題のツギハギ認識しかない。それだけに、本書のように個別研究の成果をふまえながら、古代国家の全体像を鮮明に示してくれる作品はありがたい。

本書の描く古代国家像が鮮明にして理解可能である理由の一つは、激動する東アジア国際環境の文脈に日本の政治外交を置いて語っているからであろう。現代人は徳川二百余年の鎖国に認識をさえぎられて、古い時代に国際交流があったといっても神風が吹けば消散する程度の牧歌的なものと軽く受けとめる。しかし本書が描くように、卑弥呼《ひみこ》の時代から日本をふくむ東アジアの国際関係はすでに成立しており、そのなかでの自己決定の試みこそが『日本の誕生』のドラマに他ならない。

ヤマト国にとっての国際関係の意味は、輝ける中国文明を学習、導入することであり、それは鉄の輸入のように経済的利益にもなり、島国内における優位を可能にする道具でもあった。加えて、周辺諸国は中国皇帝に朝貢し「冊封《さくほう》」（任命）されることにより、自権力の国際的正統性を獲得しえた。倭国の王たちもその競争に加わったのである。

他方、中国皇帝にとって、東海の倭国まで臣下に包含することはその威信上好ましいだけでなく、しばしば戦略的コマとしての意味を持つ。たとえば、三国志の時代の魏が卑弥呼の使節に対し「親魏倭王」という他地域よりも高い位を与えたのは、この島国を宿敵・呉の背後にある勢力と意識したからという。また例の「日出《い》づる処《ところ》の天子」という対等性を主張する遣隋使の口上に煬帝《ようだい》は怒りつつも、結局、冊封を受けぬ独立した大和王朝を許した。何故か。朝鮮半島において高句麗との激戦に苦しんでいたので、その背後にある島国の地政的意味を重視したのである。

もっとリアルな瞬間があった。新羅の金春秋が高句麗、倭、唐の三カ国それぞれに長期滞在して観察したうえ、唐との同盟を選び、その大軍を招いて百済と高句麗を滅ぼすに至る。新羅は唐の力を借りて朝鮮半島の統一を成就した後、唐をも追い返して朝鮮支配を確立する。見事な外交戦略の展開である。その一コマとして百済の残党が大和に援軍を求め、それに応じて大軍を送って唐・新羅連合軍に敗れたのが、六六三年の白村江《はくすきのえ》の戦であった。中大兄(天智天皇)は、唐・新羅連合軍の来襲に備え全国に防衛体制を布き城塞を築くとともに、国内改革を断行する。大化改新は「敗戦」を契機とする生存のための自強変革策であった。百済からの亡命者を中心とするおびただしい渡来人の波が「戦後改革」を支えた。六七一年には唐の四十七隻の船団が来航し、裏切った新羅との戦に日本を巻き込もうとした。

壬申の乱での挙兵の賭けに勝った大海人は伊勢神宮と太陽信仰を布《ひろ》め、国名も「日本」に、そして「天皇」と称する道筋を確かにする。諸王の合意による推戴により大王＝天皇の後継者が決まる段階から、血統による幼帝でも天皇が務まる制度化が進み、そうしたものとして天皇制が平安期に定着すると本書は説く。この国制の特徴は、中国モデルの律令制がヤマトの氏族制を打倒崩壊したのではなく、両者が重層的に構造化された点にある。同じ「習合」「包摂」「並存」の関係が、仏教と神道、漢語と仮名の文化にも認められるとする。この島国の進路を外部文明とのかかわりにおいて再考するによき作品である。

（「毎日新聞」一九九七年八月十七日朝刊）

近代日本という国のつくり
『文明史のなかの明治憲法　この国のかたちと西洋体験』（講談社選書メチエ）
瀧井一博 著

途上国の復興・国づくり支援は今や日本の得意技である。その背景には、日本が非西洋社会から真っ先に近代化に成功した実績がある。では、明治の日本は如何に「国のかたち」を築いたのか。本書はそれを明示した好著である。岩倉具視、伊藤博文、山県有朋のミッションを蘇らせて、読者に国づくりを担う者の情熱と知恵が何であるかを改めて想起させてくれる。

（二〇〇四年第四回大佛次郎論壇賞選評・「朝日新聞」二〇〇四年十二月十五日朝刊）

真正面から自由自在に語られる歴史劇
『明治国家の完成　日本の近代3』（中央公論新社）
御厨貴 著

面白く読める歴史を、本物の学者が書くようになった。本書を読んで、何よりもまずそう思った。マルクス主義的史観と否とを問わず、学者の書く歴史は概して難解で面白くない。本書は違う。「この危機に登場したのは、だれあろう、ほかならぬ明治天皇であった」といった調子で、明治という歴史劇を見せながら舞台の傍で聴衆に向って、自由自在に語る、そういった趣である。

およそ革命は三段階に進むようである。第一は人格的・思想的電磁波を発して革命家が世を動かす段階であり、明治維新でいえば高杉晋作、坂本竜馬、西郷隆盛の局面である。（小泉首相もこのカテゴリーだったかもしれない）。第二は、大久保利通のように革命政権の新たな政治路線を打ち出す段階である。第三は新国家の制度化の段階であり、伊藤博文や山県有朋の時代である。本書は『日本の近代』シリーズの第三巻であるが、まさしく第三の制度化の時代を扱うものである。

具体的には、はじめての総選挙が行われて帝国議会が開かれた一八九〇（明治二十三）年から、日清、日露の両戦争を終える一九〇五（明治三十八）年までの十六年間の歴史である。本書は憲法制定、条約改正、日清戦争を「三点セット」として論ずる明治国家形成の大河ドラマである。

明治が三十三年を経たところで、新世紀を迎えた。新旧世紀論という時間的拡がり（変化）と、空間的拡がり（国際比較）の中で日本を説き起す。そうした時代の状況を浮び上がらせながら、状況のうねりと格闘する個人に照明をあてる。

本書の主題は明治国家であるが、主役として明治天皇と五人のプレーヤー、伊藤博文、星亨、田口卯吉（文筆家）、尾崎三良（法制官僚）、近衛篤麿を設定する。明治国家をつくり出す群像を庶民や野党の側から見上げて批判するというよりは、彼らを真正面から主体として描く。広く五人を設定したことを見ても、元来はもっと多角的に分析する意図があったのかもしれない。むしろ明治国家形成の中心的群像へよどみなく迫ることに本書の特長がある。天皇を中心とする明治国家ファミリーを主役にしながら嫌味はない。なぜなら状況との苦悶、さらには人と制度の逆説に満ちた関係の中での彼らの敗北も容赦なく語られているからである。

驚かされたのは、鳴りもの入りで九年かけて伊藤博文がつくり上げた憲法制度が、施行とともにたちまち機能不全に陥ったことである。黒田清隆首相と大隈重信外相が、断固たる決意で不評判な条約改正案を強行しようとした時、制度的欠陥が露呈し、伊藤と天皇すらもこれを収拾できず、大隈暗殺未遂事件のみが局面を変えた。「頭のない」政府という、後に欠陥とみなされるようになった明治の分立的制度は、こうした柔軟性を欠く対処の中で形成されたことが示されている。

「超然主義」をもって議会開設後の政治を運営できると思ったのは元勲たちの不明であった。政党の内圧はすさまじく、政府は強権、金権、とり込みなどにより対処を試みるが、結局「政党によるにあらずんば、立憲政治を行うにあたわず」と思い知る。

解決不可能とみえた政治的分極化を救ったのは日清戦争であった、陸奥宗光はその効用を、条約改正に向けての効用とともに、かなり自覚的に追求したように見られる。与野党間の政治的抗争の仁義のなさと対外ナショナリズムの可能性は、いつの時代にもあり、むしろ明治の方がはるかに激しかった。しかも当時は政策を形成し実施する制度基盤は誠に脆弱《ぜいじゃく》であった。いつ全面崩壊しても不思議でなかったあの明治国家が、実は偉大な躍進の時代を生んでいた。そのことは、今日、政治制度の融解と国民情緒の不安定に直面しているわれわれに、奇妙な形で励ましを送っているように感じられる。

それにしても著者の博覧強記はたいへんなものである。多くの文献のなかで、とりわけ雑誌『太陽』を、時代を浮び上がらせる中心材料として有効利用している。天皇の実像を再生するうえで『明治天皇紀』（吉川弘文館）が意外に有用であるようだ。また日本を二度訪れた作家キップリングの日本批評や、イギリス人外交官の妻メアリ・フレーザーの日本観察など外からの眼をたえず参照していることが、明治をとらえる視座を多様かつ堅固にし、本書のふところを深くしている。

私などは「戦後日本の形成」期が戦後を後にしようとしている今日の変動期への示唆に富むと見てきたが、本書を読んで「明治国家の形成」をもわれわれの共通言語に組み入れるべきだと思った。そう思っても容易にアクセスできない時代について、かくも楽しく読める歴史を出版した労を多としたい。

（「毎日新聞」二〇〇一年八月五日朝刊）

旧制高校の社会的機能を論じる
『学歴貴族の栄光と挫折　日本の近代12』（中央公論新社）
竹内洋 著

現れねばならなかった本であろう。

旧制高校の古きよき時代の話は、誰でも多少は聞かされる。しかしある種のイメージと結びついた断片的知識を超えて、その実態が具体的・全体的に提示されたことはまずなかったといってよい。

本書は大事な問題を扱う。社会のエリートをどう作り、どんなタイプの人材によって社会を支えようとするのか。国家百年の計にかかわる問題を内容としているのである。明治期にナンバースクールが各地に設立された際、それが「地方に設立されても地方の人材のための学校ではな」く、国家全体のための人材を養成するものである、そう当事者が語るくだりで、私はエドマンド・バークの言葉を想起した。地方の選挙区で選ばれても国家全体のために働くのが代議士であるとバークは誇った。近代日本にあって、国家社会のエリート層を成す「学歴貴族」養成学校としての旧制高校こそがそのような誇りの担い手であったのである。本書は、一高を中心とする旧制高校の実態と社会的機能を実証的に論じ、歴史的な全体像を描き出している。

重いテーマを扱いながら、本書は面白い。たとえば冒頭は、一方で洋学紳士の子に生まれ、学歴貴族となることを求められながら試験に失敗して「戯作者」を振る舞うことになる永井荷風と、他方で下町の不幸な境遇に育ちながら、成績優秀ゆえに一高・帝大を出るという上方への跳躍をとげつつ、「ぼんやりした不安」という言葉を残して自殺した芥川龍之介の対比を示す。本書は、社会統計的な分析、あるいはイギリスのパブリック・スクールとの対比などを織り込んで、全体の姿を誤らぬよう留意しつつも、ある相を代表する人物と具体例をいたるところで語る。戦前日本の個性たちの群像列伝の趣をも呈する。

明治の創設期に士族(旧武士)の子弟が生徒の多数を占めたことは、旧制高校に質実剛健、蛮カラ気風のエリート主義の伝統を残したと思われるが、次第に富裕な都市中間層の子弟が旧制高校の多数を占めるようになった。時に聞く、貧困者も旧制高校に進学できたという話は、昭和恐慌以後に階層全般が悪化した状況の投影であり、実際には九割が中流以上の子弟だったという。その点貧しい農家の子弟は多く幼年学校から陸軍の学校へ流れ込んだ。西洋文化にかぶれて洋書を携え、『三太郎の日記』（角川文庫）や『出家とその弟子』（岩波文庫）などの教養主義をまとった旧制高校エリートは、陸軍＝農村リアリズムの逆襲を戦時に受け、もろくも沈没した。

本書に驚かされたのは、これをもって終わりとしなかったことにある。「旧制高校という制度はなくなっても旧制高校文化は生き延びた」とする。戦後、阿部次郎、倉田百三、河合栄治郎らの教養主義の作品が復刻されて大いに読まれた。その文化は大学教育が大衆化され、もはや大学生が社会のエリートでなくなる昭和四十年代まで続いたとする。とりわけ丸山眞男が、軍国主義化で抑圧された教養主義とマルクス主義の復活を代表したとする。大学紛争の中で学生たちが、山の手知識人たる丸山を糾弾し、下町育ちの吉本隆明に共感を表わしたことに、旧制高校的な精神文化の終焉を本書は見出している。だとすれば、この巨大な社会的インフラがついえた後、大衆化した状況での高等教育は何をすればいいのか、本書がふれていないこの問いを、読者は投げかけずにはおれないであろう。

（「毎日新聞」一九九九年五月二十三日朝刊）

近代日本外交の栄光と破局に学ぶ

『両大戦間の日本外交 1914-1945』（岩波書店）

細谷千博 著

人為的な記号に過ぎない「昭和」の時代も、区切られてみれば一つの完結したサイクルであったと感じさせるところがある。摂政を経て、昭和天皇が即位したのは、第一次世界大戦後の時代であった。それは、「日本帝国」が世界の「三大海軍国」の地位を与えられた時期である。帝国主義列強がそびえ立つなかで、幕末に開国した日本が、麓《ふもと》から懸命の努力で登りつめ、ついに自らも尾根筋に立った時点で、「昭和」は始まったのである。

重荷を背負ってあえぎながら登る時、人は尾根筋に立つことを夢に見、そこに立てばどんなにすばらしく幸せかと思う。たしかに尾根に上れば眺望は開ける。しかし困難が消えるわけではない。尾根筋の上り下りも結構厳しい。浮かれて遠くを見ながら歩いていると、足もとを踏み外す。足もとばかりに気をとられていると、幾筋にも分岐する尾根道を誤る。広い展望と足もとの一歩の双方を同時にこなして行かねばならないのである。そして、誤って転落すれば、高きにあるだけに命とりの事故につながる。

昭和前半期の日本は、この尾根筋に立った者に求められる総合判断の課題に耐えず、道を誤って断崖から太平洋に転落した。敗戦後の日本は、もう一度ゼロからの出発を試み、この度は軍事帝国ではなく、非軍事的な経済社会の山をたゆまず登った。復興と高度成長を遂げ、一九七〇年代のあいつぐ危機を乗り越え、円安と円高をも克服して、ついに高き尾根筋に再び上った時点で、「昭和」は終わった。「昭和」は山の上から落ちて、もう一度、別の山に登ることによって一回転を完結したのである。

今度は尾根筋をちゃんと歩むことができるであろうか。広い視界をもっての大局判断と、足もとの一歩一歩の努力の双方をこなすことができるだろうか。その前途を想うにつけ、何故、前回は誤ったのかを訊ねずにはおれない。状況はもちろん違う。しかし、同じ人間のすることである。同じ失敗を繰り返すことは稀であるが、同じ失敗を繰り返しやすいのは、進んだ現時点にある自分は愚かな過去の者とは違う、といわれのない自負心から過去を学ぼうとしない者であろう。

細谷千博教授の手になる本書『両大戦間の日本外交』は、まさに、第一次大戦後に尾根筋の高きに立った日本が、破局的戦争に自滅するに至るまでを扱った実証研究である。著者自身、序説のしめくくりに、「二次大戦の勝利国として、一等国の地位をあたえられ、《パックス・アングロ・サクソニカ》体制の中で、対米英協調外交を展開した日本であったが、やがて中国問題を軸に、体制変革の側へ立場を移行、独伊枢軸国との同盟締結から米英との戦争という悲劇の道を転落、とどのつまり敗戦国へと沈淪する。この間の栄光から破局・挫折にいたる日本外交の歩みをそれぞれの段階・局面において考察したのが本書である」と記す通りである。

本書は、このような一つの大きなテーマを扱う著作であるが、書きおろしではなく、一九五九年から二十年にわたって、折にふれて書いた八つの論文に、このたび序説を書き加えた論文集である。

ただ、通読してその種の出版にありがちな弊、すなわち文体もすがた・かたちも、向いている方向も様々な諸論文を、○○の諸問題と表して無理に一冊の本にくくり込む式の落着き悪さを、本書は感じさせない。それは何故であろうか。

第一に、表題に示される両大戦間の日本の対外関係というテーマに議論が絞られているからである。その時期の重要な諸局面を扱う本書の論文を、ある程度の予備知識をもって読めば、国際環境のなかでの近代日本外交の基本枠組とその変動とを、系統立てて把握することが可能である。

第二に、先の引用にあった「パックス・アングロ・サクソニカ」という言葉に示されるように、著者は両大戦間を英米体制ととらえ、そのなかでイギリスからアメリカに重心が移行する時期と見ている。

そのワシントン体制の基本構造を序説や第三章で示しながら、それへの日本外交の挑戦とその帰結を論じている。日ソ、日中、日独の関係を扱った論文が半数を占める。しかし、それらは日米関係との間で陰と陽の内容的関連を構成しており、たんにあちこちへのお散歩ではない。

第三に、本書の論文のすべてが、米英日三国を中心とする原資料の渉猟にもとづいている。つねに外交原資料を新たに調査・分析して書いたことが、諸論文に一定の質を保証し、近年の国際関係研究の隆盛のなかで、なお本書に第一線の研究水準を誇らしめる結果となっている。見事な時事的分析は多くの人々の目を奪い、理論的着想に富む研究は学会を魅了する。しかし、実証研究の風雪に耐える強靭さを忘れてはならない、と本書は告げているようにも感じられる。

最後に、やはり人とその手腕である。いくら良きテーマを選び、原資料を集めても、扱う人が問題に翻弄されていては、読めたものではない。資料の豊饒はかえって混迷を深めることにもなりかねない。おびただしい素材のなかから、大小の歴史的筋道を甦らせ、洗練された明快さの域に達していなければ、資料はガラクタ同然である。

本書はあまり多弁ではない。日本外交論を滔々《とうとう》と論じたてはしない。しかし、膨大な資料のなかから主要な問題点のありかを示し、外交路線の微妙で重要な差や、外交上の選択肢を随所に浮び上らせている。

著者は一九二〇年の生まれである。そのことは、敗戦の時に二十代半ばであったことを意味する。多感な青春の最中に、自らの社会の炎上と崩壊を見なければならなかった世代の一人が、「何故なのか」を問いつつ、戦後に学究生活をおくった結晶の一端が本書であろう。「各論文でとり上げた主題は異なっているが、それらを貫く赤い糸として、太平洋戦争の悲劇の道への歴史的関心があることは、理解していただけることであろう」(あとがき)。精神主義と観念過剰の時代は、郷土が空襲に赤く燃える姿に帰結した。それを目撃した著者は、その原因を、観念論を排した実証史学という方法を通して求め、止揚せんとしたものと解される。

内容に入ろう。八篇の論文のうち、最初の二つは第一次大戦中の外交を扱っている。いわゆる対華二十一カ条要求とシベリア出兵をめぐっての日米関係を論じている。

本書の扱う時代の日本外交が置かれていた歴史状況を、大まかに振り返っておく必要があろう。日露戦争後の対外政策には、いくつかの異なる立場があったが、それを三つの路線に大別してよいであろう。第一に、戦場での実績を背景に、満州における軍政を継続して、この地を全般的な日本の影響下に収めようとした陸軍の立場があった。第二に、それに対して、戦勝を背景に強硬な外交により中国に日本の諸権益を認めさせようとした小村外相の路線があった。第三に、力による現状変更に対する国際的反作用を回避すべく、国際協調に心をくだき、現状維持路線をとることによって結果的に日本の新しい地位の国際的保障を求める努力もなされた。林董《ただす》の外交はその代表的なものである。

この三つの路線を調整し、捌《さば》くなかで、日露後の外交政策は展開された。対露戦勝によって発言権を強化した陸軍の満州支配を日本政府は容易に抑制できなかったが、元老伊藤博文の尽力によって、一応は軍政を撤廃し得た。だが、それ以後も、満州全体を包括的に日本の勢力下に収めようとする陸軍の意欲が消えたわけではなく、機会を見出しては表面化する。この流れにとって第一次大戦は最大の機会であり、シベリア出兵はそのエネルギーの噴出と見て差しつかえないであろう。

第二と第三の路線、つまり中国への外交的進出と列強との協調政策は、つねに近代日本外交のコインの表裏であった。アジアに帝国を築く努力が、たとえば三国干渉を招いては挫折を余儀なくされる。そこで大陸への進出に際し欧米列強との協調の枠を重視せざるを得ない。日露戦争前から日英同盟を基軸に、一九〇七年からは日露協商をもって補完することにより、日本外交はきわめて安定した形をとり得た。日本外交は列強の許容する範囲を見定めながら、日韓併合や満州権益の強化などを計る。第一次大戦による列強のアジアに対する関与余力の減退は、物理的に対中強硬外交の許容範囲を拡げるように受けとめられた。対華二十一カ条要求は、そうした状況における第二路線の台頭を意味すると解して差しつかえあるまい。

このような第一次大戦中の日本のアジアにおける軍事・外交的攻勢は、当然ながら、二つの面から反作用を招き、それとの関係によって成否の程は左右される。一方は、中国やソビエト・ロシアという当事国からの反発であり、他方は、欧米列強のなかで唯一アジアへの関心と影響力を低下するのではなく強化しつつあるアメリカの反応である。

実は、本書が第一次大戦中の二つのケースを扱うに際して注目するのも、アメリカの対応にほかならない。しかも米国がヨーロッパ列強とは違ったアプローチをもって日本のアジア政策に関与せんとすることを、本書が提示している点に注意したい。

「二十一カ条要求」を扱う第一章においては、米国の極東政策に関する二つのアプローチが示される。一つは、極東における歴史的現実を与件として受けいれ、実際的な観点に立って平和維持を求める伝統的な対応である。ブライアン国務長官による三月十三日の対日ノートは、この線に沿っており、日本の満州等における特殊権益を容認しつつ「第五号」の要求をたしなめて、調整を図る穏健な姿勢をとる。それに対し、ウィルソン大統領自身が乗り出したあとの五月十一日の対日ノートは、普遍主義的原則（一般的には正義やデモクラシー、中国については門戸開放、領土保全、内政不干渉）を押し出して、日本に説教する新外交の姿勢を示すものであったとする。

著者が第一章で切り出したこの二つのアプローチの間での振幅こそが、アメリカ外交の今に変らぬ特質であると見てよいであろう。アメリカ自身が両者に引き裂かれ揺れるのであるから、日本がとまどわずにおれる訳がない。前者のアジアの現状容認に傾く実際的対応が日本にとって与《く》し易いことは言うまでもない。しかし、後者の「道義的・法律家的アプローチ」（ケナン）とも呼ばれる原則主義を虚と見なし軽視すると、間違いなく対米外交が破綻することを歴史は教えている。聞く者をうんざりさせる米国の独善的な道義と法の言葉の背後に、多くの場合、アメリカが譲ることができないと感じている長期的国益がある。それを読み取り曇りない評価を与えることが、日本外交に求められよう。

第二章で扱われるシベリア出兵は奇妙な事件である。『シベリア出兵の史的研究』（有斐閣、のちに岩波現代文庫）という密度の高い処女作によって外交史研究を始めた著者ほど、この問題を語る資格に恵まれた者はいない。米国は何故に共同出兵を提案したのか。それは賢慮を欠いたアジア大陸への軍事介入であると思われるが、著者の分析からも、米国にとっていささか腰の定まらない試行錯誤であったように感じられる。「限定出兵」と銘打たれたように、「限定」の二字が、米国出兵の本質であったように見える。派遣される兵力の「限定」だけでなく、ウィルソン政権の派兵目的も「チェコ軍救出」という偶発的事由に「限定」され、全般的反革命戦争に深入りすることは当初から目的とされていなかった。といって反共主義に立つ反革命的意図が無かったわけでないことは、コルチャク軍が勢力を強める気配が見えると、国務省が同政権の承認に動きかけたことにも示される。しかし、それも多大の代価を支払ってまで追求するわけではなく、同軍がくずれ、米軍がボルシェヴィキ軍と直接の戦争を賭さねばならなくなる危険が強まると撤退を決意する。米国の出兵は様々な意図によって合成されながら、「限定」という名の枠を設定していたことによって、プラグマティックな撤退判断をも容易にした。透徹した展望を欠く愚行であったにせよ、遊び以上の本気にはならないと枠づけていたことは、分別であったといえよう。とりわけ、日本の派兵との対比において、さらには米国自身の第二次大戦後のベトナム介入との対比においても、そのように感じられる。

シベリア出兵を行う日本側について、二つの立場が本書に注目されている。一つは、陸軍の「自主出兵」論であり、米国の誘いを、日本の勢力圏をシベリアにまで拡げる機会に利用せんとする壮大な積極論である。もう一つは、原敬らの対米協調論であり、米国と「限定」的なシベリア行軍を共にすることにより、日米関係緊密化の機会に活用する立場である。事実は、後者が前者のかくれ蓑として利用される結果となる。

日本側の衣の下の鎧があからさまに見えると、米国側は日本軍によるシベリア地域の排他的支配に対する警戒心と不満を強める。日本の行動をチェックすることを米国の出兵目的に読み変える動きが生じる一方、日本との共同行動を否定する意図をもって単独撤兵に傾いて行く。原内閣のもとで、シベリア出兵のあり方を対米協調の線に沿って改めて再編成する措置が採られていた最中に、米国政府が一方的に撤兵を通告したことによって、シベリア共同出兵は日米関係にとってもあと味の悪いものとなった。

交友を深めたいからといって、失敗に終る愚行を共にすれば、かえって友情にもヒビが入るという例であろうか。

協調という善を思って、共同で悪を為しては何にもならない。米国はといえば、自分から誘ったことであっても、それが不適当となり、国益にもとると見えると、経緯にとらわれず大局から一方的に政策変更を行うことが稀ではない。「アメリカの不忠」あるいは「アメリカの裏切り」と呼んで差しつかえない行動がまま採られる。たとえば近年の顕著な例としては、台湾擁護を長きにわたって日本に要求していながら、ニクソン・キッシンジャーが対中「頭越し接近」を敢行したことが挙げられよう。相手国を包むほどの外交戦略観が日本側にないと、「不忠」に振り回されることは避け難いであろう。

第三章の「ワシントン体制の特質と変容」は、本書の中軸的位置を占める力作である。

前記のように、著者は第一次大戦後の世界を「パックス・アングロ・サクソニカ」と捉える。ただアジア地域については、日本が中心プレーヤーとしてこれに加わり、日米英の協調システムが、ワシントン体制の特質であるとする。そこには、旧来の列強による帝国主義外交の止揚を説く「新外交」のフレーバーが、主として米国側から振りかけられた。

「新たな多数国間の提携システムの設定」を試みたワシントン体制であったが、三つの勢力がそれから除外されていた。ソビエト、中国ナショナリズム、日本の強硬な自主外交派である。この三勢力は、当然ながらワシントン体制に不満を持ち、これに挑戦するであろう。はたしてワシントン体制は、これらに対応しつつ、三国中心の協調システムを維持できるだろうか。中国ナショナリズムが、一九二〇年代を通じて波状的に高まるなかで、三国は共同でそれを抑える努力を試みたり、とり込もうとしたり、あるいは抜け駆け的に一国または二国がそれに好意を示したりという試行錯誤を繰り返す。その中で協調システムは次第に機能不全に陥って行く。こうした中国をめぐる三国の協調と対抗の織りなす微妙な関係の分析は、まことに見事であるという他はない。

一九二八年に国民党の北伐が再開された時期、日本は田中外交によって対応するが、この局面の分析にはとりわけ興味を惹かれた。一般に田中外交については、山東出兵に示される武力行使や、「支那・満蒙分離論」が主として論じられる。著者はむしろ、ワシントン会議外交から伝統的な二国間外交への復帰という側面に着目する。田中は日英協調の再興による中国のソビエト化阻止と、穏健な中国政治の育成を模索したとする。それは中国ナショナリズムの受けいれるところとはならず、加えて三人ゲームから外される形となる米国も快しとしない。米国は二八年七月、単独で中国の関税自主権承認に踏み切り、年末には英国もこれに追随して、かえって日本が置き去りにされる結果となる。

二〇年代の日本外交には三つの選択肢があったと、著者は結論する。第一に、日米英の協調による支配システムの維持である。しかし高まり行く中国ナショナリズムは、旧権益の維持を内包するこのシステムを許さない。第二に、日英同盟的な二国間外交の復活による中国抑制である。中国ナショナリズムも米国の極東政策も、これに反発する。第三に、ワシントン体制に中国を迎え、四国提携システムに成熟させて行く可能性であり、米外交はこれを模索しないではなかった。しかし、満蒙特殊権益に没頭する日本の国家主義が、これを自国の運命に対する挑戦と感じて反発する。

かくて、二〇年代末にはいずれの方途も行詰り、中国をめぐる三国協調システムは崩壊に瀕するとともに、日本の外交的孤立が明らかとなる。あとに続くのは、中国ナショナリズムと日本の単独軍事行動の正面衝突ということになるであろう。

本書には、満州事変とそれをめぐる国際関係を扱う論文は収められていない。しかし、満州事変が一段落したあと、日本外交が対外協調関係の再構築を試みる局面については、「一九三四年の日英不可侵協定問題」(第四章)を収録している。イギリス要因を重視して、日本外交に豊かな陰影を施す手法は、『日本外交の座標』(中公叢書)や『サンフランシスコ講和への道』(中央公論社)にも繰り返し用いられる著者の持ち技であり、得意芸の一つである。

さて、一九三三年から三六年にかけて、日本外交は満州国分立の既成事実を前提とした新たな協調の枠組みを模索する。その際の特色は、新外交的な多角的協調体制ではなく、再び二国間外交の再編成であった。この時期に模索された選択としては、日ソ不可侵、日英不可侵、日独防共の三つがあった。そのうち、日英不可侵協定案の興亡が検討されているわけであるが、結論からいえば、二つの勢力の反発によって、日英接近策は破綻する。日本陸軍と米国・ルーズベルト政権である。日本陸軍と米国という二大中枢こそ、太平洋戦争に至るまで、あらゆる中間的な宥和策を両側から圧し潰す不退転の意志を持った主体ではなかったか。何度となく繰り返されるパターンを呈示する研究として興味深い。

第五章「三国同盟」と第六章「日ソ中立条約」は、かの有名な日本国際政治学会編『太平洋戦争への道』(朝日新聞社)第五巻を飾った大論文であり、比較的広く読まれているので、紙幅の関係で言及を避けることをお許しいただきたい。

第七章と第八章は、日米開戦と終戦工作を扱っている。両者に通じるモチーフは、ミス・パーセプションの問題である。

「日米関係の破局、一九三九－一九四一」は、日米間の強硬手段の応酬によって破局へころげ込むプロセスを分析する。止るところを知らぬ日本の軍事行動拡大に対し、米国政府がそれを抑制する効果的手段として経済制裁を発動する。そのことは日本政府を資源獲得のための南進に向わせるという逆の効果を生んだ。日本側は松岡外交によって、米国側の対日姿勢の軟化を引き出す効果を期待して、三国同盟に走る。そのことは米国政府をして「日本への恫喝に屈さぬ」との決意を固めさせ、いっそう強硬な制裁へと進ませる効果を生んだ。かくして相互誤認にもとづく「報復と反撃の悪循環」という死に至る病に陥るのである。

「太平洋戦争と日本の対ソ外交――幻想の外交」では、陸軍が望む対ソ工作に大戦末期の日本外交がふけるなかで、「現実から遊離したイメージ」をもてあそぶ「幻想の外交」によって悲惨な結果を招く状況がスケッチされている。確かな資料的根拠をもって実際に根ざした外交史研究を築こうとする著者の志向は、幻想を捨て正確な国際認識にもとづいて着実な外交を展開すべきであるという外交論と、高い相応性を示している。その意味で、終末の二論文は、著者の基本的観点を鮮明に示すものであるといえよう。

紙数もつきたので各所で紹介した論点を改めてまとめる余裕はないが、終りにいささか評者の関心に引き寄せての紹介に傾いたことにお許しを乞うとともに、著者が三十年にわたり第一線の外交史研究を重ね、様々な研究プロジェクトを推進してこの分野をリードし続けていることに対し、心よりの敬意を表したい。

（『国際法外交雑誌』第八八巻第二号、一九八九年六月）

現代の鏡　破局招いた中国との対決

『戦間期の日本外交　パリ講和会議から大東亜会議まで』（ミネルヴァ書房）

イアン・ニッシュ　著　関静雄　訳

冷戦後、そして九・一一テロ後の激流の時代にわれわれは生きている。その只中にいると怒濤の動きを実感しうるが、流れがどこへ向かうのか、どれほど根深い動きなのかは、かえって把握しにくい。

日本人が今以上に急激な変動を体験したのが、第二次大戦後であった。敗戦とともに剣をふるう生き方を捨て、平和憲法の下で経済国家として再出発した。日本史に即していえば、明治維新と第二次大戦後が二つの根本的変動の瞬間であった。

しかし世界の歴史を巨視的に見れば、第一次大戦の方がより重要であった。加速度をつけながら進行していた科学技術革命、社会の大衆化・民主化・そして国際化が人類史上初めての総力戦において一つに結び合った。主権国家が権力政治をほしいままにし、帝国を競ういき方は悲惨な結果を招いた。このままでは人類は共倒れになる。ウィルソン大統領は国家をしつけてルールの下に置くため国際連盟の創設を提案した。戦争手段も植民地支配も忌まわしい旧弊と見られ、国際安全保障と民族自決が課題となった。第一次大戦を経て「現代世界」が始まったのである。

はたして大戦後の世界を極東の島国は順調に航海できたか。それが本書のテーマである。

著者はイギリスの知日派学者であり、日英同盟の研究で知られる日本外交史の泰斗である。その筆致は、日本外交の置かれた事態と行動を正確に読みとり、妥当な判断を静かな語り口で説く風である。著者がイギリスの碩学であることは、世界の大局の中で日本を穏当に判定することを容易にしているであろう。

では第一次大戦から第二次大戦に至る日本外交を本書はどう評価したか。結論的に次のように言う。ある意味でそれはめざましい発展の歴史であった。経済は伸び、勢力と領土は拡大し、自立的な大国となった。その面では日本帝国は一九四二年にピークを迎えた。

けれども著者は重大な留保をつける。その勢力は「日本が位置する地域における軍事力から生じたものであって、声望に由来するものではなかった」。腕力はあっても人望がない。真珠湾を攻撃し大英帝国の誇るプリンス・オブ・ウェールズを沈めることはできても、国際社会に受け容れられ尊敬されるリーダーではなかったというのである。日本外交は、一体どこから問題を生じたのであろうか。

本書冒頭のパリ講和会議やワシントン会議のくだりを見れば、対華二十一カ条問題やドイツから日本が奪った山東半島の処理をめぐって、顧維鈞《こいきん》らヤング・チャイナと呼ばれる新中国外交官がさっそうたる英語の雄弁で日本にチャレンジした。しかし日本側も幣原喜重郎大使らが米英と緊密に協議しつつ対論した。米英はたとえば山東半島問題について、中国に同情を示しつつも日本に実をとらせる対応をしたことが分る。

ところがこの段階においてすら、日本人のうちに英米は日本を包囲し封じ込めようとしているとの予感や被害者意識が存在した。そして高まる中国のナショナリズムが反日に転ずるとともに、英米あるいはソ連共産主義が中国の反日を背後で操っているとのイメージが日本において強まる。そこで中国人が日本を侮らないよう力をみせつけ、中国と外部勢力を切り離せば日本に従順になるかのような思い込みに陥る。

だが問題は、中国に既得権を多く持ち、その拡大を望む日本が、中国のナショナリズムと両立しがたい点にある。原敬が第一次大戦後の外交課題を、中国および米国との対立を回避することに置いていたと本書は記す。何と単純にして何と深い洞察であろうか。

積極外交・自主外交を唱える田中義一内閣が、国民政府の北伐を牽制すべく山東出兵を繰り返し、日貨排斥運動が中国全土に拡がり、それに日本の陸軍が激怒した一九二〇年代末には、破局の構図がどうやら見えた。本書は言う。「今や日本と密着して行動を共にしたいと思う国は皆無であった。すでに日本は中国においてもっとも人気のない外国」となっていた。

その後の日本は原の洞察に沿って対中、対米外交を立て直すことはできなかった。かえって三〇年代の本格的な侵略によって日本の対外行動は破局への構図を勤勉に踏み固めてゆく。「声望」によってではなく「軍事力」によって、日本は重い存在となり続けた。

今日の日本は戦間期とは較べようもない程に統一され富強を達成した中国に対している。それでいて似た面がある。今も往時と同じく、米中両国とのよき関係を築けるか否かが簡明にして重大な日本の課題である。しかも日本国内には対中対決姿勢を要求する有力にして自己破滅的な声が存在するのである。

過去の歴史を淡々と内在的に語る本書は、不思議なことにこんな今日との類比を想起させる力を持っている。

（「毎日新聞」二〇〇四年十一月二十一日朝刊）

戦前の失敗をあざやかに再現する

『日本陸軍と中国「支那通」にみる夢と蹉跌』（講談社選書メチエ）

戸部良一 著

戦前の日本帝国は、世界を敵とする戦争にのめり込んで敗れたが、端的にいえばアメリカに負けて滅んだ。どうして太平洋の彼方の巨大国と戦争などやらかしたのか。再び端的にいえば、中国との抜き差しならない戦争に深入りしてしまったからである。対中関係の破綻が日本を対米戦争へ導いた。では日本はなぜ中国との果てしない戦争に陥ったのか。重ねて端的にいえば、動乱期の中国に対する認識を誤ったからである。

十九世紀半ばの清朝衰退期から二十世紀半ばの新中国の勃興までの約百年は、中国史が幾度も繰り返してきた易姓革命の局面であった。旧王朝が活力を失い、たくましい新勢力が全中国を再統合するまでの動乱と内戦の百年である。この中国の混迷期にたまたま近代化に成功して強大となった日本帝国は、瞬間風速的対中優位を本質的・構造的なものと誤認した。その誤認を端的に表現するのが、「混乱を続ける中国人には自らを統治する政治能力なし」との認識であり、それを前提に「中国を西洋の圧迫から守り、よき統治を駄目な本人に代って与えてやろうとする日本に反抗する中国人の増長に対して、日本は力をもって膺懲《ようちょう》せねばならない」との台詞である。

思えば、日本の対中認識も、傲慢と卑屈との間を、ずいぶん揺れ動いたものである。その振幅を今日の日本人は卒業しただろうか。優劣コンプレックスの感情から自由に、中国をそれとして真っ当に認識し、おつき合いするたしなみを、われわれは身につけ得たであろうか。中国が巨大で多面的であるだけに、それは難しい。だからこそ戦前の失敗を鮮やかに再現した本書を熟読玩味することを勧めたい。

その時代の対中認識をリードしたのは誰か。それこそ本書のテーマである陸軍の「支那通」である。陸軍は中国大陸に関する限り、外務省も及びもつかぬ程の情報ネットワークを濃密にはりめぐらした。中国各地に割拠した軍閥のそれぞれに陸軍の「支那通」が顧問として張りつき、高度な内部情報を収集するだけでなく、影響力を行使して中国政治を操作しようとした。辛亥革命後の動乱の中で大統領となる袁世凱に密着して信頼を勝ち得た坂西利八郎は支那通の古典的存在であった。

本書は、北方軍閥にくい込んで地域的な政局に深入りした「旧支那通」と、孫文以降の新しい中国ナショナリズムの胎動を理解し、民族民主革命をくぐり抜ける中国への支援と提携に日中関係の将来を展望した「新支那通」とを区別する。後者の代表として描かれる佐々木到一の軌跡は、まさに近代日本がアジア大陸にかけた「夢と蹉跌」そのものであろう。

陸軍主流からはぐれ者であった佐々木が独自の鋭い感受性をもって中国を観察し、時事的な情勢分析だけでなく長期的な趨勢を孫文に見出したことは、地域専門家の可能性を示す例として興味深い。このような専門家の存在が社会の認識を支えうる。

ところが、新中国と日本帝国を結びつける佐々木の努力は悲劇をみる。蒋介石の顧問として北伐に同行し、第二次済南出兵に奔走する佐々木は反日に燃える中国兵に捕まり、生死の際をさまよう集団暴行を浴びた。それが彼の中国へ注いだ長年の愛情と認識への応答であった。「今に見よ」。彼は日本国益において中国の暴慢への膺懲を辞さない陸軍軍人へと回帰する。謀略と動乱の世界を、安定感に満ちた筆致でつづる稀有の好著である。

（「毎日新聞」二〇〇〇年二月二十七日朝刊）

日中戦争への拡大を新史料で解明

『盧溝橋事件の研究』（東京大学出版会）

秦郁彦 著

従軍慰安婦問題を機に歴史論争が高まっている。よいことである。しかし、右と左のイデオロギーの空中戦に終わってもらいたくない。史実が何であったかを再発見し、歴史像を再構成する機会であってほしいと思う。

思いのたけをぶつけ合うことに比して、資料に基づいて事実を確定することはずっと困難である。しかし、それのみが錯綜した議論に対する有意の答えなのである。事実に基づいた認識を持つことが、謝罪したり自負したりに先んじるたしなみが望まれる。

本書をその意味で推奨したいと思う。日中戦争の端緒となった一九三七年七月七日夜の盧溝橋の発砲は誰が行ったのか、いかにしてこの事件が大戦争へと拡大したのか。史料の石ころを一個一個掘り出して組み立てて行くような地道で労苦に満ちた作業を、著者はしかし好奇心の旺盛さに支えられて楽しそうに行っている。

著者はすでに三十五年前に『日中戦争史』（原書房）を著したが、この度、その後利用可能になった史料、とりわけ中国側の自由の拡大に伴って現れた情報を加味して本書を出版した。事件後一カ月以内のプロセスに限定していながら四百ページをこえる情報豊かな大著である。

さて、盧溝橋の銃声は誰の仕業か。なにしろ満州事変以来、日本の現地軍は謀略を自作してはそれを口実に侵出する実績が豊かであったため、中国側では今でもそう信じている。しかし、事実はそうではない。夜十時四十分頃から二波にわたる銃撃が、永定河畔の竜王廟あたりの中国軍から、夜間演習を行っていた清水節郎大尉の率いる日本の中隊に向けられた。

では中国側の誰が、どういう理由で発砲したのか。中国共産党や国府側の工作隊による謀略説も流布された。この度、著者が中国側大隊長の手記も利用して現場検証した結果、宋哲元の第二九軍下の第一一〇旅団第二一九連隊の兵士が、戦意と恐怖心の交錯した心境から、眼前で演習する日本軍の空砲射撃に対し反射的に発砲した公算が大きいと推論している。

たわいもない事件の背後には、しかし、重い構造がある。中国側旅団長は、日本軍が百メートル以内に来れば発砲することをあらかじめ命じており、大隊は「死を賭して」日本軍に対抗する戦意をみなぎらせていた。前年の西安事件以来、国共内戦を棚上げして抗日に燃える中国ナショナリズムの新たな高まりが、そこには反映されている。

問題の日本側プロセスであるが、満州事変が塘沽《タンクー》協定で一段落した後、広田弘毅外相の対中和協外交が、そして二・二六事件後には佐藤尚武外相と陸軍の石原莞爾作戦部長が連動した中国再認識論による改善が試みられた。が、双方とも日本の国内政治に敗れ、粗暴な対外軍事発展路線を制しえなかった。中国人の抗日を、増長と日本への軽侮によると見て、武力による「一撃」や「膺懲《ようちょう》」に傾く日本軍人たち、結局のところ彼らが日本を代表することになってしまう。その構造が、盧溝橋の前史も、現場における偶発事件後のミクロのプロセスも、そして現地のせっかくの停戦を日本政府が三師団増派の決定によって押し流す過程をも支配した。亡びる時とはこんなものなのか。

ともあれ、誰の味方をするでもなく、うまずたゆまず歴史の実相を求め続ける研究の蓄積に敬意を表したい。

（「毎日新聞」一九九七年三月三十日朝刊）

原文書による歴史研究の貴重さ

『日ソ戦争への道　ノモンハンから千島占領まで』（共同通信社）

ボリス・スラヴィンスキー著　加藤幸廣訳

二十世紀を閉じるにあたって、第二次世界大戦期のアジア太平洋地域をめぐる国際会議が開かれたとする。世界各国からの参加者の顔ぶれはほぼ想像がつく。米国からはハーヴァード大学のE・メイ、入江昭両教授らを中心に十名余、日本からも長老の細谷千博教授をはじめ十余名、欧州からはロンドン大学を退官したI・ニッシュ教授が中心で、その後継者A・ベスト講師や最近登場した若い若干の外交史家が英国から加わるであろう。その他の欧州大陸部およびアジア各国からは、ドイツのクレープス、韓国の李鍾元助教授らが力ある報告を聞かせるであろうが、意外に本格的に国際関係を扱える史家は多くない。

そんな中で、ロシアからは私がおりますとばかり、もはや欠くことのできない存在感を示すのが、本書の著者スラヴィンスキー氏である。

著者なしに第二次大戦期の極東国際関係を語ることは困難となった。冷戦終結後ようやくロシア政府によって公開され始めた旧ソ連時代の公文書を、ロシア外交文書館に勤務したこの人が誰よりも広範に読み、原文書にもとづく歴史像の再構成を試みているからである。著者は前著『千島占領』(共同通信社)によって、終戦後にソ連が千島占領を断行したプロセスを提示した。また『考証日ソ中立条約』(岩波書店)によって、スターリンと松岡洋右がどのような言葉づかいをもって両国の命運をかけた外交ゲームを切り結んだかを再現した。

そして本書は、日中戦争から第二次大戦終結までの危機の極東国際関係史を全体的に論ずる。著者は米欧日の原文書や出版物をかなり参照しているが、加えてロシアの原文書を大きく用いているところが、余人の追随を許さぬ強みである。

あの苛烈なサバイバルゲームが繰り拡げられた大戦期にあって、第一に一九四一年六月に始まるナチス・ドイツの攻撃をソ連が国際的予想に反して持ちこたえたこと、第二にその際、日本軍がドイツに呼応して極東でソ連攻撃を行わなかったこと、第三に、日ソ中立条約の存在にも拘らず、ソ連が一九四五年八月に対日参戦したこと、を本書は歴史の流れを左右した事象として重視している。

一九三八年夏の張鼓峰事件と呼ばれる日ソ間の軍事衝突の詳細を本書は語る。重要なのは、この時期、ソ連の極東軍備が飛躍的に増強された点であった。ウラジオストック周辺の基地には日本本土を火の海にできる長距離重爆撃機すら配備された。そうした現実を見ず突撃する関東軍の愚《ぐ》はノモンハン事件によって決定的に咎《とが》められた。明白な日ソ軍事バランスの現実に直面した日本陸軍は、独ソ開戦に際しても「北進」せず、むしろ資源の必要と結び付いた「南進」を主張した。

「関特演」による威圧を弄《もてあそ》びつつも、実は対ソ戦を避けたい日本政府内情は、ゾルゲらの情報機関により正確にモスクワに伝えられた。それ故、四一年秋に極東精鋭部隊のかなりの部分がモスクワ防衛に移動されソ連邦を救った。

本書の衝撃の一つは、日米破局の契機となった「ハル・ノート」の形成にソ連情報機関の影があったとの近年のニュース（本書一七五頁を参照）を厳しく斥《しりぞ》ける点にある。発信源となったパブロフ回想は、ソ連政府の諸資料に照らして、作り話でしかありえないという。確かな根拠にもとづく歴史研究の貴重さを改めて痛感させられる。外国語原文書を読める日本の研究者の奮起を切望せずにはおれない。

（「毎日新聞」一九九九年八月十五日朝刊）

ソ連文書が語る大戦終結のドラマ

『暗闘　スターリン、トルーマンと日本降伏』（中央公論新社）

長谷川毅 著

画期的な研究である。本書は、日本の降伏と第二次大戦終結をめぐって新たな解釈を打ち出す意欲をみなぎらせた作品である。

著者は米カリフォルニア大学で教鞭をとるロシア史に通じた国際政治学者である。ソ連・ロシア史への造詣が、本書に大きな特長をもたらした。従来の米国文書中心の研究にあっては、スターリンのソ連は藪の向う側から、時には予想通りの、時には意外な反応を返して来る客体に過ぎなかった。本書はかなり利用できるようになったソ連期の公文書を用いて、スターリン外交を主体として浮上させている。ソ連文書を身にまとって藪の中から出てきたスターリンのゲームの題目は「日本の敗戦」であり、それについて誰がどんな役割を果たすか、それを通してどんな東北アジアの国際政治地図を戦後に描き上げるかが本書の関心である。

スターリンが対日参戦を決定するに際し、ロゾフスキー、マイスキー、マリクらの意見書があり、それらは太平洋への出口を獲得するという戦略目標を重視する点で同一であった。安全保障上の必要から対日戦争に関与するソ連の意思は、強固に練られたものであった。スターリンは四四年九月にはワシレフスキー元帥を対日戦の総司令官に予定し、対日戦争の準備立案を命じた。百万をこえる大軍を欧州から極東へ移送し、広大な地域で陸海空軍が総合的に戦闘できるよう準備するのは容易ではないが、ソ連はそれを三段階にわたって進める。

五月のドイツ降伏後、ソ連の対日戦準備は進んだものの、スターリンは国際政治要因に苦慮する。米国はソ連の対日参戦を望み続けるか。日本が早すぎる降伏をしないか。それらは極東におけるソ連の勢力拡張の機会を流しかねない要因であった。

ソ連政府は六月二十七日に対日戦争を正式に決定した。スターリンは七月十七日に始まったポツダム会談において、トルーマン大統領がもはやソ連の対日参戦を切望していないことを知った。ポツダム宣言はソ連抜きに進められ、ヤルタでの約束を守って八月中旬に対日参戦するというスターリンに対し、米国側は冷徹な反応を示した。会議の終りにトルーマンは原爆保有を抽象的な表現でスターリンに通告した。スターリンはポツダムからワシレフスキー元帥に電話して、八月十一日予定の対日戦を十日繰り上げられないかと問うた。十日ではなく二日間の繰り上げをスターリンが手にしたのは、広島への原爆投下後であった。

このようにスターリンのソ連が、いつ、いかに決定し動いたのかを、本書は示す。それを米国、日本の動きとかみ合わせ、『暗闘』という日本語表題はよいとは言えないが、日本降伏をめぐる米ソ日の対抗ゲームを立体的、全体的に描き出した。米国が対日戦略として、本土上陸作戦と空爆・封鎖を中軸としながら、大戦の終幕に至って、二つの新たな手段が浮上する。一つは、グルー国務次官が五月末に提唱した無条件降伏を緩和した対日声明により日本を降伏に誘導する方策と、他は七月中旬に最初の実験に成功した原爆投下策である。この二つの新方式とソ連の対日参戦の間の複雑にして微妙な背反と提携の関係について、本書は力強い議論を展開する。

日本政府の終戦方策は、ソ連による仲介希望に金縛りになった感があるが、高木惣吉や佐藤尚武駐ソ大使はこれを批判し、透徹した国際認識をもって構想や提言を行っていたことが印象深く示される。日本の降伏が、原爆投下以上にソ連の参戦を決定的な要因としていたとの本書の解釈が、活発な研究と議論を触発することを期待したい。結論部において、多くの歴史のイフをあえて語っているところも興味深い。

（「毎日新聞」二〇〇六年三月二十六日朝刊）

内容豊富にして安定感のある評伝
『昭和天皇とその時代』（山川出版社）
升味準之輔 著

まだ私が大学院生か助手だった頃であるから四半世紀以上昔のことになるが、司馬遼太郎氏と話していたところ、話題が天皇制に及んだ。「天皇制のことを書くと、頭が悪うなりますな」。そう氏にいわれて、ハッとしたのを思い出す。

ある世代以上の日本人は、動乱の昭和史のなかで「私自身はどうなってもいい。国民を救いたい」といって終戦をもたらし、苦難に耐えた天皇を語れば感動を禁じ得ない。知的に論ずるというよりも、涙して歌うが如き情景となる。情緒過多の賛成派が天皇のすべてを美化すれば、批判者は逆に天皇制こそ諸悪の根源であるとの原理主義的否定に傾く。かくて賛否両論とも実相から遊離して「頭が悪うなり」易いのである。

一般によき論をなすには、相反する二つの資質が必要である。一つは対象への強い関心もしくは愛情であり、それは詳細な資料を広範に読み、内側から理解し洞察するうえで不可欠である。他方で、醒めた眼もしくは敵意であり、それは対象から距離をとり批判的に分析し全体の中に対象を位置づけるうえで不可欠である。天皇制の場合、あまりに強烈な磁力を帯びるため、この両資質のうち少なくとも一方が麻痺しがちなのであろう。加えて、昭和天皇の活動期間は摂政であった時から数えると、大正と戦前戦後の昭和、あわせて七十年にも及ぶ。その全体を満足に論じうる人などいるだろうか。

ここにいる。そう思わせずにはおかないのが本書である。著者は『日本政党史論』(東京大学出版会)七巻を著した戦前の政治史に関する泰斗であり、『戦後政治』『現代政治』(ともに東京大学出版会)計四巻などを刊行し続ける戦後史の第一人者でもある。近現代日本史の全体を国際比較の中で捉え得る著者にしてはじめて昭和天皇の長期にわたる事蹟を過不足なしにたどりかつ評価しうるのである。

天皇制の発する磁力に対する精神の持ち方はどうか。著者は敗戦の時十九才であった。国体をめぐる「呪縛空間」の中で生きてきた世代的な「偏見」を免れないと自ら「あとがき」に記している。だが、実はその時代を生きた世代の抱きがちなこだわりを「偏見」と自ら突き放して表現するたしなみこそ、磁力に羅針盤を狂わせられないために有用な「シニシズム」なのである。

著者はいう、「第一次史料を読み重ねていくと、たしかに死者が私の中で生命をえて、私に語りはじめる」。恐ろしい話である。天皇が巫女ならぬ歴史家の筆をかりて語り始めるのである。「もちろん、私の中に復活した天皇と実際の天皇とが同じかどうかは、わからない。同じと思うのは、史料にもとづく歴史家の心証にすぎない」。ここに内在的理解の極致が示されており、先の「偏見」と突き放す批判能力と合わせて、本書をかつてなく内容豊富にして安定感のある昭和天皇の評伝としている。

著者に本書を書かせる契機は、いわゆる『昭和天皇独白録』(文春文庫)の登場が与えたであろう。それは「これまでの歴史研究を書き直さねばならないほどの新事実を語ってはいない。むしろそれを裏付ける内容である」。が、そこには「一人称で語る天皇の肉声がきこえる」「私にはかなり素直な述懐のように思われる」と著者は評価しつつ、その内容を歴史全体の中で吟味検証する。時に自己弁護を免れない天皇自身の説明に対し、昭和期の生んだ最大の歴史家が歴史の後知恵の利点をも活かしてより大きな観点から応答し対話する本書である。

(「毎日新聞」一九九八年十一月二十二日朝刊)

昭和を書かなかった司馬の「遺言」

『「昭和」という国家』(NHK出版、現在はNHKブックス)

司馬遼太郎 著

まだ私が京都大学の大学院生だった六〇年代末に、本書の著者をお宅に訪ねたことがある。石原莞爾と満州事変を修士論文のテーマとした私に対し、著者は「よう昭和なんかやりますなあ。ボクには日露戦争がやっとやな」と言って、ぶ厚い自著にサインをしてくださった。『義経』(文藝春秋)であった。「昭和なんか」書けない理由として、著者は日露戦争期のことを書いたところ、軍人の遺族関係者から抗議の手紙を受けた事例を語った。『殉死』(文春文庫)のことだろうと私は思った。乃木希典は香わしい精神主義者であっても〝軍神〟とはほど遠く、戦場ではほとんど役立たずであったことを描き出した好著である。当時の陸軍は乃木神話を作り出し、神話に沿って公刊戦史を書いた。その史実の改竄《ざん》が昭和期の軍人たちの精神を歪め、醜《みに》くい精神主義を昂進させた、と『殉死』は示唆している。

ところで頂戴した『義経』を一読して、著者が昭和の軍部に対し並々ならぬ批判、ほとんど憎悪に近い非難を投げているように感じた。軍事的天才ではあっても、広い政治的視野と全体的判断力を欠く英雄の破滅を描き、暗に昭和前半史に極刑を宣言しているように思えた。これから昭和史を研究しようという若者に対し、司馬さんはこんなものを突きつけたのである。

こうして著者は乃木や義経をかりて、現実を見失った観念論と精神主義、大局的政治判断を欠いた軍事主義を、昭和前半期の病根として夙《つと》に指摘していた。著者は昭和史を扱う歴史小説を結局は書かなかった。ノモンハンについては随分調べたがやはり書かなかった。日本という自分の体をズタズタに切り刻むような作品を、著者のダンディズムが拒否したのであろうか。その代わり、ＮＨＫのテレビを通し「雑談」と称して国民に語る機会を持った。十二回にわたる放送を起こして一冊にまとめたのが本書である。

何が昭和前半期の軍部を暴走させたのか。乃木と義経に仮託して語ったものだけでは足りない。軍部官僚主義の自己増殖運動も無視しがたい。さらに、天皇より賜った軍人勅諭と憲法第十一条の統帥大権を援用して、軍部は自負心を途方もなくふくらませ神聖化した。この時代の日本は軍部によって内部から「占領」され、別の国となった。まるで「魔法使いが杖をポンとたたいた」かのように、日本社会全体を「魔法の森」に変えてしまった。「統帥権」という呪文によって、この時代の日本はものにつかれた戦争集団と化した。そう本書は語る。

ブリキのような薄い皮しかない戦車で本土決戦に備え、帝都の北方で防衛の任についていた著者は、二十二才で終戦を迎えた。「なんとくだらない戦争をしてきたのか」が敗戦の日の想いであったという。もっといい日本もあったのではないかと、歴史作家となった著者である。

本書は、江戸社会の文化的多様性を高く評価し、それあればこその明治だったと説く。「坂の上」に向った明治であったが、「ひとびとという思想」を欠いていた。官あって民なき思想的貧困の中での支えは、人々のパブリック（公）への旺盛な忠誠心であった。それが軍部官僚の「統帥権」の餌食となった時、「魔法の森」が現れた。

やはりあの時代をしっかり「自己解剖」する勇気を持てと本書は言い遺《のこ》している。

（「毎日新聞」一九九八年六月七日朝刊）

戦争外交の自己省察に討ち入る
『吉田茂の自問　敗戦、そして報告書「日本外交の過誤」』（藤原書店）
小倉和夫 著

第二次大戦に敗れた日本に対し、連合国は東京裁判を行い、侵略戦争に責任があったとして七名を処刑した。公職から追われたものは二十万名以上に及んだ。マスコミや知識人の間でも戦争責任を問う声は広汎であった。

しかし日本政府自身が、自らの行った政策決定を取り調べ、吟味評価し、自己批判したことがあったのか。それこそ責任ある政府がなによりもなすべきことではないか。それをしないような政府を国民は信頼すべきでない。

幣原喜重郎首相が終戦の年の秋に、そのような調査委員会を設置しようとして、占領軍に拒否されたことがあった。日本政府が自主判断し、東京裁判と異なる時代像を描くことを、占領軍は好まなかったのであろう。

一九五一年はじめ、ダレス特使を迎えて講和交渉がピークに差しかかる頃、吉田首相は外務省に対して、戦争の時代の日本外交を糾明するよう指示した。その時代に苦悶した長老たちでなく、若い課長たちに検討を求めた。三カ月かけてまとめられたのが「日本外交の過誤」と題する調書であった。それは、重光葵や有田八郎ら外相を経験したような長老たちにも回覧され、意見が聴取された。幸いなことに、それによって原案を修正するのではなく、偉い先輩たちの個別意見として添付された。両者合わせて、外務省自身による戦争時代の外交総括をなしている。やや簡潔すぎて、分析評価の踏み込みの足りない面もあるが、実情を解さない外部者の決めつけ批判ではなく、当事者の臆面ない自己弁護でもなく、痛みを覚えつつの誠実な自己省察である。

吉田首相はダレスとの交渉において再軍備に抵抗した。結局は戦後日本が経済復興を優先し、米国と安保条約を結んで日本自身は軽軍備に留める路線を開いた。自己省察の試みが吉田路線を打ち出すうえでどの程度具体的に影響したかは鮮明でない。しかし表裏をなす位置づけをもって吉田首相が過去を調査検討させたことは、さすがに立派であったと思う。むしろこのようなよき事蹟《じせき》を、最近情報公開法による請求をジャーナリストから受けるまで公開しなかったことのほうが不思議である。

ところで、本書は公開された「日本外交の過誤」を基底に置きつつ、外務審議官やフランス大使を務めた著者が詳細な論評分析を加えたものである。前述のように二重構成をとる半世紀前の外務省調書に、今日の気鋭の外交官が討ち入った感がある。実は、それは容易なことではない。なぜなら今日の多くの外交官にとって、十五年にわたる戦争時代の出来事はもはや自由に使いこなせる知識ではなくなっている。その点、歴史家は当時を詳細に研究しうるが、刻々の国際環境の変化を再想起しつつ、その中での日本外交の諸決定を評価するような観点に立ちうる者は稀《まれ》である。

本書は調書の省察を繙《ひもと》きつつ、むしろ調書以上に透徹した議論を展開している。その諸論点を紹介する紙幅はないが、たとえば調書は当時の対中政策が「名分の立たないもの」であり、「根本に誤り」があったとする。著者はこれを受けて、当時の日本が中国ナショナリズムの高揚のもつ歴史的意味への理解を欠き、中国の反日や抗日ばかりを問題としてそれを砕き支配する方向に走ったとする。民主主義がファシズムに負けるとの時代認識に陥り、反共を想いつつソ連と中立条約を結び和平斡旋を依頼して、結局は利用、翻弄され、さらに外交の国内基盤をも築き得なかったことを問う。今日の問題状況を重ね合わせて沈思せずにはおれない歴史的考察である。

（「毎日新聞」二〇〇三年十月五日朝刊）

戦後日本政治形成をめぐる暗闇に光

『公職追放　三大政治パージの研究』（東京大学出版会）

増田弘 著

六年間日本に君臨したマッカーサーが一九五一年にトルーマン大統領によって罷免され離日する時、日本国民は彼を惜しみ、国会は感謝決議を行った。外からの支配者を敬慕するとは、日本人の統治され上手を割り引いても、なお歴史に稀な情景である。占領統治がひどいものであったとは考えられない。四捨五入すれば「よき占領」であったにしても、そこに不祥事や汚点が残されていない筈がない。占領統治にひそむ幾多の暗部のなかでも、本書のテーマである公職追放(パージ)は指導者の生殺を左右するだけに政治性が高く、担当者が権力の魔性にとりつかれ易い問題であったといえよう。秘めた権力の営みであるだけに、公職追放については様々な臆測や風評が飛び交い、それでいて史実にもとづく事実関係の解明が占領研究の中でもとりわけ遅れていた分野である。だが、ようやく時が来た。著者は十五年をかけて本書を産み出した。占領軍総司令部(GHQ)文書と米国政府文書の調査研究、元GHQ・日米両国政府担当者へのインタヴュー、そして占領下日本の政治過程の詳細な研究等を結び合わせることによって、公職追放の全体的輪郭をここまで明らかにしたのである。

一九四六(昭和二十一)年一月四日の公職追放令がいかに形成、実施されたかが、序章に提示されている。追放の拡充徹底派である民政局(GS)と慎重派の参謀第二部(G2)とが激しく争ったすえ、GSがG2の意見を容れて追放の対象をかなり限定しつつも、主導権を握った。追放事由のA〜F項までは追放すべき機関の役職を具体的に記していたが、G項のみは「その他の軍国主義者および超国家主義者」と抽象的一般基準であり、いかようにも解釈適用しうるものであったことは有名である。本書はG項がどれほど政治的に濫用されたかをまざまざと描き出す結果となっている。

総司令部の指令を受けて、日本政府はこれを国内法制化し、公職審査委員会を設けて該当者を選別した。二十万余名の総追放者のほとんどが、GHQの指令した基準に基づいて日本側の委員会が決定する方式により追放指定を受けた。しかし、GHQはこの日本側決定を拒否することも、日本側がシロであると認定したものをくつがえして追放することもできた。降伏の合意により占領下の最高権力はGHQ/SCAP(連合軍最高司令官)にあった。日本側決定によらないGHQ側の直接の指示による追放は

「メモランダム・ケース」と呼ばれた。

本書は、占領下の日本政治を震撼させ戦後政治の流れを大きく変えた三つの「メモランダム・ケース」、鳩山一郎、石橋湛山、平野力三の追放をめぐる詳細なプロセスの再生である。

鳩山の追放については、幣原内閣の書記官長であり、公職資格審査委員長でもあった楢橋渡、あるいは鳩山に代わって首相となった吉田茂の陰謀との風評もあった。しかし、本書は楢橋委員会がシロ判定を下したにも拘わらず、GSの断固たる意思により追放された経緯を明らかにしている。

ホイットニー局長とケーディス次長のGSは幣原内閣の後に社会党中心の進歩的内閣を望んでいた。しかるに、四六年四月の総選挙で第一党となったのは鳩山の自由党であり、社会党は大躍進したものの第三党に留まった。反共声明を弄《もてあそ》ぶ保守の鳩山が新憲法下の首相となることを嫌ったGSは、メモランダムを発してまさに首相となろうとしていた鳩山を追放した。これにより社会党中心の新政権を期したGSであったが、保守陣営もさるもの、鳩山の代りに吉田を首班とする自由党中心の内閣を素早く作り出した。かくてGSはその意に反して、戦後政治の本流に吉田を据えるのを助けた。

石橋湛山の追放はあまりといえばあまりのケースであった。筋金入りのリベラリストであり、経済政策に自信を持ち、そのうえ自立心と誇りに満ちた石橋は、GHQの指示に従順でなかった。GHQの誤りを指摘し代案を示し、「終戦処理費」と呼ばれた占領軍経費の削減を求めた豪胆すぎる蔵相であった。怒ったGSは、戦前日本にあって最もリベラルな言論を貫いた石橋を軍国主義者のかどで追放せんとし、中央公職適否審査委員会に審査を命じた。同小委員会は石橋の事蹟を称讃する調査結果を答申した。GSは小委員会の解散を命じ、今度は終戦連絡中央事務局政治部に調査を指示した。返答はやはり戦前日本が石橋の立派な言論を持ち得たことを誇るがごとき内容であった。当時、指導者追放に熱心であった共産党の情報などを利用しつつ、GSは強引に石橋追放を断行した。吉田首相はおそらくは熟知しつつ見ぬふりをして石橋追放を見守った。GSが石橋ほどのリベラルを占領統治への不都合ゆえにクロと言いくるめて処断したことにより、追放政策全体の正当性が疑われる結果となった。

本書は平野追放のケースに加え、吉田が様々な追放にどう関与したかを、一章を設けて論じており、興味はつきない。もちろん問題の性質上、なお実証的に確定し切れない部分や違った解釈や評価が可能な面も残る。しかし、戦後日本政治形成をめぐる暗闇の部分に光を投げて照らし出す役割を本書が果したことは疑いを容れない。

（「毎日新聞」一九九六年七月十六日朝刊）

片山、芦田内閣を支えたGHQ民政局

『占領下中道政権の形成と崩壊　GHQ民政局と日本社会党』（岩波書店）

福永文夫 著

自民党政権が一九九三年ついに崩壊し、細川反自民連立内閣が生まれた。その時、社会党は実に四十五年ぶりに政権に加わった。前例がやはり気にならないだろうか。

終戦後二年、一九四七（昭和二十二）年四月の総選挙で大躍進し第一党となった社会党は、民主党・国民協同党と三党連立による片山哲内閣をつくった。翌年二月に党内左派の反乱により、片山内閣は十カ月にして崩壊したが、同じ三党連立のまま芦田均内閣が引き継いだ。

本書は、戦後の動乱のなかに存在した二つの保革連立政権——本書の表題でいえば「中道政権」——についての画期的研究である。

どこが画期的なのか。占領下日本の政治の真の主人公であったマッカーサーの総司令部（GHQ）、とりわけその政治参謀部として日本政治の現場指揮にあたった民政局（GS）の役割を初めて本格的に解明したからである。『占領下中道政権の形成と崩壊』という本書の表題は内容を正当に反映するものであるが、しかし『占領下民政局政治の興亡』といった表題も同じく可能である。

これまでも占領期に関するよき研究は、日本側資料だけでなく、米国政府公文書やマッカーサー記念館（ノーフォーク）の資料を用いてきた。しかし東京におけるGHQの中のGSや経済科学局（ESS）で毎日書かれたメモや報告書を丹念に読んで当時の政治史を再構成したのは本書が初めてである。たとえば、GSのホイットニー局長やケーディス次長が、政局の重大な瞬間に片山、西尾末広、芦田らと会談する。これまで、日本側の記録や回想にもとづいて、その時こんなことが話し合われたらしい、と研究者は論じてきた。ところが、本書に至って、その日に書かれたGS内のメモが用いられ、これまでスリガラス越しにそこはかとなく中の様子が看取できた程度であったものが、リアルな生のやりとりを具体的に知りうる段階へと進んだのである。日本側資料にGHQ資料、そしてワシントンの政策を示す公文書と合わせて、マルチ・アーカイバル・アプローチ（複数の原文書の多元的利用）による立体的な歴史記述がなされるのである。

本書が語るところをいくつか記しておきたい。

第一に、想定を上回るケーディスらGSの日本政治への介入ぶりである。ケーディスらは吉田茂の自由党を「超保守」ないし「極右」と決めつけて嫌悪し、他方、共産党と社会党左派の「極左」路線も信用せず、健全な「中道路線」として、社会党右派、芦田民主党、三木国協党を偏愛する。彼等ニューディーラーにとって、ルーズベルトの率いる民主党(ニューディール大連合)が望ましい改革政治のモデルであり、日本にその類似物の可能性を片山、芦田、三木武夫の勢力のコアリション(連合)に求めたのである。

GSは一九四七年選挙で社会党が第一党になると、断固吉田自由党を排して、片山内閣成立を図る。それが崩れると、芦田内閣の擁立を強力に支援する。これまでも西尾の回想などによって、GSが芦田内閣を望んでいたことは理解されていた。本書において、ケーディスと西尾が会談し、片山内閣を終わらせて芦田政権をつくるなかで「進歩民主主義勢力」の伸長を期すことで合意したことが資料根拠をもって語られている。

第二に、本書は日米間のクロスナショナルな改革派連合として、ケーディス民政局と連立三党の緊密な提携を浮き彫りにした。他方でそれに対抗するG2のウィロビー少将と吉田のやはりクロスナショナルな反共保守コアリション、あるいは、ESSの財政課と大蔵省、それに対するESSの物価課と和田博雄の経済安定本部の提携と対抗などを描き出す。そしてドレーパー陸軍次官らワシントンの経済自由主義者が日本経済を自立させ米国の納税者負担を軽減するためと称して、反GSのESSと連携する。ここに至ってGSの時代は黄昏《たそがれ》時を迎える。

第三に、従来の「無惨に終わった片山内閣」というステレオタイプに対して、本書は民主化改革を本心から望んで担った側面を肯定的に再現し、また和田博雄の経済安定本部による経済対処についても相当な評価を与えている。

片山内閣がそれなりに成果をあげたことは確かであるが、それにしても短期間に脆《もろ》くも挫折した。それは敗戦後の客観状況の絶対的な劣悪、社会党の統治体験の欠如と結びついた政治的未熟などが原因であったが、「中道政権」を過剰なまでに支えようとしたGSが、かえって連立内閣をスポイルしたとの印象がぬぐえない。他方、片山や西尾や芦田はGSをGHQそのものと誤認し、その意思を神格化しすぎたのではなかろうか。実はGHQにはG2もESSもあったし、マッカーサーにとってもGSは一部分であって全体ではなかったのである。

いずれにせよ、今後は保革連立の時代を語る時、本書なしには済まないであろう。

（「毎日新聞」一九九八年一月十八日朝刊）

既成の党イメージを打ち破る
『経済復興と戦後政治　日本社会党　一九四五―一九五一年』（東京大学出版会）
中北浩爾　著

一体、どうしたことであろうか。

占領下の社会党と連立政権については、長い間これという力ある研究がないまま打ち過ぎていた。ところが、昨一九九八年は福永文夫が公開されたGHQ民政局の原文書を用いて『占領下中道政権の形成と崩壊』（岩波書店）を出版した。続いて本書である。急にこのテーマでいい研究が連発し始めたのはどういうわけか。

もちろん、研究者の能力もその人の研究テーマの決定も、すぐれて個別的問題であり、全体として見れば偶然の所産でしかないかもしれない。だが少なくとも二つの一般的要因が個別的決定に加乗されているであろう。一つは内外の資料公開と発掘である。二つは冷戦の終結・五五年体制の終焉により、知的自由が拡がったことである。保革対決的視座へのこだわりから、冷戦後の研究者は解放されているのである。

本書のメッセージは、朝鮮戦争以前の社会党が左派を含めて常識のある穏健なグループであり、われわれが持っているイデオロギッシュな原理的反対をこととする左翼革新政党のイメージに該当しないというものである。占領下にあって社会党も総同盟も階級対決的言動を慎み、生産復興を重視し、生産拡大の中で労働者の生活防衛を図るアプローチを堅持した。それゆえ保守党や経営者団体との提携も可能だったのだと説く。

社会党イメージのステレオタイプを打ち破るうえでの拠点を、本書は経済社会集団と経済政策に焦点を合わせることによって得ている。社会党の経済主義路線を支持する総同盟は、経済同友会など経済団体とともに一九四七年二月に経済復興会議を結成した。占領下の重要な局面と事件をめぐって、諸政党だけでなく、各労働組合、同友会・経団連・日経連など経済団体、日農など農業団体の配置がどう動いたかを、著者は丹念にたどる。それを通し全体として、この時期のいわば「政治経済学」を展開している感がある。経済を読み込んでの政治学、あるいは経済的プロセスの政治的意味の解明は、戦後世界を分析するうえで不可欠の作業であるが、本書は占領下の日本についてそうした観点からメスを入れた労作である。

本書をいっそう香り高いものにしているのは、有沢広巳ら知識人、エコノミストの経済政策が政治プロセスに与えたインパクトを描いた点である。彼等人材群は「傾斜生産方式」はじめ多くの政策と構想を生み出し、吉田内閣をも片山内閣をも支えた。昼飯会や経済安定本部のメンバーであっただけでなく、社会党左派の経済政策にも知恵を授けていた。保革の政党は、国民的必要を経済面から考える限り一致点を見出しえたのであり、そのようなアイディアと精神を発信する知的コミュニティが現に存在したのであった。

朝鮮戦争勃発後、有沢らエコノミストが後退して、一方では平和問題談話会の知識人が「戦争か平和か」の二者択一的問題提起を行い、他方で向坂逸郎ら労農派マルクス主義のイデオロギストが左派社会党をリードするに至る。もちろん事態は刻々に動くので過度の単純化は危険であるが、われわれがイメージとしている社会党はその後のものであり、われわれは不用意にそれを有沢時代の保革連立政治にまで投影してきたのかもしれない。

英語の論文には、各パラグラフの冒頭の一文にテーマを鮮明に示すものがあるが、著者もそれに似た明快な文章構成の心得がある。高度な内容を平明に語る素養は貴重である。

（「毎日新聞」一九九八年七月二十六日朝刊）

戦後日本の国際復帰
『日本のガット加入問題《レジーム理論》の分析視角による事例研究』（東京大学出版会）
赤根谷達雄 著

再度の世界大戦は、人類に共通の原則やルールを作り、そのための普遍的国際組織をもって地球を支えることを求めた。現代の世界には、様々な分野の国際機関とあらゆる種類の多数国会議が氾濫している。それによって、パワー構造を基礎とする国際関係、国益をめぐる競争、二国間交渉といった伝統的な外交の姿は、一体どれほど変化を蒙ったのであろうか。パリ講和会議に出席して「英米本位の平和主義を排す」と断じた近衛文麿の悲劇の生涯は、戦前の日本が第一次大戦後の両義的状況をとらえ誤ったことを象徴している。第二次大戦後の、そして冷戦後の世界にあって、この問題の重要性は増すばかりであるが、われわれは納得のいく答えを見出しているであろうか。

本書は、一九五五年九月十日の日本のガット加盟についてのきわめて詳細で実証的な外交史的研究でありながら、以上のような現代史の根本問題に対する応答、もしくは一つの妥当な全体像の提示たり得る作品である。

戦後日本が通商国家として再生するうえで、国際貿易に復帰し各国より最恵国待遇を得ることが不可欠であったが、何故日本は二国間交渉の積み重ね方式を斥け、ガットの多角的関係への参加方式を採ったのか。日本の加盟申請に対して各国はどう反応したのか。米国の積極的支持に対して、英国、フランスの執拗な抵抗、両者の間で揺れるオーストラリアの姿、英連邦にあっても米国に近いカナダや非白人諸国の独自の対日スタンス、等々が織りなすダイナミズムが、日本と諸外国の外交文書にもとづいて明快に再構成されている。

ガットは自由貿易実現のために国家の行動規範を定める通商協定であるが、その場にあっても、各国は国益のための闘いを止めはしない。ガットのルール自体、「二つの経典」をもって両面の必要を組み入れているとする(当時も欧州勢が「日本異質論」を唱えて無差別の加盟に反対した経緯には思わず苦笑させられる)。それでいて、国際機関の理念・原則・ルールは、結局のところ大多数の加盟国の共通利益を表現しており、意外に強靭な正当性を帯びる実情が語られている。

資料面では、著者が留学していたオーストラリアの公文書を十全に用いたことが、北半球中心主義の類書にない陰影と立体性を本書に与えている。文章は論理的にして平明であり、虚飾のない語り口である。

「レジーム論」は冒頭にかざす程のものではなく、むしろ本書のトーンを不揃いにしているとの指摘もなされたが、「レジーム論」に本書が支配されているわけではなく、その効用と限界が的確に見分けられていると評価において選考委員会は一致をみた。一つの誠実なケーススタディによって、現代史に大きな意味を持つ問題への洞察を示した作品である。

(一九九三年度サントリー学芸賞政治・経済部門選評)

大国幻想を捨て、身の丈通りの構想を

『日本の「ミドルパワー」外交

戦後日本の選択と構想』（ちくま新書）

添谷芳秀 著

戦後日本の外交はどうなのか。よくやっていると見るべきか、駄目と断ずべきか。

力強い外交であるとか、かっこいい外交であるとか思う人はいないであろう。ただ耳目を奪う鮮やかな外交であればよいというものではない。たとえば松岡洋右は連盟脱退、三国同盟、日ソ中立など、機略縦横にして意表をつく積極外交によって国民を酔わせ、日本外交ここにあり、との強烈な存在感を示した。けれども松岡外交は国益を守りえなかった。逆に国家と国民の生存を危うくする戦争へと導く結果となった。

その点、戦後の日本外交は眼に鮮やかなことは何もないが、国益の増進には大いに成功しているのではないか。廃墟の中から世界第二の経済超大国に成長した戦後日本は、安全と繁栄の双方について類稀な成功者ではないか。これ程の国家的大成功を収めた外交は高い評価を集めて当然であろう。だのに称讃の声を聴くのは難しい。何故だろうか。説明が下手だからか、外交スタイルに華《はな》がないからか。日本外交は根本的に変るべきなのか。どう変ればよいのか。

手軽な返事を口にする前に、そもそも戦後日本の外交とは何であったかを凝視した方がよいであろう。個々の外交の成否以上に根本的な外交戦略が重要であろう。それは戦後日本の国家戦略や国家像まで問うことを意味するであろう。なかなかそこまで語ってくれる出版が乏しい中で、本書は戦後日本の国家

像と結びついた外交路線を鮮明に提示している。

本書は、吉田茂首相の選択が、戦後日本のあり方を決めたところから出発する。「憲法九条を変えずに日米安保関係を基軸とする」吉田の選択である。平和憲法をいただきつつ、安全保障を米国に委ねる。それは、松岡のように力の行使を伴う大国間外交を演ずる舞台から戦後日本が降りることを意味する。「自立した大国としての単独外交戦略を放棄」し、大国のつくる国際環境を所与として受け容れつつ、対米基軸の下で、安全と復興と民主化を手にする生き方である。このような「非大国」の外交路線を、本書はミドルパワー外交と呼ぶわけである。

吉田路線は戦後史に成功をもたらしたが、実は成立期より左右の勢力から厳しい批判にさらされた。戦後日本の平和主義者は、日米安保が平和国家日本の主体性を損なうと難じた。他方、伝統的国家主義者は軍事的な制約が主権国家としての日本の主体性を喪失させると難じた。戦後日本のナショナリズムは左右に分裂し、平和国家日本を奉ずる反米左翼ナショナリズムと、伝統的大国日本の復活を期すナショナリズムの双方が、「中庸の吉田路線」を攻撃した。

左右のナショナリズムの挟撃をうけて、吉田路線は葬られたか。否、恐るべき強靭さをもって生き続けた。日本の手に余る冷戦期のような脅威の下で、日本の安全を日米安保に委ねることは、合理的であり、ほぼ唯一の方途だった。

冷戦以前の戦後構想の産物たる憲法九条と冷戦の産物たる日米安保関係を接ぎ木した吉田路線には苦しいねじれが生じた。独立に際し日米安保を結んだ吉田は、すっきりと憲法九条を処分できなかったのか。ダレス特使は速やかに再軍備することを要求していたのである。吉田はそれに抗して、伝統的主権国家への回帰を避けた。経済復興により健全な経済社会を再建することを優先した。

それを批判していた鳩山一郎や岸信介が五〇年代後半に政権を担った。しかしなされたのは、改憲再軍備による吉田路線の終了ではなく、安保の改定による吉田路線の補強であった。まだ脆弱な戦後日本が中ソに引き寄せられ中立化することを米国は懸念していた。

高度成長を遂げる六〇年代の日本に対して、米国は自立化を懸念するに至ったと本書は指摘する。佐藤栄作首相は就任時に核保有を米国大使に語ったが、結局は非核三原則を定め、沖縄返還を手にした。その時期に防衛庁長官となった中曽根康弘に本書は注目する。若き日より改憲再軍備論者であり自主防衛論者であった中曽根が、「非核中級国家」論に落ちつき、後の首相在任中も日米安保関係を格別に重視する吉田路線の忠実な展開者として成功した。

戦後日本に対しては、安保ただ乗りを決めこみ責任ある貢献をしないといった批判と、日本の再軍国主義化を叫ぶ性こりない糾弾が繰り返されてきた。双方とも戦後日本に大国を想定する誤りを犯しているのではないか。ミドルパワーが戦後日本の身の丈に合った実像なのである。その認識を基準にして議論を建て直してはどうか。そう本書は提案する。ならば、冷戦終結後、さらには九・一一テロ後の日本の安全保障上の役割拡大に本書は反対か。逆である。日本にできない大国外交への強迫観念を捨て、PKOや多国間外交のように出来ることにしっかり持ち味を発揮せよと説く日本外交再生の考察である。

（「毎日新聞」二〇〇五年六月五日朝刊）

文明の将来に危機感つのらせる
『日本の未来へ　司馬遼太郎との対話』（NHK出版）
梅棹忠夫 編著

二十一世紀になって、戦後日本における知的巨人のランキングを作る遊びが行われたら、誰が上位を競うであろうか。この二人、司馬遼太郎と梅棹忠夫は間違いなく候補者であろう。

本書の巻末において松原正毅が解説した中に、一九九八年に行われた「二十世紀の本」についてのあるアンケート結果が出ている。夏目漱石、西田幾多郎、島崎藤村らの古典がひしめく中で、戦後から、司馬の『坂の上の雲』（文春文庫）、梅棹の『文明の生態史観』（中公クラシックスほか）が堂々一位と四位を占め、吉川英治『宮本武蔵』（講談社文庫）と丸山眞男『現代政治の思想と行動』（未來社）も辛うじて顔を出している。誰しもただちに追加・修正案を想い浮かべるであろうが、司馬と梅棹が中軸をなすことは変わらないであろう。

何がこの二人の独創性なのか。二人が対談の中で同意している「イデオロギーフリー」であることは一つの要件であろう。二人はマルクス主義に呪縛されることがなかった。「あらゆる思想はフィクション」であり、「正義の体系」たるイデオロギーの中心には「絶対のうそ」があると司馬はいう。

やはり巻末にある米山俊直の二人の年譜・解題によれば、司馬は中学生の時、市立図書館の蔵書を読み干し読むものがなくなったという。それに対し、昆虫採集少年であった梅棹は中学時代から山岳部に入り、探検から現地調査へととりつかれた。博覧強記派と現地調査派と、出発点において力点を違えながらも、二人は共に「現地に立脚しての思索」というスタイルを共有した。その「現地」がさまざまな文化・文明の諸地点を覆うに至って、それぞれに独自の文明史観を語る知的巨人となった。本書はそうした二人の対談録に、今なお健在の梅棹が注釈し、さらに前記の後進学者（といっても大家であるが）二人が解題を付したものである。

さて対談の内容は直接読んで楽しんでいただくに如《し》くはないが、印象的なことは、早くに行われた一九六九年の対談が大胆で希望に満ちたものであるのに対し、最後となる一九九四年の対談が日本文明の将来に危機感をつのらせていることである。

高度成長の六〇年代末の対談は「無思想・無帰属人間をわんさとかかえた無階層社会」が到来し、日本が「世界の尖兵」となりうることを告げた。生産力が高まった結果、衣食住のための生産活動はごく一部の人で足りる。遊ぶ人・会社に帰属しない人を社会は必要とする。うまい遊びの発見・創造が大事な能力であり、情報産業が工業生産に代わって中心となる。そう梅棹は六〇年代から展望していた。実際にはこの線に沿った日本の先端的役割が展開されず、九〇年代のアメリカが大きく他を引き離すこととなった。

九〇年代の梅棹は「私は二一世紀の日本は非常につらいことになると見ています。どうも日本文明はいまが頂点ではないでしょうか」。いま世界に求められるのは「一種の英知、経験の積み重ねに裏打ちされた英知」であろう。「伝統的事なかれではなくて、積極的な英知を生み出す社会にならないと、つぎの世紀には落魄《らくはく》する」と司馬も日本文明に警告するのである。

「相手への尊敬」をもって他文化と接してきた二人にとって、偏狭な排他性を本質とする「民族」を今後の狭くなり続ける世界がどうこなすかが深刻な問題であるとしている。
戦後日本が生んだ知的巨人が時間軸たる歴史と空間軸たる他文明を自在に行き来しつつ、日本文明を立体的に語る高尚な遊びの書である。

（「毎日新聞」二〇〇〇年七月三十日朝刊）

歴史は人と状況の織りなす錦絵である。状況の魔性の前に、人間は波間の木の葉のように翻弄されていると見えるかもしれない。しかし結局のところ、歴史をつくるのは人である。

日頃からそう思っているためか、数えてみれば評伝や自伝をとりあげた書評が、一章をなすほどにあった。

第二章

20世紀を生きる人々

やはり、二十世紀の日本を支えてきた政治家・官僚・外交官が多い。

軍人は、私の最初の研究テーマであった石原莞爾のみである。二十世紀日本の歴史に欠くことのできない昭和天皇と平成天皇が含まれている。

政治にかかわらない民間の人々も少なくない。優れた言論人であった馬場恒吾、文学者にして詩人、そして流行歌の作詞家であった西条八十は、ともにその苦闘の時代ゆえに感動を呼ぶ。ジャーナリストの松山幸雄、日米をまたいで活躍する学者の入江昭とG・カーティス、そして私の京都大学におけるゼミ指導教官であった猪木正道は、それぞれに個人的親愛感を禁じえない先学たちである。

人をもって二十世紀を語る試みは、もっとあってよいのではないだろうか。

曇りなきリアリスト外交家の評伝
『小村寿太郎とその時代』（PHP研究所、現在はPHP文庫）
岡崎久彦 著

外交こそが日本国民にとって死活の重要性をもつ。そう思っている日本人はほとんどいまい。興るも亡ぶも経済次第というのが、経済国家である戦後日本の住人の平均的認識であろう。

だが、たとえば、日本外交が米国と中国の双方に敵対的となったとすればどうか。経済でかせいでも砂上楼閣のような空しさと不安を味わい、ついには経済繁栄の基盤すら失うであろう。米中のうち一方と敵対化した場合でも、経済成長率が何パーセントであるかなどどうでもいい程に緊張するであろう。国は経済の悪化によって滅亡しない。経済悪化で情緒不安定になった時に下す政治外交的判断の誤りによって亡ぶ。それが戦前の大恐慌以降、第二次大戦に至る歴史が教えるところである。今また、アジアの経済危機を迎えて、経済再生に全力をつくすのは当然であるが、それとともに歴史の愚行を繰り返さないでくれ、外交を誤るな、日本人よ、外交を大切にせよ、そう思うこと切なるものがある。

それだけに本書の登場を嬉しく思う。日本には読める外交の話、読めば外交の分かる本が少なすぎる。学者の外交研究書はくどく難し過ぎるし、実際的感覚を欠いていることが多い。他方、外交官は実際に通じていても、知的に再構成する手間を嫌い、表現力を欠きがちである。その結果、日本国民は外交理解の水準を高める糧を与えられないのである。それゆえにこそ、外交の実務に携わりつつ理論家でもある著者が、近代日本外交のエッセンスを評伝という形で抽出せんとした本書は、誠に貴重であるといわねばなるまい。

外交に個人名がつくのは、戦前期に陸奥外交、小村外交、幣原外交の三人のみである。そのうち陸奥宗光と小村寿太郎は「伝統外交」の時代の両雄であり、幣原喜重郎は第一次大戦後の「新外交」の担い手であった。著者は陸奥についてすでに二巻の大著を出版しており、本書は著者にとって戦前期の日本外交史シリーズの第二部であるという。

著者は陸奥と小村を対比していう。「陸奥は議会民主主義の正道を理解し……小村は官僚を中心とする超党派的立場から」国益を考えた。「陸奥は欧化主義者で、小村は国粋主義者である。性格的にも、陸奥は多弁、自由闊達であるのに対し、小村は寡黙、禁欲的であった」。それでいて陸奥は小村を信頼し重用した。タイプは違っても、小村の認識と政策の正確さ、鋭さ、つまりは力量を評価したからであろう。加えて、時代が小村を必要とした。

憲法体制と議会が発足し、日清戦争に踏み切って勝利するまで、明治国家の基盤確立期を、内政も外交もできるマルチの超人陸奥が働いた。それに対し、三国干渉によって日本が「臥薪嘗胆」を叫び帝国主義の鬼と化してロシアとの死闘に赴く時期は、小村のように狭量であろうと凄味のあるリアリスト戦士たる外交家が必要であった。

実際、本書は読者に息つくいとまを与えず引き込んでしまうが、それは多く帝国主義時代の国際政治の苛烈さをあったがままに描き出すことに依っているであろう。とりわけ、ロシアの膨脹主義のド迫力は嘘を誠実につくことまで動員活用するものであり、小村の曇りなき帝国主義外交はそうした時代状況にジャスト・ミートを連発しうるものだったのである。

元老伊藤博文がロシアとの対決を危険すぎる賭けと見て妥協を探ったのに対し、小村はたとえロシアに満州を与えても、次に朝鮮半島を要求すると見て「満韓交換」に幻想を抱かなかった。それはロシア側の資料を確認できるようになった歴史の後知恵によっても正しかったことが分る。ロシアはアジア太平洋戦略上、朝鮮海峡の支配を必要と認識していたからである。

とはいえ、日本はロシアに対決して勝てるのか。当時のロシアの国家予算は日本の八倍、陸軍兵力は十倍であった。これに立ち向うのは狂気の沙汰ではないか。「英国の力」を借りることができるなら、やれる。それが小村の答えであり、日英同盟、そして事実上の日英米提携の下で孤立したロシアに果敢に戦いを挑んで勝つのである。それがいかに出血のすさまじい勝利であったにせよ。

興味深いことに、この「日英米同盟」観が、著者の小村外交批判の拠点でもある。戦勝のあと、小村外相は、桂ハリマン協定を破棄させ、仲裁条約加入を拒否して、事実上の日英米同盟の可能性を斥け、日本独自の大陸発展政策を方向づける。それは当面、日本帝国の発展を許容したが、アングロ＝アメリカとの協調を見失い、国際情報欠乏国家となって破滅する軌道設定をも含意したのである。

著者はこの端正な帝国主義外政家の私心なき国家への献身をいとおしみつつも、小村が伊藤や陸奥のような幅のある器量の持主でなかったことに、近代日本の運命を感じているように思われる。

著者による祖父と父の時代の日本外交史の完成が待たれる。

（「毎日新聞」一九九八年十二月二十七日朝刊）

神格化と断罪の呪縛を乗り越え

『石原莞爾 上・下』（法政大学出版局）

阿部博行 著

石原莞爾の評伝が約四十点刊行されていることを、本書巻末の文献リストによって確認した。私自身、研究者として最初のテーマに石原を選び、ほぼ二十代後半を費やしたが、いくつか論文を書き散らかしたまま評伝として一書にまとめることなく、次のテーマ・占領研究に移行した。その主たる理由は、多岐にわたる石原の活動のうち、やはり主要軸である軍内の活動を根拠づける公文書が、当時十分に利用できなかったからであった。評伝的な出版は、当時は現在の半分程度であったろうか。止むことなく石原伝が出版され続けているわけである。

石原莞爾は明治憲法が公布された一八八九年に生れ、一九四九年、第二次大戦の四回目の終戦記念日にちょうど六十歳で世を去った。石原についての初期の評伝の多くが、生前の石原に接し、つき従った後輩の軍人、東亜連盟運動の活動家、日蓮宗教の関係者、ジャーナリスト等によって書かれた。当然ながら、心酔者がわが師尊しを語る趣があり、面白くはあってもどこまで信用してよいのか確かでないこともあった。冷静な客観的分析は乏しかったのである。他方、戦後の学者の論文には、型破りなところがあるものの超国家主義者やアジア主義の系譜に石原を位置づけて斬るものが多かった。七〇年代頃から、次第に軍国主義批判の呪縛からも、石原のカリスマ性の呪縛からも自由になり、着実に拡大する資料基盤に立って、論者の視点や主張に引き寄せつつ、多様な石原論が語られるようになった。

そんな中で本書は、過度な思い入れや脚色を慎み、一方的な毀誉褒貶に流されず、生れた日から死ぬ日までの六十年の石原の生涯をありのままに綴ろうとした作品である。著者は石原と同郷の鶴岡の人であるが、そのことを郷土の先人への情緒的一体化に向けて働かせるのではなく、社会環境の理解をもって石原を客観的に語る方向へ活かしている。たとえば、石原の家系や引越しがあいついだ幼少期の家族の境遇を、これまでのどの書よりも、さらに言えば莞爾の実弟石原六郎氏から話を聞いた時よりも、本書を読んでよく理解できた。

しかも、それは郷里にかかわる局面だけでない。仙台の陸軍幼年学校から士官学校、陸大までの教育過程についても、若松の連隊から韓国春川や中支漢口の駐在、ドイツ留学から陸大教官を経て、満州事変を起す関東軍時代まで、どの時期についても豊富な関連文献によって環境とその中での石原の言動が過不足なく具体的に語られる。

過不足なく語ることは、石原莞爾の場合とりわけ難しい。彼の言動と軌跡そのものが過不足に満ちており、鋭角的な言動の振幅を特徴としているからである。たとえば、石原は若き日より中国革命への共感と支援を想いつつ、中国人には自己統治能力が欠けると断じ、国際管理ではなく、日本軍による打開と支配を是として満州事変を断行した。その過程で中国ナショナリズムを再評価し、満州国独立論に転じ、日中戦争不拡大論に至ったが、本書は満州事変以後も華北などの資源にこだわっていた石原の言葉を再三提示する。不拡大論者でありながら石原は事変初期に三個師団増援に動き、抑制の機会を喪失した。また対米戦争を断固主張した石原なのに、実際の対米戦争に対しては「必ず負ける」と反対であった。

シャープに振幅する石原を神聖化も断罪もせず、あった通り解明する本書は、多くの石原伝の中で信頼性が高く、今後これを土台に魅力的な石原論が書き易くなったといえよう。

（「毎日新聞」二〇〇五年九月十八日朝刊）

戦後史の歴史像を多元化する効果
『鳩山一郎・薫日記 上』（中央公論新社）
鳩山一郎 著

ついに現れた。戦後政治への関心層にとって待望の出版である。このほど出た上巻は、鳩山一郎自身の手になる日記部分である。それは、日本帝国が第二次大戦にのめり込みつつあった一九三八（昭和十三）年に始まり、敗戦後に鳩山が政党政治再建の台風の眼となって一九四六（昭和二十一）年の総選挙で第一党となり首相になろうとした瞬間に占領軍によって、公職追放される波乱を経て、朝鮮戦争勃発の翌年に追放解除間近しとの事態で同志とともに政界への復帰戦略を検討する会議の日に脳溢血に倒れる一九五一（昭和二十六）年六月までの鳩山日記である。

鳩山が闘病生活を経て、ついに政権に就き、保守合同と五五年体制、日ソ国交回復と国連加盟などを実現する局面は、薫夫人が主人に代わって日記をつけ、それは続いて出版される下巻に収められるとのことである。上巻だけで八百ページ近い大部の出版である。

当事者の日記はつねに最重要の記録である。回想や談話は後から好都合に再構成される作用を免れない。側近やジャーナリストの観察にもとづく記事は、その人のかかわった側面のみのものである。それに対し、ほぼその日のうちに書かれる当事者の日記は、まだ帰結が見えない現在進行形でその人の世界を語る点で、断然たる価値を持つ。とりわけ日本にあっては、外交文書以外の公文書が公開されないため、要人の日記は不相応なまでの重要性を与えられてしまう。

ただ史上の重要人物の日記にも二つのタイプがある。かりに原敬日記型と佐藤栄作日記型と呼ぼう。『原敬日記』(福村出版)は雄弁にして饒舌である。その日の事件や会見の事実を記すだけでなく、原自身の判断や見方、批判と構想まで書き込む。原田熊雄が記した『西園寺公と政局』(岩波書店)もこの型に入れるべき豊富なおしゃべりである。その時代を研究する者は、こうした日記の情報に大きく依存し、しばしば判断まで支配されがちである。

他方、『佐藤栄作日記』(朝日新聞社)はその経歴を反映してか、鉄道員の報告記録のように堅い事実が列記される。沖縄返還を手にしたジョンソン大統領との首脳会談の日に、佐藤が、天国にいる吉田茂とダレスは私の仕事をどう見ているだろうか、と感慨を記しているのは例外に属する。それでも予備知識をもって読み込めば、多くの貴重な文脈を見出すことができる、そういった類の資料である。

さて、鳩山日記はどうか。あえて帰属を決めるとすれば、佐藤日記型になろうが、より正確にいえば時期区分をもって双方にまたがっている。不遇の時代には内容豊かな日記を残し、政治の表舞台で脚光を浴び超多忙となると、出入りした人々の名を列記する面会録の如きものを基調として、たまさか観察や所感を挿入する佐藤日記型となる。

すなわち、戦前・戦中の軍部時代は、政党政治家鳩山にとって失意の時期であり、したがって日記は面白い。日記の始まる昭和十三年は、鳩山の欧州旅行の翌年である。「独伊に学ぶべき点あるも独裁政治は日本に入るべからず」とか、「陸海漸く反英態度を改め来る様子ときいて喜ぶ」と記している。ヒットラーやムッソリーニの公共事業などを評価したにせよ、公職追放該当とするほど枢軸派ではなかったことは日記に明らかである。特に筆者が感銘を受けたのは、鳩山の旺盛な読書力であり、それも英語の原書を読み、気に入った文章を英文のまま日記に記すことが少なくない。大戦に向かう欧州の動向に鋭敏な関心を注いでいることも印象的である。内政に強い大衆政治家というイメージの修正を読者は迫られよう。そして、母や娘の死、息子威一郎の帰還、あるいは感動的な報道にふれての記述は、鳩山が言われている通り、情に厚く感慨に涙する人であることを確認させる。追放され軽井沢に去った鳩山がどの程度政情に通じていたか不明であるとの論評がなされたりしてきたが、同志が繁く出入りする日記を見れば、答えは明らかであろう。

「日本の将来全く暗黒」「如何にして復興し得るや脳裏に浮ばず」という廃墟の中から旗あげし、選挙戦を「遺憾なく戦い抜」き、鳩山個人が「最高点当選」しただけでなく、彼の自由党も「百四十」議席を得て第二党以下を引き離した。パージの予兆はチラチラ日記にも示されていたが、「全く意外の事実のみ。一言の説明の機会与へられずして三十余年の議会生活より追放され、組閣の機会を逸す」「党員の泣く顔を見て直に言を発する能はず」。

吉田茂を口説くのに苦労し「流産の噂飛ぶ」。「漸く決定」したものの「吉田の評判殊の外悪く、内閣の寿命短かからん」。

こうした次第で、忙しくなるほどに面会者記録型に転じつつも、鳩山の視点や思いが読みとれる。鳩山日記はこれまで知られていた多くのことを確認する意味を持つが、一定の鳩山像の修正も迫り、何よりも戦後史の歴史像に一つの軸を与えて多元化する効果を持つであろう。

（「毎日新聞」一九九九年四月二十五日朝刊）

象徴天皇制は日米提携の産物と解明
『昭和天皇 二つの「独白録」』（NHK出版）
東野真 著

カイザーをいただいて第一次大戦に突入したドイツは、敗れて帝政を失った。穏やかな調整機能を担う国王を引きつれて第二次大戦に入ったイタリアも、敗れてやはり王制を捨てた。君主の名において戦争が行われた以上、そしてそれが悲惨をもたらす結果に終った以上、君主は形式責任を免れない。それが二十世紀における歴史の掟《おきて》と見える。

例外がある。昭和の日本である。空前の悲惨を伴っての敗戦を経たというのに、なぜ天皇制が続き、昭和天皇の退位もなかったのか。支配層と庶民を含めて圧倒的多数の日本人がそれを望んだからであろう。日本人自身は「国体」と「陛下」について、日本人としてのアイデンティティの発露として原理主義的に語る。外国人は当然ながら、より機能的、効用論的に語る。そして天皇制と昭和天皇の処遇についての最終決定権を敗戦時に持っていたのは外国人の勝者であった。

勝者にとって昭和天皇の評価すべき機能は明らかだった。終戦の決定と無血進駐を可能にしたことである。それにより何百万もの日本人と何万の米兵の生命が救われた。だが平和回復への天皇の貢献を強調すればする程、疑問もまた生ずる。「戦争を終らせる力が天皇にあったのであれば、そもそもなぜ天皇は戦争開始の許可を下したのか」

これに対する天皇自身の返答が、「独白録」である。――私は専制君主ではない。政府・軍部が一致して決定を下す時、私の意見と逆であっても、立憲君主としてそれを認めねばならない。例外的に二度私自身の判断を政府決定としえた時があった。二・二六事件の際と、終戦の際である。それに対して、開戦は政府・軍部の一致により提起された――。「もし私が天皇として拒否権を行使していたら、……私の信頼する側近が殺されたであろうし、私自身も殺されるか誘拐されるかしたかもしれない。実際、私は囚人同然で無力だった」

これが、本書で初めて明らかにした英語版「天皇独白録」の要点である。一九九〇年に日本語版が発掘されたのに続いて、このたびＮＨＫスペシャル番組の取材班が米国において英語版を発見したのである。だが、本書の価値は、英語版の発掘以上のものである。粟屋憲太郎、吉田裕両教授の協力を得て行った内外での広汎にして緻密な取材、そして著者、東野真の構成と分析によって、天皇と戦争をめぐる最先端の歴史研究書の域に達している。

とりわけ、マッカーサーの軍事秘書であったボナー・フェラーズ准将の役割を、本書は大きく浮かび上がらせた。クエーカーであったフェラーズは、大学時代に日本人女子留学生、渡辺ゆりを通して日本にひかれ、ラフカディオ・ハーンに耽溺《たんでき》して日本を愛した。戦争中、対日心理戦を担当したフェラーズは、天皇と日本国民を軍国主義の蛮行から切り離し、健全な世界へと救い出す構想をもって行動したといえよう。マッカーサーが、占領の成功のため天皇を重用する方針を強く支持したことにより、この構想は陽の目をみた。天皇を戦犯にしないため、開戦について天皇自身が説明すべきであるとのフェラーズの示唆により、もともとそれを希望していた天皇が語り、天皇の通訳・連絡役であった外務省の寺崎英成により作られたのが、この英語版「独白録」であった。本書は天皇制の象徴化と存続が、日米の濃密なクロス・ナショナルな提携の産物であることを鮮やかに解明した。

（「毎日新聞」一九九八年十月二十五日朝刊）

戦後日本形成の本丸に切り込む
『吉田茂という逆説』（中央公論新社、現在は中公文庫）
保阪正康 著

冷戦後の日本に、地下の活断層のように潜む争点がある。吉田茂である。冷戦を終えて「失われた十年」をなめた日本人の間に、戦後とは何だったのか、どこに間違いがあったのか、という地鳴りのような問いが伏在するに至った。八〇年代の日本が、「ジャパン・アズ・ナンバー・ワン」を可能にした成功の要因を訊ねたのに対し、世紀転換期の暗い日本人は犯人を求めている。その追究は、戦後日本というキャンバスに太い毛筆で自らの好みの言葉をよどみなく書き下した吉田茂に向けられがちである。

たとえば戦後日本が反共保守の陣営に縛りつけられたことに抗議する革新側に、吉田修正主義の研究が登場している。他方で、戦後日本が自己決定能力を喪失し、普通の国にすらなれなかったことに抗議するナショナリズムの側からの吉田批判も水位を高めている。学界では、新資料の発掘もあって、吉田以外の諸アクターの研究がすすみ、唯吉田史観からの脱却が進んでいる。

それらに公平に目配りしながら、なお吉田に高い評価を改めて与える坂元一哉の秀作『日米同盟の絆』(有斐閣)も現れた。吉田茂という活断層があることは明らかであるが、どの地域をはね上げ何を倒壊させるかは不明である。

本書は、東条英機と昭和軍部についての作品によって力量を証明済みの著者が、戦後日本形成の本丸に切り込んだ作品である。吉田茂は、戦後日本という白いキャンバスに、「親英米」と「臣茂」の二語を太い筆で書き下したとする。明治の元勲たちの築いた健全な近代日本、それを貶《おとし》めたのは、無分別な満州事変以後の軍閥であった。この「軍なる政治の癌」を、マッカーサーという支配者を利用して「切開除去」し、「親英米」を本流とする健全で名誉ある「皇国日本」を、戦後に回復・再建すること、それこそが吉田の根本的な戦略であったと、著者は描いている。

本書の魅力は二点に起因していると見える。

一つは、吉田の『回想十年』(中公文庫)および一九九四年に刊行された『吉田茂書翰』(中央公論社)をくまなく読んで、中心的根拠に据えていることである。これはオーソドックスな手法であるが、近年の研究者がともすれば新奇な周辺的資料に沈んで、全体像を歪《ゆが》ませがちであるなか、かえって新鮮な迫力を帯びる。

もう一つは、やはり達意の文章力であり、意味づけ、性格づけが自由な点にある。これも歴史研究者が微細な実証にふけって全体的意味を語る勇気を失いがちなのと好対象をなして、縁どりが鮮明であるのが読ませる。

たとえば、戦時中の吉田は和平工作を執拗《しつよう》に展開して憲兵に拘禁されるが、これは吉田の「歴史とむかいあう覚悟」を示したものと描かれる。戦後の時代に自らのブランドを確立するため、戦時に半ば自覚的に受難の危険を冒す賭けに勝利したとする。歴史意識を持つ「宮廷官僚」として、吉田は「皇国日本」を再建する協力者を求めて彷徨する。近衛、木戸や皇道派の軍人だけでなく、マッカーサーやダレスまでも、吉田の戦略に組み込まれては消えていったつわものどもと見なされる気配である。

吉田は戦後政治の担い手として、軍閥はもとより志を持たぬ政党政治家を斥け、学者に裏切られ、高級官僚に味方を見出して、ついに再建に成功することになる。古風で粗削りだが、自らの双手で歴史を抱きとめ、投げとばす気概を失わなかった戦後の元勲を描く好著である。

（「毎日新聞」二〇〇〇年十月二十二日朝刊）

議会政治・政党政治にかけた自由主義者
『馬場恒吾の面目　危機の時代のリベラリスト』（中央公論社）
御厨貴 著

過去は発言権を奪われた死者である。歴史家という代弁者に語ってもらわねば過去は死の家に横たわっている他はない。たとえば、坂本竜馬は今日の日本人のうちに生きている。だがそれは、竜馬そのものへの知識ではなく、〝ピープル・セイ〟的な伝承でもなく、ほぼ司馬遼太郎氏が描き出した竜馬であろう。馬場恒吾《ばばつねご》という人も、たまたま代表的な政治史家である著者が論じたことによって、死の家から起き出ることになった。

その馬場自身、同時代の政治家を描くことを得意とした。時は第一次大戦後の一九二〇年代、普通選挙と憲政擁護運動の高潮を経て、マルクス主義的なドグマに知的世界が呪縛され始める時代である。その時期、馬場は加藤高明、田中義一、西園寺公望ら同時代の政治指導者を、ドグマによらず、米国体験で身につけた第一線記者の取材精神と人間理解によって論じた。「真の芸術家の描いた肖像は、肖像になっている人の身体の中にある神々しい或物を写す」との抱負をもって、「政界人物評論」を『中央公論』誌上に連載、異彩を放ったという。

マルクス主義的な階級論の勃興期に、それに染まらず独自の国際性をたたえたリベラリズムをもって政治評論を展開した清沢洌、石橋湛山、そして馬場恒吾が、階級史観後退期に再び注目を集めるようになった。冷戦とそれに対応する五五年体制以後の時代を扱おうとする時、自由主義的な個性が復活させられるのは興味深い。

当然ながら、彼等自由主義者はこぞってあの戦争と軍部支配の時代に苦難の日々を免れなかった。馬場の場合も、躍進期を迎えていた読売新聞のコラムニストとして政治評論に健筆を振るう場を本格的に与えられたのが皮肉なことに五・一五事件以後の政党政治衰退期であった。議会政治と政党政治を深く信奉し、政党政治家達が秘めている「神々しい或物」を描きたい馬場にとって、それらが消散する事態を論評する痛ましいめぐり合わせとなった。悪化する事態を厳しく認識しつつ、屈することなく提言を試み、それもまた裏切られ続ける。やがて言論の自由すら失われるなかで、変化球を多用し、判る者には判る類の文章表現を余儀なくされ、一九四〇年にはついに筆を折る。

米国から帰った頃の馬場は、原敬を訪ねて、原の漸進主義的な生き方を十分民衆的ではないと面を冒して批判し、原もまた馬場との書生論の応酬を楽しんだという。二〇年代に「憲政の常道」と呼ばれる政党内閣の慣行が成立した時にも、馬場はそれが西園寺という元老の生き残りの裁量に依存している限界性を鋭く衝いた。戦前期政党政治の最盛期にも不足を言ったのは、馬場の議会政治への望みが本物であったことの反証であろう。しかし、その後の日本政治が馬場のイデーの方向へ改善されず、かえって政党政治が瓦解し転落した結果、馬場の刻々の批判は聞けても、ポジティブな日本政党政治論を聞き損なった感なしとしない。われわれが五五年体制崩壊後の政党政治を考える手だてを求める境遇にあるゆえのぜいたくな願いであろうが、その点いささか惜しまれる。

他方、細川内閣期に政治改革への希望がふくらみ、新選挙制度はできたものの新政党政治への期待が裏切られ、挫折感にとらわれている今日の政治評論家に対し、本書は三〇年代のもっと絶望的な奈落へのプロセスの中での馬場の苦闘を語ることによって、ある共感を示しつつも、全然甘いのではないか、まだ何も失ってないのに、戦意を失ってどうする、本当に危ないのは客観的な事態ではなく、それに対応する意思を早々に失ってしまう投げやりな精神ではないか、と問いかけているようにも感じられる。

自らの肉体を賭けて軍国主義と戦うことはなかったが、ペンによって良識の砦《とりで》を守ろうとした政治評論家であった。その馬場にして、真珠湾攻撃の成功に「血湧き肉踊る」一面があったことは、近代日本のリベラリズムのナショナリズムとの葛藤の根深さを思わせる。またあの時代にも「二六会」など、自由な知的サロンが小さくない意味を持ったことも興味深い。

本書の終幕にはドラマの逆転によるフィナーレが用意されている。信州に疎開して戦時をなんとか生き延びた馬場が、戦後に読売新聞社の社長に迎えられる。これまで渦中に身を投じて戦うことはなく、距離をとっての評論に留めてきたのに、「読売争議」に際しては共産党系の組合運動と編集局に対して全力をもって戦い抜く。著者はこれを自由主義者の反動化とは見ない。「軍部に向かって戦を挑まなかった」日本の自由主義者が、その反省に立って、戦後の試練には敢然と起ち上がった姿を描く。「左右の独裁思想」はともに「民主主義の敵」でもあり、今度は傍観せず、天は自らを助くる者を助くの精神をもって戦士となったのを、馬場の生涯における「偶然的必然」であったと本書は結んでいる。

（「毎日新聞」一九九七年七月二十日朝刊）

同時代政治史に引き込む強い力
『情と理　後藤田正晴回顧録　上・下』（講談社、現在は講談社＋α文庫）
後藤田正晴　著

本書は、戦後日本の「政と官」をかくも長きにわたって支え動かしてきた人物の自叙伝である。すでに著者は何冊かの出版において政官にわたる自らの関与を語っているが、本書はもっとも全体的な説明である。一九一四（大正三）年に徳島県の山村に生れてからの自己形成、東大、内務官僚への道、主として台湾統治という形での戦争体験、そして七〇年代の田中内閣に至るまで約三十年の官僚としての活躍。普通はこの警察庁長官から内閣官房副長官まで勤め上げた時点で、公的生涯を終えるものである。ところが著者は還暦を過ぎて国会議員となる。二巻のうち下巻は、それ以後今日まで二十余年の政治家としての絢爛《けんらん》たる事跡を語るものである。

この包括的な自伝がインタビュー方式で綴られているのが、本書の形式面での特徴である。一九九七年、政策研究大学院大学が新設されたが、その事業の一環としてオーラル・ヒストリー・プロジェクトを推進する伊藤隆・御厨貴が質問し、それに著者が答える形で全編が構成されている。このような方式には、親しみ易い会話調の持ち味がかもし出される反面、安易な表面的おしゃべりに堕す危険もある。本書はその点、内容豊かな体験と観察をありのまま、時には率直すぎる程の人物評を交えて語ろうとする著者の姿勢ゆえに、読者を同時代政治史に引き込んで離さない力を持っている。戦後半世紀を経て、この時代を築いた人々は次々に去って行く。そうした人物が存命の間にオーラルヒストリーを作り残すことが、資料情報公開の遅れる日本にあって、いかに貴重な国民的事業であるかを、改めて認識させる出版である。

戦後の動乱期は別として、自民党長期政権下で党組織の制度化が進むと、当選を重ねないと入閣できないのが常識となった。著者はその例外であり、当選二回で大平内閣の自治相、中曽根内閣では他派閥なのに官房長官として縦横に腕を振い、宮澤内閣の法相、副総理に至るまでの要職を歴任した。その間、経済大国化した戦後日本の完結期における政治的諸局面を切れ味鋭くさばき、戦後国家システムとしての全体的合理性の筋を貫こうとした著者であった。

そうした現代史の一コマ一コマも興味つきないが、本書の上巻が内務官僚としてのロジック修得過程を語っており、著者の思考枠組を看取できて有益である。内務省は占領軍によって解体されたが、著者はそのうち地方局筋と警保局筋の双方を行き来した「両生動物」であるという。地方局の思考が法的で緻密な論理を尊ぶのに対し、警保局は常識とバランス感覚に富んだ政治的判断力を重視する。著者は後者に中心軸を置きつつ前者もこなしたわけであるが、それは国内統治構造の論理を踏まえつつ良識あるジェネラリストとして大局的政治的判断を求める立場を意味する。

戦後の警察治安活動には三つの原則があるという。第一にセキュリティ・ミニマム、即ち最小規模の組織と武器に留める。第二に比例の原則、即ち抵抗者の暴力レベルを越えて過度な鎮圧行動をとらない。警察も自衛隊も国民に銃を向けるべきでなく、出来る限り戦わずして収める政治的決着を求むべきである。第三に中立性である。このような国民の了解の枠内で活動せんとする警察の内部論理が、著者にあって政治と対外安全保障の考え方全般の基盤をなしており、それが戦後日本社会に適合的であったことを本書は物語っているように思われる。

（「毎日新聞」一九九八年八月二十三日朝刊）

日本の政策決定過程を明快に解説

『首相官邸の決断　内閣官房副長官石原信雄の2600日』（中央公論社、現在は中公文庫）

インタビュー・構成＝御厨貴　渡邉昭夫

「日本には本省の課長の数だけ政府がある」という京極純一氏の言葉のように、日本政府は一つに統合されにくい分立性を特徴とする。課長など中堅幕僚レベルで起案され、すべての省庁が同意した案件しか、閣議に提出されない。

それでは首相官邸は何をしているのか、官僚実務レベルの合意の上に乗っかっているだけなのか。そんなことで、冷戦後の激動に対応する政策転換ができるのか、突発的な内外の危機に対応できるのか。

こうした問題に対する具体的な事実による返答が本書である。答える人、石原信雄氏は七人の首相に官房副長官として仕えた。七人とは、竹下、宇野、海部、宮澤、細川、羽田、村山の各首相である。時代は冷戦終結の前半の一九八八年から、五五年体制が崩壊して細川連立内閣が生まれ、橋本自民党政権が復活する前の村山政権途中の一九九五年までである。この日本政治が木の葉のように揺れ動いた七年間に、実に七つの政権が興亡を繰り返したのである。そのドラマを内側から見てきた石原氏が率直に語っている。

官房長官の下に政務・事務二人の副長官がいる。石原氏は事務方の副長官である。官僚機構のトップは事務次官であるが、各事務次官を調整し束ねて、一つの政府決定に導く役割を彼は担う。それゆえ本書は日本政府における政策決定過程の教科書でもある。

いかに各省間を調整し合意を作るか。閣議ではほとんど議論もなく全会一致で決定される。その前に事務次官会議で全省庁が合意しているからである。では事務次官会議では口角泡飛ばして実質討議が戦わされるのか。石原副長官はそれを許さず二十分で終わらせる。多忙な次官たちを全部集めて二、三省庁の議題を聞かせるのは時間の無駄だからである。彼は会議の前に関係次官だけを呼んで合意するまで調整する。いわばルーティンにおける合意調達方式である。

本書が興味つきないのは、時々の政府が命運を賭して実現を図った創設的大政策をめぐるドラマを内側から語っているからである。たとえば、竹下首相が政治技術の粋をつくして実現を図った消費税（実現と引きかえにリクルートの科《とが》をもって政権を失ったが）、海部、宮澤の両首相が討ち死にしたあと、細川内閣が実現した政治改革、湾岸危機における国際的敗北のあと宮澤内閣で実現したＰＫＯ法案、細川内閣で「コメ一粒たりとも」を超えてやっと受諾できたウルグアイ・ラウンド、尽きることのなかった日米経済摩擦等である。こうした大政治をめぐって、誰がなぜ推進し、誰がなぜ反対したのか。成功や失敗の原因は何であったか。官邸の役割は何であったか。簡にして要を得た語りをもって解き明している。

たとえば、消費税であれば当事者である大蔵省が主体となり官邸は全力で応援する。しかし、ＰＫＯ法案は外務省だけでは防衛庁その他との関係があって実現できないので、官邸自身が主役を引きうける。ウルグアイ・ラウンドの場合には、京谷昭夫農水次官が省の代表者でありながら大局観をもってとりまとめに動いたことが重要だったという。そういえば、石原官房副長官も、省庁の利害調整を超えて、大局観に沿った政策展開を支えつつ国家統合を保つことを、政治的機能の本質としているように感じられる。御厨貴の解説・構成もよい。

（「毎日新聞」一九九七年十一月九日朝刊）

「世界に生きる日本」問い続けた生涯

『わが志は千里に在り　評伝大来佐武郎』（日本経済新聞社）

小野善邦　著

「戦後日本」を人物の名をもって言い表せ、と問われたら、何とお答えになるだろうか。吉田茂あるいは池田勇人、佐藤栄作と答えるのは、通商国家・経済国家として再興した戦後日本政治の本流を見る人である。松下幸之助や盛田昭夫ら経済人を戦後の担い手としてあげる人も少なくあるまい。石原裕次郎、美空ひばり、長嶋茂雄らとともに生きた戦後であったとの実感を語る人もいよう。大来佐武郎と緒方貞子をあげる人はいるだろうか。大きな志をもって国際社会で働き、世界のリーダーとして尊敬を集めた日本人である。戦後日本が生んだノーベル平和賞を受けてもおかしくないほどの人物であると私は思う。このたび大来の評伝が初めて現れたことを嬉しく思う所以である。

本書は大来の歩んできた道のりを、大来自身の考え方と動機を紹介しつつ、どちらかといえばあっさりとたどった読み易い作品である。それでいて五百ページをこえる大著となるのは、七八年の大来の生涯に語るべき事跡が、それだけ多いことを意味する。

戦後日本が半世紀にわたって国際社会を航海した際、大来は水先案内を買って出た一羽の鳥のように船の前方を飛翔し続けた。この鳥は国際社会の海図に通じていたので、日本丸にとって貴重なナビゲーターであった。ただ船内には違和感を覚える人もあり、参院選挙に出馬してあえなく落選したことに示されるように、国民全般にリーダーとして認知はされなかった。それに対し、国際社会の知的コミュニティは大来に絶大な信頼を寄せ、日本のリーダーであるに留まらず国際社会のリーダーとして敬意を表し、従った。

中国大連生まれの大来は、日中戦争の始まる一九三七年に東京帝大工学部を卒業し、逓信省に入った。理工系ながら次第に経済社会に関心を移していた大来は、当時一流の講師陣を擁してユニークな教育を展開していた昭和塾に週三日通って、政治社会への眼を開かされた。国際的な広い視野をもって自由かつ合理的に問題を考え、国家社会を支える指導者を育成する気迫をもつ塾の教育に、大来は深く共鳴し、それは生涯の基盤となった。こうした視座は、当時の日本の大陸での戦争と植民地支配に批判的な観点へと大来を導いた。真珠湾攻撃前後二年半に及ぶ北京での興亜院勤務を通して、大来は日本の破綻が不可避であるとの認識を持つに至った。

大来らしい点であるが、こうした事態に悲憤し反対運動に身を投ずるのではなく、データを分析して敗戦必至を確認すると、敗戦後の国民的食糧難を回避すべく物動計画を変更し、塩と大豆を「本土決戦用備蓄」と偽って集めた。どんな苦況の中でも、大局判断と不屈の楽天性をもって必要な対処案を具体的に提起するのが、大来の生涯変らぬスタイルであった。

大来の最初の仕事は、廃墟の日本をいかに経済的に再建するかのプランづくりであった。外務省の戦後問題研究会にはじまり、やがて経済安定本部へ移る。そこには、敗戦後の日本にもっとよい社会をつくるロマンを失わなかった優れた知性が集り、起死回生の処方箋があみ出される。いわば戦後日本経済の参謀本部である。戦後日本の復興は偶然ではなかったのだとの想いを読者は抱くであろう。

第二の大きな仕事は、高度成長の経済計画である。大来は独立後速やかに輸出倍増を提案し、池田内闇期には経済企画庁にあって下村治と論争しつつ、より手堅い所得倍増計画を立案した。

戦後日本経済の再生と躍進の方向づけに没頭してきたかに見えた大来が違った音色を奏で始めるのは、六〇年代の高度成長のさなかであった。一つには、南北問題つまり途上国への援助を戦後日本の主要な対外政策の一つとするよう大来はリードする。日本はアジアの友人となりアジアと共に歩まねばならないと信ずる大来は、途上国の国づくりへの協力を日本の新たな生き方とするよう求めた。

もう一つ、ローマ・クラブの『成長の限界』(ダイヤモンド社)に加わり、地球の有限性への認識から地球環境問題に打ち込む。大来が「持続可能な開発」や「アワー・コモン・フューチャー」報告書、さらにはリオの地球サミットまで、世界の環境マフィアを動かした黒衣であったことを本書を読むまで私は知らなかった。

しかし何といっても大来の最大の仕事は、アジア太平洋のコミュニティづくりであろう。日豪の提携により、まずセミナー、つぎに官民にまたがる太平洋経済協力会議(PECC)、そして政府レベルのAPECに至る展開には大来の二十五年にわたる不屈の意志があった。欧州のような先進国クラブでなく、この地では途上国を包含する共同体でなければならないと、大来は一九九三年に没するまで説き続けた。この地における地域協力機構の産みの親であったといえよう。

多層的な大来の活動を一語でくくるなら「世界に生きる日本」ということになろう。温容の中で、いつも具体的・前向きに、国際社会の中にあるべき日本を問い、そして闘い続けた「まともな大物」の生涯である。


(「毎日新聞」二〇〇四年六月二十七日朝刊)

率直に語る戦後六十年の行程

『オーラルヒストリー　日米外交』（ジャパンタイムズ）

大河原良雄　著

戦後六十年を経た日米関係は今、最良の時という。流転する国際関係にあって、半世紀以上も同盟を続け、なお勢いを失わないのは奇跡に近い。もちろん平坦な舗装道路が用意されていた訳ではない。山あり谷ありを懸命にこなし続けた結果が「六十年」なのである。ほぼその全行程を走ってきた人が、ここにいる。本書は元駐米大使・大河原良雄のオーラルヒストリーである。

大河原の外交官としてのキャリアは、敗戦から復興をとげ経済大国の頂点に至る時代に重なる。質問者が知識をもって聞くからであろうが、一人の外交官が多種多様な仕事をあてがわれながら、らせん階段を昇るように次第に視界が拡《ひろ》がっていく様が手にとるように判《わか》る。飾り気のない率直な語り口がよい。このひとは健康で好奇心が旺盛なのか、フィリピンであれオーストラリアであれ、どこへ行ってもその地、その職務が好きになる傾向があるようだ。

大河原は、六〇年安保という日米危機から生まれた池田勇人内閣において小坂善太郎外相の秘書官を務め、佐藤栄作首相が沖縄返還の大勝負をかけた時期、ワシントン大使館と本省北米局で働く。外務省はベスト・アンド・ブライテストの沖縄布陣を敷いたとされるから、大河原はこの辺りで日米基軸の人事経路にはまったのかもしれない。官房長という仕事の何たるかを私は本書で初めて知った。

大平正芳首相が環太平洋構想をもって日豪枢軸で動いた時、大河原はかの地の大使であった。通常、外務次官から行くポストである駐米大使に、大河原は駐豪大使から転じ、八〇年代前半の五年間その任にあった。それは日米関係が経済摩擦に荒れながらも、ロン・ヤスの下で安保協力を含めたピークに達した時期であった。半世紀の年輪を経て、大河原は「NOと言い過ぎる日本」こそ問題であるとし、日米同盟を「当然視してはならない」と語る。「個人的信頼関係に依存し過ぎてはいけない」とも仰せだが、やはり個人の役割は大きいとの読後感を禁じえない。

（共同通信二〇〇六年三月十六日配信）

地球社会への日本の関与を語る
『外交とは何か』（NHK出版）
小和田恆　山室英男＝聞き手

外交は「可能性の芸術」である。学者なら国際関係を詳《つまび》らかに分析すれば済むが、外交はその環境の中で問題解決に向けた新しい関係を創造する営みである。自らの持てる全知力・全人格を注いでの武力によらない「真剣勝負」であると、はしがきで著者は言う。

外交官の中には、個別交渉の現場を得意とする人もあれば、外交政策を知的に再構成して語る能力に長けた人もいる。本書は、後者もこなせる一人である著者の、山室英男氏との対談集である。同じ著者の前著『参画から創造へ』（都市出版）がかなり構えた外交論集であったのに対し、本書は実際の外交体験に即してのなじみ易い日本外交論である。

著者が関西で行ったある講演を聞いたことがある。国際政治の変容から説き起した理路整然たる戦後外交論で、聴衆は感銘を受けた。ところが、一人の企業経営者が私に廊下でつぶやいた。「外交はどつき合いやおまへんか」。日米経済摩擦を見るにつけ、外交はやはり国家間の闘争であり、かぐわしい相互依存論では「どつき合い」に勝てないのではないか、というのである。

これは古くて新しい問題提起である。国家関係は根深くパワーゲームであったし、今もその側面が消えはしない。本書も、それぞれに国益をかかえ、しかも内政と外交が一体化した今日、国家間の利害対立は甘くないとする。しかし、この相互依存が進んだ世界で互いに国内事情を暴走させれば、双方が敗者とならざるを得ない。

そこで、「国益をかけた真剣勝負」は「双方が合意できる共通のルールを見つける」知恵を要求する。結局は世界全体の秩序を維持強化するのが日米双方の共通の利益であり、かつ同じく国内問題をかかえる者同士であることを了解しあって、交渉の「ある段階からは机の同じ側に座」って「知恵を出し合う」のが外交のあるべき姿だとする。

その点、著者は日米基軸論者である以上に、日米欧の三極論者である。三極が共通ルールの構築者たらざるを得ないからであり、G7サミットに象徴される三極主義は日本が最も有利に代表される場だからでもある。さらに著者自身「マルチラテラリスト」(多国間主義者)であると称する。共通のルールや普遍的基準の下で個別関係を運営することを説く立場である。この一年、さしもの日米経済摩擦も、欧州の対日支持(三極)とWTO制度(マルチ)の下で収まりを見せ始めたことを思い起せば、本書の語るところは傾聴に値しよう。著者が国連大使であることから、読者は当然に安全保障理事会の改組と日本の常任理事国入りをめぐる主張を予期しよう。だが本書はどちらかといえば広く経済社会理事会や行財政の問題を含めた国連の全般的任務と改革を諄々と説く。

多岐にわたる論点のなかで、印象深かったのは、カンボジア和平に果した日本外交の役割と、途上国協力をめぐる新しい開発戦略の提唱である。後者については、冷戦期イデオロギーに毒された労使対決型発想ではなく、またＯＤＡの金額に注意を奪われるのではなく、貿易、投資、技術移転、ハード・ソフトの社会インフラ、人権と政治等を含めた包括的ポリシーを考え、相手国の必要性のレベルを個別にふまえて共同で処方箋を打ち出す新総合開発戦略である。東アジアの経験をグローバルに活かす構想ともいえよう。

外交の最前線にある者が観察と体験を語りつつ、狭くなる地球社会への日本の関与を語りかける対談集である。


（「毎日新聞」一九九六年八月十三日朝刊）

凡才の大愚にかなう才智なし
『凡宰伝』（文藝春秋、現在は文春文庫）
佐野眞一 著

本書は小渕恵三元首相への立ち入ったインタビューと調査から生れた評伝である。私には本書を歓迎すべき格別の理由がある。というのは元首相の諮問機関「21世紀日本の構想」懇談会に加わり、小渕外交にいささかかかわった私のような歴史家にとって、政治的決定の経緯や理由は最大関心事である。しかしそうした当方の職業上の関心で超多忙な総理の職務を妨害することは慎み、いずれ政権を終えられたらゆっくり伺おうと思っていた。そこへ突然の入院と悲報である。せめて手作りで仕上げようとしていた沖縄サミットだけはやらせてあげたかったとの想いとともに、個人的にはあの時もう少し聞いておけばよかったと悔いた。本書は私に代わってよく聞いておいてくれたと感じるところの少なくない作品である。

本書がよく書けているのは、どこか政治家らしくない人物の政治的人格の形成についてである。太宰治に耽溺し、ムンクの『叫び』に似た自画像を描く煩悶の若き日々を送っていた青年小渕、これを呼び起こしたのは、群馬の一角で祖父の代から筆舌に絶する辛酸の中で身を起した一族の歴史であり、そして政治家としてようやく浮上しかけた父の突然の死であった。

父の志を継ぐ決意をした早稲田大学生は、「凡人」が志を遂げるには一筋に打ち込む以外にないと達観した。かくて弁論部、合気道部、書道部、人との交わりと人脈づくり、世界一周旅行と、およそ政治家に役立つと思われる諸々に彼はひたすら励む。若き日の彷徨を経て自己への幻想を捨て、凡人であり無であると自覚した者のひたむきな積み重ねはおそろしい。なぜなら、神は人々の才智にほんのわずかな差しか与えていないのであり、この青年のような凡才の大愚にかなう才智などこの世に存在しないからである。

「人脈の小渕」は田中派に属し、そこでは激しい闘争や分裂が繰り拡げられた。「小渕はその騒動の渦中にはあえて入らず……熟柿が落ちるのを待つように、自民党の最大派閥の経世会を自分の手をほとんど汚すことなく手に入れた」

福田赳夫、中曽根康弘という大政治家と同じ群馬の選挙区にあって、耐えに耐えて最下位になっても当選は続けるねばりと鍛錬はたいしたものである。しかし竹下派の有力な仲間が党を割って去るなどの幸運もあった。また「人柄」をかなぐり捨て「ここまでコケにされたら鬼になる」瞬間もあった。県連会長をおろされた時、そう宣言して再浮上バネを利かせた。また、総裁選で挑戦した加藤紘一への報復の激しさは、かつて佐藤栄作首相が前尾繁三郎に行った仕打ちとウリ二つであり、宏池会というライバルを斥けて長期政権へ向うモードにギアを入れたものと解してよいであろう。

もう一つ本書が生き生きと描き出しているのは、小渕の学生時代からの沖縄への深い関与である。現知事の父である稲嶺一郎の家にしばしば投宿し、その沖縄とASEANに拡がる人脈を継承した。沖縄サミットの決定は万人に驚きであったが、小渕個人に即してみればむしろ必然であったことが本書により解される。

私の関心事である韓国との歴史的和解や対中・対米外交などについては多くを語っていないが、日本経済のどん底からの再浮上という事業が小渕という人物の成り立ちに適合的であり、他方、日本社会の全般的構造改革という抽象的事業はそうでなかったことが、本書から読みとられる。

（「毎日新聞」二〇〇〇年七月二日朝刊）

近代化途上の大衆の魂　揺さぶった唄
『西條八十』（中公叢書）
筒井清忠 著

「その頃の私は、ビートルズの一節が流れ始めると、それだけで涙が止みませんでした」と、六〇年代の青春体験を語る声をラジオで聞いたことがある。魂を揺さぶるほどの共感を呼び起す言葉と旋律が、時として時代に与えられることがある。

大正時代に西條八十が〝唄を忘れたかなりや〟を雑誌『赤い鳥』に発表し、成田為三の作曲により「童謡」という新しいジャンルとして日本中の「遠い隅々までも唄はれ」たのは、そうした瞬間の一つであったろう。

文学と詩人への志を持ちながら、倒産した一家を支えるため、巷で天ぷら屋を開業し、苦節の日々を送る西條に、ふと湧き出た唄であったことを、本書に教えられた。詩もつくれなくなったカナリヤは西條自身であり、棄てられ、むち打たれる日々の暮しの中で、「月夜の海に浮べれば忘れた歌を想ひだす」と、愛惜をまっすぐに表現したのである。なんとやさしく詩情豊かな詩であろうか。

観念論でない生活の実相に根ざした作者の嘘いつわりのない唄が、〝おしん〟の苦闘を続ける近代化途上の人々に深い共感を呼んだ。それはまた、明治以来、西洋化の途をひた走りに走ってきた日本人に、失われたものへの郷愁や来たらざるものへの憧憬を、さまざまに想い起させる唄でもあったろう。

本書は西條八十についての初めての評伝である。明治二十五（一八九二）年に東京に生れ、昭和四十五

(一九七〇)年に没した七十八年の西條の生涯であった。戦後の時代にも、西條が〝童謡〟の作詞家であることは記憶されていたが、むしろ「支那の夜」「青い山脈」「王将」「この世の花」など歌謡曲の作詞をなさる先生として通っていたと思われる。本書は、早稲田大学文学部教授であり、『アルチュール・ランボオ研究』(国書刊行会)の著者である秀れたフランス文学者であった西條を甦らせた。西條は、パリに留学し、ランボーの郷里を訪ね、難解な西洋詩を丹念に読みほぐす本格的な文学研究者であると共に、著者が「日本的無常観の伝統の上に立った近代的ロマン主義」と評する高踏的・象徴的な叙情詩をつくる詩人でもあった。加えて人々と時代の感情に表現を与える流行歌の作詞者だったわけである。

そんな多音階を弾きこなせる才人はうらやましい限りであるが、当時の文学界と専門家は西條を厳しく咎《とが》め、ほとんど異端者のように弾圧した。本書は、そこに大衆社会化状況における「純文学」のアカデミズムなど専門家集団の問題性を鋭く切り出している。マスメディアを通じて社会を支配する大衆文化を、既成のエリート知識人は見下しつつ自己防衛しようとする。今日も、こうした関係は、たとえば大学や学界で主流をなす学者と、テレビにレギュラー出演して軽妙に評論する者との間に続いている。

しかし西條は天ぷら屋をしていた苦節の時代、貧しい庶民の情け深さに感じたことがあった。「人情は上になくて下にあるものだとつくづく感じた」。また西條は、関東大震災の夜を上野の山で過した際、一人の少年が奏でるハーモニカに感じ「わたしは、このことから、ある深い啓示を与えられた」。彼は大衆に共感し尊敬してもいたのである。

本書の著者は社会学者として多くの研究を重ねてきた。これまでもその知と理に教えられることが多かった。この度、それに加えて情と感動を秘めた本書である。著者もまた人生の年輪を経て、人間観の成熟を見るに至ったのであろうか。この名作の出現を喜びたい。

（「毎日新聞」二〇〇五年三月二十日朝刊）

自由主義者の格闘の生涯
『私の二十世紀　猪木正道回顧録』（世界思想社）
猪木正道　著

誠に激しくめまぐるしかった二十世紀の世界史であった。前世紀に鎖国を脱し、世界に飛び込んで懸命に走った日本の二十世紀は、さらに激しい振幅と浮沈の歴史であった。

この激動の中に生きる日本人にとって、時代風潮に飲み込まれることなく、現在進行形の歴史に対し、正邪賢愚の判断を下し続けることなど不可能に近かったであろう。だが必ずしも不可能とはいえない。そう本書はささやいているように感じられる。

本書は第一次大戦勃発の年に生れ、戦前・戦後の歴史を生きた知識人の率直きわまる自伝である。科学的精神を重視する医師であった父の遺伝子を受けついだのであろうか、著者は少年の頃より神がかり的な国体思想を押しつける学校教育に反抗した。そんなのおかしい、ウソを言ってる、と憤ることを止めなかった生涯の始まりであった。

著者は、思想的座標軸を東京帝国大学経済学部の河合栄治郎教授より与えられた。教授は左のマルクス主義、右のファシズムや軍国主義の双方を、いずれも人格の尊厳を損なうものとして批判する自由主義者であった。河合教授が『帝国大学新聞』に投稿した二・二六事件を批判する「生命がけの一文」に若き日の著者は感動に打ち震え、それを生涯の精神的支えとしたという。河合教授は、日中戦争はやがて対英米戦争に至る、対米戦争に日本は完敗し、全土を占領されると断言した。

三菱信託に就職し、日米の通商断絶の場合の経済的影響についての調査を命ぜられた著者は、日本の対米敗北が経済的に不可避であることを確信した。それゆえ、真珠湾攻撃の大成功に沸く「同朋の中に、私は深い孤独をかみしめた」。やがて「わが国の主要都市は焦土と化」し、「完敗の運命は免れない」と判断したからである。

著者は第一次大戦の歴史と第二次大戦の行方を比較分析し、ドイツ・日本とも軍事的全滅に至ると覚悟していただけに、昭和二十年の敗戦は、むしろ「全的崩壊・滅亡の一歩前に救われた」事態であった。「日本を再建するために全力を挙げるときが来た」

戦中・戦後は誰しも自らと家族の生存のために闘わねばならなかったが、著者はそれに加えて、戦後日本の知的世界を呑みほす勢いを示したマルクス・レーニン主義に対する闘いを開始した。ソ連共産主義体制の残酷な現実を知らず、このイデオロギーを「万能の真理」として理想化する戦後の日本人に対し、著者は人間の自由と人格主義の観点に立って厳しい批判を展開した。歴史と哲学への深い学殖に基づき、左右の集団主義から人間と社会の尊厳を守る河合栄治郎の闘いを著者は戦後に再開した。

戦後に著者が闘ったのは共産主義だけではなかった。全面講和論に対し不可能を主張して可能なステップを閉ざすものと批判した。さらにすすんで戦後日本の軍事嫌悪を「空想的平和主義」と断じて、戦前の軍事万能主義と同じく、一面論によって日本の道を危うくするものと警鐘をならし続けている。

著者ほどイエスとノー、好きと嫌いの明瞭な人は稀であろう。人であれ、オペラであれ、読書であれ、よきものに肉体ごと夢中になる情景が本書に繰り返し描かれ、読者は思わず引き込まれる。そして、激しい格闘の生涯を本書によってたどったあと、これほど誤りなく時代と切り結び得た「硬質の自由主義」者がこの社会に存在することに感慨を覚えずにはおれないであろう。

（「毎日新聞」二〇〇〇年四月九日朝刊）

現場重視のリベラルな国際主義

『自由と節度　ジャーナリストが見てきたアメリカと日本』（岩波書店）

松山幸雄 著

世界と日本を国民がどう認識するか、それが結局のところ日本の生き方を決めるであろう。そうした自他にわたる認識を国民が得る最大のソースが、良きにつけ悪しきにつけ、マスメディアである。それが「第四の権力」と云われて久しいが、当のジャーナリストに自らの影響力に対する自負と責任感覚がどの程度あるのだろうか。そういった想いを漂わせていただけに、国際派ジャーナリストとして朝日新聞の論説を長きにわたってリードしてきた当事者が書いた本書に、私は注目した。

著者は三十代はじめにワシントン特派員となり、以後米国との関与は「太平洋を一〇〇回近く往復」という程に深いという。最初にホームステイした家族を通して著者はアメリカ人の底深い善意を知り、ケネディ政権の知性あふれる輝かしい政治に感銘を受けた。

だが、まばゆい程に立派なアメリカとともに、許しがたいアメリカにも著者は直面する。独善的で他国の痛みに無神経な米国である。法律家、軍人、ＣＩＡの悪しき組織論理に冒された米国は、短絡的に敵と味方を分け、なんとしても勝とうとし、ベトナム戦争のような誤りを犯す。人に人徳と人望があるように、国にも「徳望」がなくてはならない。知米派の著者は、それを米国に失ってほしくないのである。

朝日の論調といえば、米国に批判的だが、冷戦下の中ソには甘い進歩派リベラルといったイメージがあろう。本書は違う。共産主義下の中ソの独善性や御都合主義には誠に厳しい。イデオロギーや体制に入れ込むと、視野狭窄《きょうさく》に陥り、判断力が曇るとする著者は、新聞記者の特権である現場主義を重視する。ソ連や東欧を訪ねて、市場やデパートの貧しさを確かめ、東欧のスポーツ大会で観衆が「ソ連の相手側」を応援するのを見れば、当局の公式見解とは異なる姿が見えてくる。

イデオロギーに呪縛されて、共産主義国の権力主義的対外政策を批判できない戦後日本の左翼的教条主義や進歩的文化人にも本書は批判的である。

もちろん著者の批判は、わが日本の派閥政治と金権政治、官僚主義の弊にも容赦なく向けられる。自由と多様性をはばむ内向きの権威主義は、著者の忌み嫌うところである。

著者の基本的立場は、リベラルな国際主義というべきものである。国家重視型の国際主義ではなく、むしろ市民あっての国家であり、個人の幸福追求がゆるやかな平和の基礎をなすとする。社会の透明性の拡大や、人と情報の自由な交流が、国家と体制の壁を越えての相互理解をもたらす。一九七五年のヘルシンキ会議は、そのような観点から共産圏の溶解を方向づけた。

日本のリーダーが持つべき資質として本書が「国際的戦闘力」を強調しているのは興味深い。

日本外交が「状況対応型」の姿勢を脱却し、自主、変革、挑戦といった気風を持つことを求めるが、それは軍事力や経済力をかざして国際競争を突破せよというのではない。自他の歴史と文化を踏まえた知的認識や表現をもって、国際的な場で語る能力を重視するのである。

戦後日本は安全と繁栄をいかに築くかに没頭してきた感があるが、本書はそうした事実には正面からの関心を示さない。その点で、戦後日本の知識人の一つの型を踏んでいる。しかし現場認識を踏まえた国際的視野と公正な個別的判断、そして何よりも「自由と節度」を重んずる気品ゆえに、戦後ジャーナリズムの良質部分を代表するものといえよう。

（「毎日新聞」二〇〇二年一月十三日朝刊）

学問と現場への飽くなき好奇心

『政治と秋刀魚　日本と暮らして四五年』（日経BP社）

ジェラルド・カーティス　著

アメリカにおける第三世代の代表的な知日派学者である著者を知る人は多いであろう。私自身もかなり度々、著者と同席してきた。

ただ本書を読んで、アメリカから来たこの人を日本社会の側から見ていたに過ぎないと感じた。アメリカ社会がこの知日派をいかに生んだかを知らなかったし、本人がどんな青春期の彷徨《ほうこう》の中で日本へやって来たかも知らなかった。

ティーンエイジャーの著者は音楽に夢中、ピアニストをめざしていた。好きで夢をふくらませるのはいいが、大学の音楽学部に進みプロをめざす天才たちの群に加わって、自らの限界に気づく話をよく聞く。著者も卒業後、ナイトクラブでミュージシャンとして働きながら、ニューメキシコ大学に入り直し、社会科学が面白くなった。教授の一人が母校のコロンビア大学院への進学を勧めた。奨学金を得て修士課程に入り、国際政治を学ぶことになった。アメリカ社会は彷徨と学び直しに寛大であり、それが機会と活力の源泉の一つであるという。たまたまJ・モーレイという優れた第二世代の知日派教授のゼミに著者は属することとなり、日本へのかかわりが始まった。日本語に「他の言語にはない魅力を感じ」がむしゃらに勉強した。何時間漢字を勉強しても倦《あ》きなかった。

一年間、現地で日本語を学ぶことになり、東京・西荻窪の四畳半一間に下宿した。近所の大衆食堂のおいしいこと、日本の庶民生活を喜びとすることができた著者のすばらしい異文化消化能力を象徴するのが、本書の表題「秋刀魚《さんま》」である。

博士論文を日本政治について書くことにしたが、象牙の塔の学者にはない発想を示した。日本の民主主義の生きた現場を見たい、と文化人類学者のような希望を抱いた。中曽根康弘議員の紹介により、大分県で当選をめざしていた佐藤文生候補の選挙本部で二年間暮すことになった。杉乃井ホテルの大浴場につかっていたら、後援会婦人部の軍団に包囲攻撃されるような経験もした。日本政治学の古典的名著『代議士の誕生』(サイマル出版会)はそんな現場体験から生れた。

学問と実際の双方への飽くなき好奇心。山本正氏らをカウンターパートに、日米間の知的交流や議員交流などにも尽力する。日本の政治や認識が国際的に開かれ双方を豊かにする交流が望ましかった。

本書は、著者の日本とのかかわりを語る自叙伝であるが、各局面で目撃した日本の文化・社会・政治を熱く語る。二十代半ばまで、日本を知らないアメリカ人だった著者にとり、日本の諸相は新鮮であり、しばしば驚きである。驚きの前提は、アメリカ社会である。そこから日米比較論となる。さらに、本書はもっぱら国際比較の中の日本政治論の趣を呈するに至る。

冷戦終結と時を同じくして五五年体制が崩壊した後の政治改革が主な関心である。中選挙区から小選挙区への改革に、著者は批判的である。この国際的激動の中で、米国のように変わるべきだとの意見も、日本の伝統に立ち帰るべきだとの意見も、ともに現にある日本のよさ、美しさへの自信を欠いている、と一刀両断である。日米関係を重視したブッシュ政権の終了を前に、政権交代が日本にとって災いであるかのような発言をする愚を、英国ブレア首相の演説を引いてたしなめる。海図なき航海が続く日本政治に、洞察力に富む知友からの手紙という感のする本書である。

（「毎日新聞」二〇〇八年五月二十五日朝刊）

アメリカを駆け抜けた日本人学者
『歴史を学ぶということ』（講談社現代新書）
入江昭 著

アメリカへ留学する日本人は少なくないが、博士号を得たうえ、競争の激しい米国で教職に就き、終身資格《テニュア》の教授となる者は稀である。理工系よりも文系がいっそう難しいかもしれない。専門内容に加えて英語という表現手段についてもネイティブのアメリカ人と競わねばならないからである。そうした分野で、本書の著者のように外交史学会やアメリカ歴史学会の会長までなった例はほかに聞いたことがない。

本書はアメリカ社会を駆け抜けた日本人の自叙伝である。著者は十歳で終戦を迎え、その時から日記をつけるようになった。それを基にした、いわば実証的自伝である。よくある偉い人の神話づくりや思い込みの風が全くなく、ありのままを語る。

たとえば敗戦によって「天皇の赤子《せきし》」たる愛国少年から認識の歴史的転換を遂げた筈なのに、日記にそれらしき記述はなく、ひもじさと食物のことばかり書いてあるという。グルー留学生の試験にうかり、英語の特訓を受け、貨物船で渡米したが、アメリカに着いたら全く役に立たない英語であったという。双方とも普通のほほえましい話である。

普通でありながら普通でない道を歩くうえで、本書は人との出会いが契機であり続けたことを語る。まず家族である。終戦前の初夏、長野県に学童疎開していた著者兄妹を、外国特派員の仕事から帰国した父入江啓四郎が訪ねてきた。両親は栄養失調で衰弱した子供を東京へ連れ帰る。飢えで死なせるより焦土となるにしても家族一緒に東京で死んだ方がましだと考えた両親であった。成蹊学園高校でA・スミスやM・ウェーバーを大学水準で講ずる安藤先生。留学したハヴァフォード大学で高い水準の独自の歴史答案を著者に求め励まし続けるマッキャフリー先生。妻となる前田陽一の娘光子との出会いと支え。ハーヴァードの大学院におけるE・メイやフェアバンク教授らの配慮に満ちた指導と学恩。本書は出会った人々の立派な学問と教育、そして香《かぐわ》しい生き方と考え方を描く。そのことは翻って、こうした人々が著者のうちに同じく学者として、人としての輝きを見出したプロセスでもあろう。彼らは国籍と人種をこえて著者をアメリカ社会と学界に受けいれただけでなく、学者の中で格別に高い存在に押し上げてゆく。

本書の後半は、こうした背景のもとで著者がどのような歴史研究を展開し、世界についてどのような見方を育んだかを語る。

著者は日米関係や米中関係を中心に米国外交史もしくはアメリカ・東アジア関係史を専門とするに至った。方法的には各国の公文書館を訪ねて原資料を閲読し、マルチ・アーカイバル手法による国際関係史を打ち出した。内容的には、外交関係の記述に満足せず、その背後にある人々の認識や思想に踏み込み、その時代的な転換や地域的な関連などに注目する雄大な研究であった。私自身も若い日に著者の『極東新秩序の模索』(原書房)や『米中関係のイメージ』(平凡社ライブラリー)を読んで、戦後日本の歴史学に多かったドグマから完全に自由であり、外交文書による独自の実証と思想性を帯びた大局観をもって歴史を意味づける文章に感銘を受けたものである。

近年の著者は、実証研究よりも理念や文化に比重を置き、国家主体よりも非政府アクターによるトランス・ナショナルなシビル・ソサエティの拡がりを論じ続けている。著者のアメリカ歴史学会会長としての講演テーマは「歴史学の国際化」であった。学者も国民も偏狭なナショナリズムを越えて文明の多様性をまたぐ認識の共有に至るべきを説いてやまない。思えばグローバリゼーションの時代を先端的に体現する著者の軌跡であるといえよう。

(「毎日新聞」二〇〇五年十二月四日朝刊)

戦争体験に根ざす「平和」が原点

『道 天皇陛下御即位十年記念記録集』（NHK出版）

宮内庁 編

冷戦終結と時を同じくして、長命であった「昭和」も終った。その瞬間はつい昨日のことと想起されるが、実はもう十年を経たのだ。本書を手にして、まずそのような驚きを覚えた。

平成の十年を「冷戦後十年」として見るなら、それは日本経済が戦後最長の不況に苦しんだ九〇年代であり、大地震やサリン事件によって日本社会の安全神話が揺らぎ、国際的にも民族紛争や核ミサイル危機などが頻発した秩序流動化の時代と受けとめられよう。

他方、昭和との対比で見れば、異なる姿が浮び上る。昭和は日本史が極限状況に追い込まれ、ひとたびは死して甦った時代であった。生存そのものが危殆に瀕した昭和と較べれば、平成の大不況は豊饒の中の不調に過ぎず、平成の危機は全般的安全の中の不安、もしくは局部的危険に過ぎない。これまでのところ、平成はその名の通りの穏やかな時代と受けとめられよう。

はじめの十年における天皇、皇后の発言を集めた本書から読み取るべきは、天皇制をめぐる思想であろう。平成の天皇は自らの役割をどう考えているのだろうか。戦後の天皇制にどのような内容を込めようとしているのか。

明治憲法下に育った昭和天皇には、政治の決定と自らの意思を切り離すことが困難であった。二・二六事件や終戦時のように、機会を与えられれば昭和天皇は責任感に満ちて自らの意思を表明し政治の流れを変えようとした。占領下で象徴天皇制に転じた後も、重大な政治問題に非公式ながら発言を続けたようである。

平成の天皇は象徴天皇制をどう受け止めているだろうか。重大事態を迎えれば、再び政治決定に関与する可能性はあるだろうか。天皇自身は「長い歴史を通じて政治から離れた立場において、苦しみあるいは喜びに国民と心を一つにし、国民の福祉と幸福を念ずるというのが日本の伝統的天皇の姿」であったとし、日本国憲法の「象徴」をこの伝統への回帰と解している。国民の幸福と国際親善とを「心を込めて」求めたいとする天皇の意向を、さらに「心を込めて」語る皇后によれば、「行政に求められるものに比べ、より精神的な支援としての献身が求められているように感じます」ということになる。

このように国民的共感を重視する天皇は、どのような価値観においてそれを追求しているのだろうか。本書を見れば、戦争体験に根ざす「平和」こそが原点であることがわかる。ものごころついて以来、戦争が続き、ようやく疎開先から戻ると、東京は「焼け野原の中に小さなトタンの家々」が並ぶ惨状であり、「燃え盛る火に追われ、命を失った幾多の人々」と「遺族の悲しみに深く思い致し」て平和を求める立場を天皇は語っている。

「平和国家として生きる」ことと共に天皇は、民主主義と「尊い自由」、繁栄と「豊かな社会」、「慎みと品位ある国民性」、世界の人々と「共存する精神」を語る。

「即位後、早い機会に沖縄県を訪れたいという念願がかない」と自らの意思を挨拶で明言するように、悲惨を蒙った人々への思いは格別である。天皇と皇后の立場を絵で示すとすれば、沖縄もしくは兵庫の被災地を訪ねた際の姿に代表させるのが適当であろう。戦後平和と戦後民主主義を奉ずる国民共同体を心を込めて支えようとするのが、平成の「象徴天皇制」であると、本書は告げる。それは今後の荒々しい危機とグローバリゼーションの津波を越えて行けるであろうか。

(「毎日新聞」一九九九年十一月二十一日朝刊)

はじめての平成天皇論
『国民の天皇』(共同通信社)
ケネス・ルオフ 著　高橋紘 監修　木村剛久　福島睦男 訳

アメリカ人学者による天皇研究が盛んだが、三十代の若きルオフ氏による本書はとりわけ斬新である。本書は昭和天皇の戦争というなじみのテーマ以上に、戦後の天皇の実際の言動に注目する。建国記念の日や元号法の「天皇主義的」動きとは逆に、現天皇は傷ついた人を包み、日本の戦争に傷ついた隣国と和解する役割を追求してきたとする。「国民の天皇」もしくは「大衆天皇制」を打ち出した骨太な作品である。

(二〇〇四年第四回大佛次郎論壇賞選評・「朝日新聞」二〇〇四年十二月十五日朝刊)

敗者の国の小さなヒーロー

『外交官』（実業之日本社）

城田安紀夫 著

湾岸戦争は日本にとって厳しい経験だった。冷戦終結後はじめてのこの戦争で日本は敗者だった。だが小さなヒーローはいた。イラク軍侵攻下のクウェートで、在留邦人を大使館地下室に引きまとめて守り、大胆にも米国大使館員までかくまって国際的称讃を受けた日本人外交官がいた。

著者がその人であるが、本書を読んでなるほどと思った。若き日に石油危機に揺れる世界を見て外交官を志し、戦乱のベイルートにアラビア語を学び、ダマスカスの庶民の中で暮らし、ベドウィン族の「水がない砂漠ではラクダを砂で洗う」遊牧生活をする。アラブの人々が何を感じ考え行うかを内側から感取する体験を重ねた後は、情報分析に打ち込む。変動の背景にあって次の動きをも規定する「要因と利害関係」とは何か。こうした訓練があってのクウェートでの危機管理であった。

ペルーの例もあればクウェートの例もある。わが官庁は人知れず腐食進行中なのか、人知れず次の時に備えて人材育成中なのか。多分、両方なのであろう。

（「毎日新聞」一九九七年六月二十九日朝刊）

戦後日本の政治はいかに変化したか、しているか。

戦後初期の政治学は、戦争期日本の反動性を糾弾し、戦後に民主主義を確立することを不可侵の使命と意識していた。民主的か非民主的かの呪縛を脱して、日本政治の諸現象をそれとして分析し、特徴づける潮流が七〇年代頃から高まる。八〇年代にはより若い政治学者たちが群団的に登場した。彼らの多くがアメリカに留学し、比較政治の視角と手法を身につけ、改めて日本政治を分析する。国際的な場の中で日本政治はどう特徴づけられるか。どう変化しているか。

第二章

変わりゆく戦後日本

日本政治の変動とその意味は、学界だけでなく社会的にも重要な関心であり、私はよき研究を新聞書評という一般読者用の場で紹介すべきであると考えてきた。政治と行政、首相官邸と官僚機構の関係をめぐる大きな変動が、主要なテーマである。

意識の変化が政治行動を先導する。戦後日本が戦争そのものを否定し、絶対平和主義を志向したのに対し、欧米ではユダヤ人虐殺の悪を放任した責任を問い、正義のために戦う志向性が強い。この対比は根深く持続するであろうが、問題は今後の日本が国際的に通じる開かれた志を培《つちか》えるか否かであろう。

若い世代の外交研究はめざましい。日下は六〇年代まで外交文書がほぼ公開されており、それに依拠した実証研究が続く。七〇年代以降についても、近年における日本の政治外交的役割が描き出されている。

政治

『内閣政治と「大蔵省支配」』（中公叢書）

戦後日本の大政治を担った官房型官僚

牧原出 著

戦後日本は敗戦と占領の中で再出発した。歴史家はこの占領期を好んで研究してきた。日本が生と死の淵をさまよった決定的な変動期の歴史が研究者の興味をひくからであろう。再建された制度は、その後の社会を長く規定する意味を持つことが多い。加えて、占領期は占領者という外部アクターが日本史に直接参画した例外的瞬間であり、米国側の豊富な公文書などの資料を利用できることが、この時期の研究を支えてきた。

他方、多くの政治学者は六〇年代以降を分析する。精緻な分析に耐えるデータが出揃うのは六〇年代になってからである。その結果、戦後政治形成において中軸的位置を占める五〇年代が、歴史家と政治学者双方の守備範囲からもれ落ちた感が否めない。

本書は、行政学者による五〇年代日本政治への斬新な切り込みである。日本政治の主要な担い手は、いうまでもなく政治家と官僚であり、両者がどのような関係をもって動くかは政治にとって基本的な問題である。本書は、ステレオタイプの役人的官僚像を斥《しりぞ》け、二つの対照的なスタイルの官僚群を提示する。「原局型官僚」と「官房型官僚」である。

「原局型官僚」は、原局の立場と論理をもって政治を動かそうとし、一徹なサムライと称讃されたり、省庁セクショナリズムの権化と批判されたりする周知の一典型である。それ以上に重大な役割を果したとして本書が照準を合わせるのが「官房型官僚」である。このタイプの官僚は、原局のもともとの立場を超えて日本経済全般の状況と方向性への分析を持ち、世論と政治にそれを売り込みつつ政策路線をリードせんとする。

「官房型官僚」の起源は、戦前戦中の総動員時代の企画院などに蟠居《ばんきょ》した「革新官僚」にあるとする。総合政策の立案と実行にめざめた官僚たちは、占領下の経済安定本部に省庁横断的に集められ、戦後日本の復興という大政治にかかわる一時期をもった。

戦前戦後の連続性の指摘は、本書の独創ではない。戦前の物動や計画経済の経験が、戦後の経済計画の下敷きとなったことは夙《つと》に指摘されてきた。本書の新しさは、独立後の五〇年代に、誰がどの機関に依拠して、どのような政治的機能を果したかを特定しつつ、「官房型官僚」と政治家とがつくり出す戦後政治の重要な一面を描き出したことにある。

片山哲、芦田均の中道連立内閣が崩壊し、吉田茂が政権に復帰して池田勇人が蔵相となった時期以降、大蔵省大臣官房調整部とそれを率いる森永貞一郎、石野信一、谷村裕のトリオの役割を、本書は「調査の政治」の出発として重視する。大蔵省に関する主計局中心史観を修正し、五〇年代に調査・企画部内に依拠した「官房型官僚」の表には出ないが、絶大であった指導力を、「二兆円予算」をめぐる政治や、のちの下村治の経済分析に基づく所得倍増計画の推進に至るまでを、具体的に語る。といって池田筋のみを、主役とするのではなく、河野一郎による激しい政治支配の闘争、福田赳夫による「政策先議」と称する党優先の試み、佐藤栄作による主計局政治への回帰といった多元的波動が語られる。ただこれら有力政治家によるドラマは、それぞれに異なる省庁内の「官房型官僚」を策源地として活用してのものであったとする。
本書は七〇年代より日本政治が政高官低に転じたとする通念に疑問を呈し、五〇年代にも単純な官僚優位は存在しなかったと想定している。むしろ、政が官を使いこなすという、いつの時代にも困難な課題をめぐって、戦後の日本政治が、どのような型を生み出したかを内在的に解明する姿勢を堅持している。

(「毎日新聞」二〇〇三年七月二十七日朝刊)

財政・徴税・金融の三権集中体制の功罪
『大蔵省統制の政治経済学』(中公叢書)
真渕勝 著

自民党による「一党優位制」が終ったあとに登場したのは、大蔵省による「一省優位制」である、との論評も聞かれる。それだけに、大蔵省の日本政治経済における役割につき、腰を据えて実相を解明する研究が、今ほど求められる時はないであろう。本書は、内外の政治経済学の研究成果に刺激を受けながら、大蔵省が戦後日本に担った機能を実証しようとした学術研究書である。加えて、その鮮明な問題意識と主張、そして平明な文章によって、社会的な関心への応答として読みうる作品ともなっている。
本書が描き出すのは、財政・金融をめぐる制度配置と現実の政治状況との相互作用である。占領軍は内務省を解体しただけでなく、主計局（予算案編成）と主税局（収税機能）とを合わせ持つ大蔵省を分解しようと試みた。党人派の与党政治家も再三これにメスを入れようとした。だが、大蔵省は、歳入と歳出を同じ省が扱うからこそ責任ある均衡予算が可能なのであり、たとえば内閣に予算局を設けて政治の情動に予算案を委ねるなら、とめどない財政膨張と赤字を招来すると反論するのを常とした。やがて大蔵省は日本銀行に対する優位をも確立し、財政・徴税・金融にわたる一元的政策展開が可能な立場を築く。それは高度成長期まで健全財政を保証する制度であるかに見えた。

であるなら、なぜ一九七〇年代半ばから、日本は他の先進国をはるかに上回る財政赤字の山を築いたのか。この問題への応答が本書の焦点である。一九六八年の「財政硬直化」打開キャンペーンやＰＰＢＳ（planning-programming budgeting system）の提唱とその挫折は、大蔵省にある種の失速状況をもたらし、一党優位を築いた自民党政府の財政・金融への発言権強化へと結果した。田中角栄首相は自らの欲する超大型予算をなんなく大蔵省に請け負わせた。七〇年代後半には「日独機関車論」という国際的要請が福田内閣という国内共鳴板を介して財政出動を時代の課題と化す。大蔵省・日銀・金融業界は巨大な赤字財政を運ぶ系列として機能した。かつて健全財政の保障とみえた大蔵省による予算・歳入・金融の一元的掌握が、逆方向に機能し、政治に服した大蔵省の下で他の先進国では起こり得なかった財政赤字を可能にした。この制度的配置こそが、分立的仕組みであれば課すであろう制約を超えて走らせたと著者は主張する。

もちろん本書にも問題はあろう。一九七五年財政は、あえて制度配置を言わずとも経済的分析によって説明しうる点が少なくあるまい。また制度論や政治経済学の最先端研究をたどった上で本書が採る手法は、伝統的に過ぎないであろうか。大蔵省の政治に対する優位という今日の状況に対し、逆の文脈で生じた当時の問題群は何を語るのだろうか。しかし疑問が次々に湧くのは、本書が重大な問題を設定して確かな実証を試みたからこそであろう。本書が財政をめぐる制度と政治でつづった現代史の力作であることは疑いを容れないのである。

（一九九四年度サントリー学芸賞政治・経済部門選評）

日本型システムの有意性を正面から実証

『日本型労使関係の成功　戦後和解の政治経済学』（有斐閣）

久米郁男 著

革命というものは、時として本当に起こるものらしい。本書は戦後史の認識についての革命である。

戦後日本の労働組合は政府と経営側に分断され取り込まれて、西欧先進諸国のように政治体制の中で自立的大勢力を成すには至らなかった。占領改革の下で労働組合法をはじめとする制度を与えられ、急激な組合の膨脹をみた。しかしなにぶん自力で戦い築いたものはなく、他から与えられたひ弱さは免れない。それでも、もし労働者が真に力を得んとするなら、資本家とその装置たる保守体制に対し、広汎な団結をもって立ち向かわねばならなかった。ところが、わが国において産業別組合は主流となりえず、企業別組合に分散させられてしまった。これでは力強い対抗力たりうべくもない。民間の労働組合は企業の生産性向上に協力し、産業合理化を飲まされ、石油危機後は所得政策まで甘受して世界に冠たる日本型労使協調路線を樹立した。これほどまでに去勢され敗北したのが、わが戦後日本の労働運動である。以上のような見方を読者は受けいれないだろうか。うなずかれる方も少なくないと思う。それが日本の労働政治に関する通念だったからである。国内だけでなく、外国の専門家の間でも、日本には社会諸分野の協調体制たるコーポラティズムがあるにしても、労働代表だけは抜けている。「労働なきコーポラティズム」(ペンペル)であるとの議論が流通してきた。

本書は以上のような内外の通説に対し、全く違った画像を描き出す。おかしいではないか。それならば、どうして日本の労働者は世界最高水準の賃金を手にすることができたのか。なぜ中流意識を共有するに至った平等で豊かなる労働者が敗者と定義されねばならないのか。

そう考えればたしかにつじつまが合わない矛盾した事実とイメージがあり、すっきりした認識を欠いたまま過ごして来たように思う。そこに現れたのが本書であり、次のように解き明かす。

占領初期における労働攻勢はすさまじいものがあった。敗戦後の絶望的な事態にあってやむを得まいが、生産性の向上とは無関係に「生活保障型賃金」を要求し、終身雇用、ホワイトカラーとブルーカラー間の差別撤廃といった労働者の待遇に留まらず、読売争議や東芝争議のように「生産管理」によって経営権に挑戦し、ゼネストによる吉田内閣打倒と民主人民政府の樹立といった政治闘争へと走った。後者の工場支配や政治革命といった要求が弾圧されたことにより、早くも「労働側の敗北」認識が植えつけられた。しかし、それはもともと途方もない過大要求だったに過ぎない。さらに重要なことは、前段の生活給や終身雇用、待遇の平等化といった労働条件の要求については企業内において広く実施されたのである。

派手なマクロの政治闘争での敗北という非本来的な分野での挫折に眼を奪われ、企業内において労働組合が着々と手にしたミクロ分野での実質的成果を、従来の議論は見落としてきたと著者は指摘する。ドッジライン以後の経営攻勢の中で労働側は冬の時代に追い込まれるが、そこでも「熟練」という技術能力を武器に、濃密な企業内政治を通じて経営者側に自らの価値を認めさせ、ミクロレベルで労使協調体制下の賃上げを獲ち得たとする。

一九五〇年代から六〇年代にかけて、総評主導の全国レベルの労働運動も政治主義的な闘争から太田薫の経済主義的な春闘方式へと移行した。高度成長下の労働者不足の中で、日本の労働は生産性上昇を上回る賃上げと賃金の平準化を達成するのである。

一九七三年の石油危機に対する民間労働組合の対応が本書のもう一つのハイライトである。民間労組は物価狂乱を抑えるための賃上げ半減を飲んだ。名目賃金を大幅に上げてもインフレの大波に浸蝕されては意味がない。さらには世界的経済危機の中で、わが社と日本経済が沈没しては元も子もないとの感覚もあったろうか。民間組合は政府がインフレを抑えることを条件に所得政策を受けいれ、実質賃金を守る方針に転じた。代わって、年金、福利厚生、減税、雇用といった労働環境全般の改善をめぐって経営者と交渉するのみならず、政府の政策決定過程に関与を深め、かなり成功した。結局のところ、いかなる先進国にも劣らない水準を達成したのが日本の労働であると論ずる。生産性を伸ばすことに労使が協力し、その中で労働が正当な配分を得る了解が重要であったとし、それを本書は「戦後和解体制」と呼ぶ。

「衰退」と「滅亡」しか語られなくなった今日、本書が「成功」を表題に掲げて日本型システムの有意性を正面から論じた知的自律性に敬意を表したい。また高度な理論と実証をこなしつつ、謎解きの緊迫感をもって読者を引っぱって行く平明・的確な筆力にも感銘を覚えた。

（「毎日新聞」一九九八年九月二十七日朝刊）

官僚と政治家が盟友的関係を築いた『税制改革と官僚制』（東京大学出版会）

加藤淳子 著

今日の民主主義社会にあって、増税が難しいことは誰でも知っている。新型税を導入するよりは、内閣がつぶれる方が易しいであろう。先進国の中で戦後日本は例外的に付加価値税を欠いており、なじみがないだけに心理的抵抗は大きかった。にもかかわらず、なぜ竹下内閣は一九八八年に消費税導入に成功したのか。

誰がそれを推進したのか。首相か、自民党か、大蔵省か。官邸と与党と官僚が政策形成の中心的担い手であることは誰でも知っている。しかし、新税導入という重大な創設的政策は、本当のところ、どこが震源地であり、推進主体であったのか。より一般的に、戦後日本政治において、官僚と政党はどのように役割を分け合っているのか。

本書は新進気鋭の政治学者が、内外の第一線研究者たちと理論的キャッチボールを重ねつつ、以上の二重の問題に対し全体的な応答を試みた作品である。

なぜ新型間接税を導入できたか、との問いは、なぜそれまで失敗の連続であったか、と置きかえてもよいであろう。本書が懇切に再構成したように、大平首相が大蔵省の提案した「一般消費税」の実現に情熱を持ち、それが有権者の拒絶にあって、七九年の総選挙に苦杯をなめる。その結果、八〇年代前半の「増税なき財政再建」が合言葉となって臨調・行革とゼロシーリングの時代を迎える。

その努力を尽くしてなお、財政再建及ばぬ事態にあって、大蔵省は「直間比率の是正」という理念を掲げて再び付加価値税を提起する。中曽根首相も「公平・公正・簡素」を掲げ、間接税導入を上からの社会変革とする攻勢をとり、八六年選挙の後、「売上税」の実現を図る。それが「公約違反」のとがで挫折した後、竹下内閣が周到な目配りのもとで内容的にも免税分野を減じて課税ベースを拡げる改善を施しつつ「消費税」の導入についに成功する。

以上の全プロセスに一貫して付加価値税を説き続けたのは大蔵省であった。著者は官僚の政策形成における本源性を強調しつつ、その本質が、自らの組織利益を考慮しつつ公共利益の推進を図る「限定的合理性」であると論ずる。言いかえれば、官僚機構は合理的国家観の化身でもなく、自己利益追求ゲームの戦士集団でもないと、学説論争に割って入るのである。

大蔵省の変わらぬ主張にも拘らず、間接税が挫折を繰り返したことは何を意味するか。政治を味方にせねば、実現できないのである。その際、官僚が無知な与党政治家を操作して法案を通す応援団に仕立てるという古いイメージは誤っており、むしろ官僚が自らの持つ情報、知識を政治家と共有することで盟友的関係を築いたと著者は見る。増税という選挙民に不人気な政策の提携者たりうる政治家は、自らの選挙基盤の固まった有力議員であり、逆に再選基盤の危うい陣笠議員は選挙民の意向に感度良好で反増税へと走り易い。この両グループの対抗を重視するのが本書の特徴であり、それは九三年の自民党分裂の構図に連なるものであったとする。

大蔵省の誰がいつどんな理由でこの案を作ったかといった具体的事実に私のような歴史家は食欲を覚える。本書はそれを聞き知っていながら明記せず、それに基づく知見を論ずる風が感じられる。そこに一抹の不安を感じないではないが、理論的にも政治過程の再構成としても水準の高い本書の登場を喜びたい。

（「毎日新聞」一九九七年三月二日朝刊）

当事者が語る大変革
『未完の「国鉄改革」巨大組織の崩壊と再生』（東洋経済新報社）
葛西敬之 著

人の生涯に力強い隆盛期と黄昏の衰退期があるように、国家にもサイクルがある。日本の場合をいえば、戦前の軍事帝国も戦後の経済大国も、隆盛と衰退が一瞬のうちに入れ替るのを目撃してきた。おそらく、成功をもたらす動きの内部に、衰退要因が抱きかかえられて育《はぐく》まれている。そして隆盛が限界に達し局面が変った途端に、衰退要因が傲岸《ごうがん》にも主人公ぶりを誇るに至るようである。

国鉄という組織もまた同じである。本書を読んでそう感じた。本書の著者が昭和三十八（一九六三）年に入社した時、国鉄は四十五万人の職員を擁する日本最大の公共企業体として不可侵の存在と見えた。

なにしろ日本の鉄道は世界の成功例である。世界の鉄道利用人員の半分以上を日本が占めているという。それは日本がこの人口稠密《ちゅうみつ》の島国に、戦前より鉄道の高度利用を進めてきた結果であろう。戦後についていえば、脱機関車段階を迎えて、日本がディーゼル化ではなく電化を選び、軽量の長距離旅客列車の開発、そして新幹線の開発に成功したことが大きいという。

著者の入社の翌年は、東京オリンピックの年であり、東海道新幹線開通の年である。が、同時に国鉄の赤字転落の年でもあった。しかも赤字は、昭和四十四(一九六九)年からの第一次再建計画などをあざ笑うかのように、雪だるま式に膨らみ続けた。公共企業体たる国鉄は、赤字路線だからといって廃線にできないし、運賃も国会の決定がなければ上げられない。その意味では、赤字にやむを得ない面もあった。しかし、昭和五十一(一九七六)年に一挙五十パーセントの運賃値上げが認められ、五十二年から赤字路線への公的助成が始まり、その額が急拡大しても、国鉄の赤字は天文学的数値に昇っていった。

国という絶対につぶれない無限のスポンサーに寄生する構造が生ずる時、ここまで堕落することができるのか。国鉄という巨大組織が活力を失い、内的腐敗に陥った様相を、本書はありのまま具体的に語る。戦後民主主義が与えた労働権という大義が拡大解釈された。組合は労働者が働かずして権利を拡充し、この組織の主人公として君臨することすら主張した。国鉄当局は、組合の了承なしに、新入職員の採用や配属を行うことを控え、違法行為で解雇された活動家を再採用する合意を組合との間でつくり(首なし専従)、組合員を怒らせる職務命令も控え(たこつぼ戦術)、その結果働いてもらえなくなった部分を管理職者や上位者が埋め合わせて運行する(下位職代務)ことが稀でなくなった。国鉄は労働組合を内部の拒否権保有者としつつ、国という無限の公的資源にぶら下がる中で、職場規律を見失い、経営権、人事権すら行使できない事態に陥った。その具体的な記述が、本書を説得力あるものとしている。そうした内的崩壊の実情が赤裸々に語られているため、著者が静岡や仙台の現場において、国労、動労、鉄労などの諸組合からの合意をとりつける折衝に腐心するのを止め、組織の原点に立ち帰って筋を通す闘いを開始するに至る事情がよく理解される。

さらに、昭和五十五(一九八〇)年に国鉄が打ち出した経営改善計画なるものが、社会に対して改革の外形を装う弥縫策《びほうさく》に過ぎず必ず破綻《はたん》すると判断し、国鉄が自己規律を回復するには「分割民営化」しかないと少数の同志と合意する。その構想を実現するため、折しも社会的うねりを高めてきた第二臨調という国家改造エネルギーに、国鉄の抜本的な改革を組み込ませようと働きかける。それはいわば国鉄内の一部有志が反乱を起こし、内部告発しつつ改革プランを社会に売り込む際どい運動であった。

著者らの動きは国鉄当局に対する謀叛《むほん》の契機を孕《はら》みつつ、国鉄を真に蘇らせるにはこれしかないという信念と使命感に突き動かされたものであった。これを、瀬島龍三、加藤寛、三塚博といった中曽根内閣の行革を推進する側は受けとめ、第二臨調の目玉とするに至った。「国家は君達を見捨てることはないぞ」と瀬島が苦闘していた著者にささやいた言葉が、本当に政治によって行われる結果となるのを、著者は感慨と少なからぬ驚きをもって見ることになる。

分割民営化は実現され、国鉄はJRとして見違えるように蘇った。巨大組織は隆盛から衰退に一挙に転じたあと、大手術を経て見事に再生した。にも拘わらず、まだ問題はある。改革は未完である。本書はそう語りかけてエンディングとしている。

だが本書を読む日本国民にとって「未完」の問題は別にある。自己規律を失い腐敗堕落した組織とは、実は今の日本政治のことではないのか。既得権を確立した利益集団やお役所と政治家の内部了解の集積によって、国家と国民の原点を見失った今日の政治に対して、誰が筋を通そうと起《た》ち上るのか。起ち上った有志に対し「国民は君達を見捨てることはないぞ」とささやけるパブリックの代弁者はいるのか。「未完の改革」を考えさせる良書である。

（「毎日新聞」二〇〇一年四月二十二日朝刊）

東京という国中国の物語
『東京　首都は国家を超えるか　20世紀の日本10』（読売新聞社）
御厨貴　著

二十万人といえば、地方中心都市の人口であるが、それは都庁職員の数であり、都の予算は中国の国家予算規模を上回るという。恐ろしい話である。

東京とは何なのか。一面において、一つの地方であるに過ぎない。他面において、東京は近代国民国家の諸機能を支える帝都であり首都でなければならなかった。いわば幕藩体制下の幕府直轄領にも似て、近代日本国家の営みを可能にする国の直轄地でもあって然るべきであった。

本書は、政治行政的観点から、実際の東京と都政が何であったか、都政は国政との間でどのように間合いをとり、どのような関係を切り結んできたかを立体的に論ずるものである。

第一部は、戦前期における「帝都」の発展を、星亨、昭和天皇、後藤新平らの役割に光をあてつつ描く。

関東大震災の後、後藤プランはみじめに縮小されたとはいえ、なお首都インフラ作りを意外に支えたこと、さらにそれ以上に民間の活力が東京の復興と膨脹をもたらし、山手線の完成ととりわけそれに連結する私鉄網の郊外展開が大東京を作り上げた様相が印象深く語られている。

第二部は戦後の都政を各知事の事績と政治スタイルに即して論じ、第三部は都庁内部の組織人事とその機能を論じている。以上の三部構成にあって、内容的に中心を成すのが、戦後の都政史を扱った第二部である。

著者は、二つの観点から戦後の都政史を問う。一つは、都民の必要に応える行政は当然であるが、「都民に埋没する都議会との関係に配慮しつつ、都民を超える都政への志向を持つこと」をも知事は求められる。いかに「都民を超える都政」を展開し、さらには国政に迫り国政を超えようとしたかという問題提起である。もう一つは、都政における「象徴性」と「実務性」の問題である。都知事は、首都の首長として双方を担わねばならない。

戦後の初代公選知事である安井誠一郎は「実務性」に徹し、「都庁一家主義」と称されるほどに知事中心の集権的システムを形成しつつ、首都の復興整備を行った。それは戦後自民党政治の先駆のように感じられる。第二代の東龍太郎はオリンピック誘致を一枚看板に、復興建設の高度成長初期日本を「象徴」する知事であった。それでいて実務面は鈴木俊一副知事によって堅固に担われていた。第三代の美濃部亮吉は「ストップ・ザ・サトウ」のスローガンに示されるように、反国政・革新の「象徴性」によって市民をとらえた。福祉や公害の問題で国政に先んじたものの財政破綻を来たし、「実務性」の雄たる鈴木俊一を第四代知事に呼び返す結果となった。鈴木都政が財政再建によって国政に先んじ、副都心計画など大胆な建設プロジェクトを推進するなかで、時代はバブル以後に突入し、反ではなく非鈴木たる青島幸男が第五代知事となり、知事職の「空位化」をもたらすことになったとする。振幅の論理からいえば、次は「実務性」への回帰が不可避であろう。本書の分析から、国政に先立って都政が時代のある面をリードする場合が少なくないことを教えられた。

すでに何冊かの首都東京に関する専門的出版を重ねてきた著者が、われわれ一般読者に興味深く読める本書を刊行して、全体的な理解を提供してくれたことを多としたい。

（「毎日新聞」一九九六年六月二十四日朝刊）

内政と外交の連動を立体的に分析

『日本の対米貿易交渉』（東京大学出版会）

谷口将紀 著

日本が第二次大戦に敗れて打ちひしがれていた一九四五年八月末、吉田茂はトレベリアンの『英国史』を再読して感銘を受けた。アメリカ独立戦争に敗れ、国際的非難を浴びて孤立無援となりながら、優れた外交指導者を得て再生し、ナポレオンの挑戦を斥《しりぞ》け、ついに十九世紀の全盛時代を築いた英国史に、吉田は霊感を得たのである。その九カ月後、首相に就任する吉田は「戦争に負けて外交で勝った歴史はある」と語った。

産業力と通商力によって戦後日本は再興した。十七年に及ぶ高度経済成長を楽しんだ日本に、石油危機が襲いかかった。危機の七〇年代の試練を乗り越えて、日本は八〇年代に断然たる競争力を持つ世界一のモノ作り国家となった。

この全盛期の強すぎる日本の工業生産力への反作用として生じたのが、本書の扱う日米経済摩擦である。果てしなく打ち寄せる波濤のように、日本に事態の修正を求める米国の「外圧」が、クリントン第一期の一九九五年まで続いた。それに対応し、かわすことに精魂をすり減らしつつ一喜一憂していた日本であったが、このあたりで、問題を知的に再構成し、その全体像と意味を提示するのは大切な作業であろう。本書はその要請に応える労作である。

本書を手にしてまず驚いた。著者がまだ二十七歳である。若いのにこんなにできるのか、と思いつつ読み進めて、若いからこそできるのだ、とも感じた。たんに多岐にわたった日米貿易交渉のケーススタディを重ねるだけでなく、内外の、とりわけアメリカの諸理論を実に広汎にこなして自在に使っており、さらにサーベイ・リサーチまで動員している。異なる三つの方法という「言語」を旺盛にこなすのは、若くなくてはできない。絢爛《けんらん》たる才能に恵まれた大型政治学者の登場を喜びたい。

本書は、特定の理論モデルにもとづいて事例を検証するというよく見かける手法をとらない。自ら設定した四つの論点に焦点を合わせ、日本側の対応を左右する諸要因を抽出する方法をとっている。四つとは、第一に日本側が外圧をどう認識するか(外圧認識)、第二に政府が業界に働きかけるどんな手段・回路を持つか(ポリシーネットワーク)、第三に政治家はどう対応しどのような役割を果たすか(政治家の行動パターン)、第四に政府組織がどのようなノウハウを蓄積し、どのような手段を用意しているか(政策遺産の効用)である。

詳細は読んでいただくほかないが、理論と事例を参照しつつそれぞれの局面においてどのような国内メカニズムが対米交渉を促進し、あるいは抑制するかを切り分けている。内政と外交の連動は久しく常識であるが、本書は対米貿易交渉をケースとしつつ、対内・対外の「二レベルゲーム」を余儀なくされる日本の交渉者の状況を立体的に分析するものである。

本書が事例として取り上げるのは電電公社資材調達と自動車輸出自主規制である。八一年の自動車を例に上の四局面を見るなら、日本に外圧認識を迫ったのは、米議会のあいつぐ公聴会や決議の動きであり、それにヨーロッパとカナダが日本の自動車輸出規制に和したことが加乗した。それに対し、米国内の日本自動車を望む消費者団体や自由貿易主義を奉ずるマスコミ等は限られた力しか持たなかった。日本政治を見れば、商工族は大きいが凝集力を欠き「族議員不在型」に近かった。鈴木善幸首相の介入もなく、田中六助通産相の役割も「督励または追認」を多く出るものではなかった。結局、業界に対する貿易管理令の権限をもち、繊維以来とりわけカラーテレビ摩擦で独占禁止法との関連についてのノウハウなどを蓄積した通産省が、天谷直弘審議官という個人要因もあって決定的な役割を果たし、年一六八万台に輸出数量規制する合意がなされたとする。

もう一つ本書が注目されるのは、九〇年代に入ってクリントン政権期に日米摩擦が極大化した局面を視野に入れ、同じ分析枠組みに立って自動車交渉を論じている点である。御記憶のようにクリントンは、スーパー三〇一条を発動して制裁実施直前の状況を作ったうえ、数値目標受諾の圧力をかけた。従来であれば、日本側が度を失うほどの外圧であったはずである。が、日本側はやるならやるがよい、WTOに提訴するまでと対応し、外圧は効かなかった。八一年とはうって変わって米国内の反対が強かった。

さらにEUが二国間で数量取引することに反対した。それが外圧認識の減殺効果を持った。五五年体制崩壊後の連立政権の政治機能は減退していたが、橋本龍太郎通産相は実務レベルの準備に乗って譲歩を拒否した。

本書はこうして対米交渉を促進する諸契機が失われたと変容を説く。にも拘わらず、自動車協議を経て、日米経済摩擦は峠を越えた。それ以後については、より広い歴史状況のダイナミズムを視界に入れる必要があるのかもしれない。

（「毎日新聞」一九九七年十月十二日朝刊）

日本の首相の権限は決して弱くない
『官邸の権力』（ちくま新書）
信田智人 著

「いたる所閉塞状況の今日」「夜明けのない夜はないとは申しますが」「日本はまともな政治を持てるのでしょうか」、こういった書き添えの多かった今年の年賀状であった。

御自慢の経済が長く深く落ち込んで、日本人は悲観的となった。経済は苦しくても、政治・外交がすばらしいというのであればいいが、細川政権時代の政治変革への希望がついえて以来、官僚も醜悪なところばかりが目につき、政治の回復も展望がもてない。

本書はそうした関心をふまえながら、日本の首相の権力は本当に弱いのか、どういう特長を持つのか、なぜリーダーシップが発揮されないのか、を検討する。結論的に本書は通念とは逆に、中曽根行革や竹下税制改革のケーススタディを通して、首相のあり方次第でほとんど不可能と思われる変革も実際に現制度下で達成されうるのだと主張する。

日本の首相の制度的権限はそれほど弱くないと本書はいう。米国の大統領制とくらべるのは酷であるが、それでも外交や危機における大統領の絶大な指導力ばかりに印象づけられ、内政問題をめぐって議会の前で非力な大統領を知らないために、日本の首相との差をわれわれは大きく見すぎているという。同じ議院内閣制の英国とくらべれば、省庁の再編成に関する権限を英国首相が持つことなどは注目されるが、制度的権限そのものにそれほど大きな差はない。むしろ、英国首相が閣僚の任免権をはじめとする人事権を十全に行使して指導権を確かにするのに対し、日本の首相が法制上与えられている閣僚任免権の少なからぬ部分を召し上げられ、大臣は内閣への忠誠よりも自らの派閥と官庁の利害代弁者に傾くという慣行ゆえに大きな差があるとする。

戦前の日本の首相に閣僚の罷免権はなく、それでいて閣議は多数決でなく全会一致制であったため、首相の閣僚への統制力はきわめて乏しかった。戦後改革により、首相は閣僚の罷免権を与えられて強くなった。強くなった権限を文字通りに行使したのが吉田茂首相であった。これと見込んだ人材は序列に拘泥《こうでい》することなく重用し、思いのままに大臣を大量生産した。他方、気にいらない大臣を懲罰的に罷免することを辞さなかった。衆議院の解散権という首相の特権を遠慮会釈なく行使し、法相に命じて検事総長に対する指揮権すら発動した。

ワンマン吉田のためらいない首相権限行使への反発はすさまじかった。岸内閣から閣僚の個別的罷免ではなく内閣改造により一斉に閣僚を入れ替える方式がとられるようになった。派閥が閣僚候補者リストを提供し、やがて当選六回となれば誰でも平等に大臣になれる自民党人事の制度化が進んだ。これによって首相の人事権は半ば封殺されてしまった。

適性と見識を問わず大臣が生まれ、かつ短期間に代わるとなれば、大臣が政策内容に通じ、官僚機構を動かすことなど望みようもない。この種の大臣はあげて官僚に政策を依存する。大臣は自分の言葉で政策を語れないので官庁のふりつけを丸のみして閣議や国会で発言する。

とはいえ、優秀な官僚を活用して大政治を行う政治家が戦後日本にいないわけではない。それどころか、およそ力ある首相は官僚に支配されるのではなく、それぞれに官僚を有効に使うすべを知る政治家であった。

著者は二年前の前著『総理大臣の権力と指導力』(東洋経済新報社)を引きつつ、首相の権限および政治的資源を分析し、さらにリーダーシップの類型を示す。日本の政治指導において根本的重要性を持つのは、党内基盤などの「内的」資源であり、その面で強力な首相を「安定基盤型」と称する(佐藤栄作、田中角栄、竹下登ら)。他方、強力な党内基盤に恵まれない首相は、それを補完する支持を外部に求める。マスメディアと世論に訴え、諮問機関やブレーンに民間人材を集めて大事をなそうとする。これを「ビジョン型」と称している。臨調と行革の中曽根康弘をその典型とする。

中曽根行革のプロセスを省みれば、財政破綻状況から行革を訴え社会的な風を起こして大きな政治的方向性をつくり、その下で官僚や族議員が具体的に協力するよう組み込むことに成功した。「ビジョン型」と「安定基盤型」は二者択一ではなく、政治による目標提示と官僚の活用として結び合わされて始めてリーダーシップの名に価するものであろう。

ウォルフレンが言う中枢の存在しない日本政治との見方に対して「官邸こそ政治センターである」との反例を示す意味を本書は持つ。しかし、格別な努力がなされない凡庸性の下ではウォルフレンの言う「システム」に堕しやすい日本政治であることも否定できない。自民党の一党優位性が甦りつつある今、民主主義とリーダーシップの両立する政治を復興できるか否か、われわれは今歴史の重大な局面に突入しているのではなかろうか。


（「毎日新聞」一九九七年一月十二日朝刊）

異常な政治家人気の裏にあるもの
『日本型ポピュリズム　政治への期待と幻滅』（中公新書）
大嶽秀夫 著

現在進行中の政治ドラマは分かりにくいものである。各場面は鮮明な画像として焼きつくが、どこへ帰着するのか、ストーリーのテーマは何なのか、容易に見えない。冷戦終結の後を追うように、冷戦下の国内構造であった五五年体制も崩壊した。半永久的な自民党の一党支配が崩れ、細川内閣がさっそうと登場して国民を沸き立たせてから、はや十年がたった。この十年は何だったのか。まとめて思い返し、考えてみようという人に、本書はおすすめである。

著者は今日の日本を代表する政治学者である。年配の人なら、戦後日本の政治学者といえば、丸山眞男を想起するだろう。戦後日本が進歩的な再出発をいかに遂げるかの課題を背負った世代が活躍した後、政治過程を内在的・理論的に分析する学界のニューウェーブが、七〇年代頃から始まった。その一人である著者がしばしの健康の乱れから復帰した第一作が本書とのことである。そういえば、テーマのせいかもしれないが、かつての著者の作品に較べて、本書は楽しく読める。細川ブーム、橋本による中興、加藤の乱、小泉と田中真紀子のテレビ政治などのドラマを整理して再現し解きあかしている。

その間、覚えきれない程に新党が生まれては消え、離合集散が繰り返された。それらは所詮《しょせん》、政治的主導権と生き残りをかけた数あわせゲームに過ぎなかったのか。著者はそうではないという。異なる理念を持つ三つの改革構想の交錯であったとする。第一は、戦後政治の利権構造と一国平和主義を打破せんとする小沢一郎らの新保守主義。第二は、都市の市民意識を中軸に据え、自由で分権的な社会を志向する細川や武村正義らの立場。第三は、現実的な社会民主主義の再構築を求める「連合」の路線である。これら改革路線の競合の十年でもあったと見る。

その過程で、選挙制度が長年の中選挙区から小選挙区制に変わったが、それは政治をどう変えたか。派閥の後退、幹事長など党中枢権限の強化、官邸主導などが論じられる。そうした静かな変化よりも、この十年にあって圧倒的な現象として眼を奪うのが、細川や小泉らの異常ともいえる国民的人気に支えられた政治である。これは何なのか。本書の表現であるポピュリズムが問題となる所以《ゆえん》である。

異常人気は異常な政治不信と表裏をなしている。一言で政治不信といっても、いくつかのレベルがある。今日、基本的な民主制への信頼は揺るぎない。それに対し、政党や官庁などの組織がすさまじい不信の対象となっている。ならば政党制や行政の改革が焦点の筈《はず》であるが、多くの国民とマスメディアは複雑な制度改革への関心を持続させず、特定の政治家個人に不信解消への期待を集中させる。異常人気によって解決できる問題ではなく、やがて国民がアイドル政治家に幻滅し、再び政治不信と欲求不満をつのらせる。それが次なる改革者政治家への爆発的人気を準備する。

本書は、南北アメリカを中心にポピュリズムの国際的源流を紹介しつつ、この十年の日本におけるポピュリズム政治の進行と、それを支えるメディアの役割を語る。善玉対悪玉の二項対立に政治を単純化して国民に提示し、既得権層や抵抗勢力と戦う一般国民の味方として自らを描く点でポピュリズムは洋の東西を問わない。日本のポピュリズムは、その中で改革をめぐる戦略性が弱いと本書は指摘する。ポピュリズムの先に何が待ち受けているのだろうか。

（「毎日新聞」二〇〇三年十一月九日朝刊）

鮮やかに「交錯」切り分け
『日本の統治構造　官僚内閣制から議院内閣制へ』（中公新書）
飯尾潤　著

われわれ日本人は、大統領制が強い政府の形態であり、議院内閣制は弱い政府に留まると感じている。本書は違うという。米国の大統領制は、権力を司法・立法・行政に分割し、三者を競わせる。大統領も議会も国民から選ばれ、権威を持つが、互いに相手を服させることはできない。

それに対し英国で発達した議院内閣制は、国民から選ばれた下院の多数党が首相を選ぶ。首相のつくる内閣に率いられた多数党が法案を議会で通す。立法と行政が、直列もしくは包含の関係をなしており、分割と対抗を強いられる米国型大統領制に比して、強い一体的権力たりうる。

では何故、日本では内閣制が弱いと見られているのか。戦前日本の内閣制度を母胎として「官僚内閣制」をもって運営してきたからだ。そう本書は鮮やかに論ずる。エリート官僚機構の各省庁が、さまざまな国民と社会のニーズを汲《く》みとり対処する。これを「省庁代表制」と本書は呼ぶ。法の実施だけでなく、法の形成も彼らの手になる。省庁という実力機関の連合の上に乗っけられているのが、内閣であり首相官邸である。各大臣は役所の長であり、省庁の組織的立場の代理人である。彼らが閣議で国政を論ずることはまずない。省庁の代表者そのものである事務次官の会議で合意された案件しか、閣議には上らない。このような日本の内閣制度は、議院内閣制ではなく官僚内閣制であると論ずるわけである。

「官僚内閣制」でない、本来の、もしくは英国モデルの「議院内閣制」とは、民主制の代表原理が、有権者↓議員↓首相↓大臣↓官僚と直列的に連なり、「議会による政府」という筋の貫かれるものである。読者にはこうした考え方は当然であり、かなりの程度まで日本の現実であると感じられるかもしれない。それでいて「省庁代表制」や「官僚内閣制」と著者が呼ぶものが、戦後日本政治の原型であったことをも認めるであろう。本書の意義は、両者の交錯を見事に切り分けたことにある。

切り分けには二つの局面がある。一つは、冷戦終結後の日本政治の巨大な再編プロセスである。細川内閣期の小選挙区制基調への政治改革により、派閥政治や族議員など分散的政権党の基盤が破壊され、党執行部への権限集中が方向づけられた。さらに橋本内閣の行政改革により、タテ割り省庁の割拠体制が攻撃され、官邸権限の強化が図られた。行政改革が実施される二〇〇一年に政権に就いた小泉首相が、双方の改革の果実を十全に食し、自民党と官僚機構とを官邸に服させる政治を展開したのである。本書の特長はもう一つの局面、議院内閣制や大統領制のそもそもの成り立ちと考え方を、国際比較の中で考察し、日本で起っている変容を海図と羅針盤をもって方向づける点にある。

本書の描く大きな変容の方向は、「官僚内閣制が本来的な議院内閣制へ移行し、さらに首相中心の議院内閣制へ」と要約されよう。もちろん、やみくもに首相権限の強化を求めるのではなく、めざすところは「責任者への権力集中と、一般有権者による民主的統制の両立」であり、「効率的で民主的な政府」の構築である。そうでなければ、日本という拡がりと深まりをもった先進民主主義社会が、国際的な危機と激動の中を航海することは難しいであろう。

皮肉なことに、小泉首相を継いだ安倍首相も官邸主導の強い政治をめざしながら、一元的指導力とは正反対の結果を招いた。この名著が生れたばかりなのに恐縮であるが、著者の基本をしっかり押えたシャープな分析と方向づけを、今後も引き続きお願いせねばなるまい。

（「毎日新聞」二〇〇七年九月二十三日朝刊）

かつてない説明力と包括性
『メディアと政治』（有斐閣アルマ）
蒲島郁夫　竹下俊郎　芹川洋一　著

日本においてどの社会集団が政治権力を動かしているのか。かつては、ほぼ一致した答えが存在した。

鉄の三角形、すなわち自民党・官僚・財界が、五五年体制下のパワー・エリートと見られてきた。

ではマスメディアの影響力はどうか。「第四の権力」という表現が過大であるとの見方と過小との見方の双方が存在する。メディアの力について評価は定まっていないし、かなり影響力があるとしても、それが望ましいか否かの評価も割れている。メディアはいつもわれわれの周囲にあり、われわれはその中で生きているために、逆にこれを判別することは難しい。そうした中で本書の登場は画期的である。

このテーマを扱うにはメディアと政治をめぐる実際に通じていなければならない。だが事情に通じているだけでは駄目であり、理論と分析のできる人でなければ床屋談議に留まってしまう。本書はトップレベルの二人の政治学者と一人の政治記者が組むことによって、新水準のメディアをめぐる政治論を生み出した。平明な教科書たろうとしながら、本書はかつてない説明力と包括性を達成している。

さまざまな社会集団の持つ影響力について、本書は各分野のリーダーのほぼすべてが政党・官僚・財界以上にマスコミを上にあるとする驚くべき調査結果を紹介する。第四の権力どころか、第一の権力ということになる。本書はこれを説明して、マスメディアは政策決定そのものへの影響力は概して乏しいが、その問題についての社会的認識を形成するに際し、大きな役割を果すとする。

世論形成に圧倒的な役割を果すとして、メディアの政治権力に対する立場はどうか。敵対者か、番犬(監視役)か、傍観者か、協力者か、召使いか。あるいはいたずら道化役(トリックスター)か。本書は、メディアが意外にイデオロギー的に中立的であること(だからこそ保守政治家はマスコミが左翼偏向だと不満をもち、反体制派はマスコミが権力の召使いと感じる)、そして多様な集団と関与連絡する包括性を持つことを示す。ただ、新興集団や公共性を帯びる集団を好む傾向があるとする。本書はメディアの中立性と包括性を評価し、「メディア多元主義」を打ち出す。すなわち、メディアは、鉄の三角形の権力中枢から距離をとり、農業や労働の団体とも離れ、野党と結んでいるわけでもない。政治システムの中で別個の磁場を設定し、諸集団と不即不離の距離をとりつつ、独特な機能を果す点で多元主義の担い手であるとする。穏当な温かい理解というべきであろう。

問題はメディアと政治をめぐる全体状況が激流の中にあることであろう。五五年体制下で権力中枢を構成していた自民党も官僚も、小泉時代には官邸に主導権を奪われた。小泉首相は「自民党をぶっつぶす」と叫んで、メディアと世論を虜《とりこ》にした。新奇を好むメディアは小泉を新商品として売り、小泉はメディアを引き寄せることによって従来の正妻（自民党）と執事（官僚）の絶対的立場を相対化した。

本書は「理論篇」で従来の原型を多角的に分析しつつ、急激な変化を重視するがゆえに「実際篇」を続けて取材やニュース制作の実態を明らかにする。この部分は小説並みの面白さなので政治学者でない読者はここから読めばよい。さらに「変化篇」において、小泉・安倍政権におけるメディアをめぐる政治の新時代を分析する。メディアと政治についての包括的な研究の誕生を喜びたい。

（「毎日新聞」二〇〇七年五月十三日朝刊）

意識

人権に文明的問いかけを試みる

『人権、国家、文明　普遍主義的人権観から文際的人権観へ』（筑摩書房）

大沼保昭 著

九〇年代前半のあるシンポジウムで、高名な教授が次のように予言した。「マルクス主義というトータルな認識体系を失った冷戦後の日本人を動かす概念は『民族・宗教・アジア』であろう」。私はこの鋭い指摘が、三分の一ほどしか当たらないだろうと感じて、即座に反論した。「その衝動はあるだろうが、本流とはなりえない。むしろ『人権・環境・国際』の方が人々をとらえるだろう」。今日、志をもって運動しようとするゼミ生などの若者たちを突き動かしているのは、後者である。

見通しがあたっていたか否かで済む問題ではない。冷戦は西側の勝利に終り、それは自由民主主義と市場経済主義の勝利と意識された。グローバリゼーションの名において、勢いづいた自由市場の原理主義が世界を飲み干す。統御されざる自由市場の暴走が、東アジア、ロシア、ブラジルからヘッジファンドまでの危機を生み出すだけでなく、より構造的に自由市場の敗者、サブサハラから中央アジアにいたる破産国家群をつくり出す。絶望した地域にはテロリスト集団が育つ。イスラム原理主義者が批判され、米国はテロリストの拠点に爆撃を加える。

こうした冷戦後の成り行きを食い止め、軌道修正しなければならないと思う。アメリカ産の市場原理は全能の神でも「見えざる手」でもない。人間がしっかり飼い慣らさなければ、人類社会を食い散らすであろう。歴史上に希望を集めたよき新要因はすべてそうであった。

本書は、西洋普遍主義の寄せ来る津波に対する「民族・宗教・アジア」の抵抗という近代に「普遍的」な問題を、もっとも根底的な「人権」という価値をめぐって論じるものである。おそらく、われわれの誰もが「人権」が尊重される社会を欲しているであろう。だが欧米諸国が「人権」をかざして途上国の内政に圧力を加える時、どこかついて行けない気持を残す。われわれはこの基本的な問題について心の整理をつけないまま、二十一世紀によろめき出ようとしている。そういう時期だけに、国際的な議論がかなり重ねられ、論点が詰められている「人権」について、一部の国際法学者や人権専門家の枠を越える文明的な問いかけを試みた本書は貴重である。

著者は国際法を専門とするが、欧米で築かれた国際法における人権論をうやうやしく拝受して、その高みから日本の後進性を説教するが如き立場をとらない。それどころか、アメリカ主導の人権論が著しく自由権中心主義、個人中心主義、法中心主義に偏していると厳しく指摘する。飢餓線上にある国々にとって、経済的生存の保障こそがぎりぎりの「人権」要求なのである。社会権的・生存権的な人権保障を途上国が要求するのは当然である。

他方において、東アジアの権威主義的政府が欧米の人権論の欺瞞《ぎまん》性を言いたて、自国の生存の必要を言いたてて、人権の価値自体を否定したり、内政不干渉原則を盾に国内における問題を否認する正統性は全くないと著者は論ずる。一九九三年のウィーン人権宣言まで進んだ今日の「人権」は、もはや単純な自由権中心のものではなく、諸文明の反発をへて修正を組みこんだ包括的な人権観に立っており、その意味で「文際的人権観」へと踏み出している。諸文明との対話と相互変容の中でそれをさらに進めるとところが課題であると本書は説く。健闘を祈りたいところである。

（「毎日新聞」一九九九年二月二十八日朝刊）

係争の理は日本に……ではどうするか
『日本の領土』（中公叢書）
芹田健太郎 著

このような本が現れてみれば、これまで日本の領土を本格的・包括的に扱ったものが意外になかったことに気付く。北方領土、尖閣諸島や竹島などについて、ある局面から個別的に論じたものはこれまでも存在した。しかし日本領土の変遷と現在の係争地域のすべてについて論じ切った書物はなかったといってよい。

戦後日本は、米国、ソ連、韓国、中国との間に領土問題をかかえた。そのうち最大の問題であった沖縄については米国との間で解決し得た。他は未解決である。領土紛争の背景には、それぞれの相手国との長い歴史的関係とそれに基づく両国民の認識のギャップが横たわっている。国家主権にかかわる領土問題は、とりわけ感情的になり易《やす》いイシューである。しかも、一方の獲得は他方の喪失であるというゼロサム的本質を帯びる。未成熟な二国関係にあっては、双方が「死んでも諦《あきら》めるものか」と主観と感情を昂《こう》じ、戦争すら始めかねないのが領土問題なのである。そうした難しさゆえに、双方の主張の妥当性を詰めることを諦めてはならない。なおかつ、模範解答を出せば解決するという問題ではない。そこに領土問題を容易に扱えない事情があろう。

著者は、国際法学者である。法学者の中にも感情過多の文章を書く人がいない訳ではないが、本書はあくまで冷静である。まず幕末以来の日本領土の拡大と、敗戦に伴う縮小、および戦後史における領土問題の発生と展開を、第一章に総説する。それは領土が歴史的に形成され変遷するものであるとのメッセージである以上に、領土の振幅と一貫性をめぐる事実関係の土台を堅固に提供する手続きである。そのうえで、第二章以下に、領土問題の各論を扱い、日本と相手国双方の主張を吟味する。

たとえば、北方領土に関する日本側のゆらぎとして、サンフランシスコ講和条約において放棄した「千島」には北千島と南千島の双方が含まれると、日本政府が条約締結から発効の時期には考えていたことが隠さず語られている。それでいて長い歴史において国後・択捉の南千島が平和的に日本領土として確定していたことは明瞭である。それが基本ではあるが、戦争・敗戦・講和・戦後史における日本の行動と立場が万全であるわけでもない。事実経緯の分析を越え、著者が対処案として説くところは、ゼロサム的領土奪回ではない。冷戦後の日ロ関係の基本的変化を重視し、日ロ関係を改善していくことが、二十一世紀の日本の大局的国益と洞察する。日ロ間で国境線をウルップ島と択捉島の間に画定しつつ、南千島の経営と返還については柔軟に応ずるという方策を是としている。議論はつきまいが、日ロの協力関係の中で問題解決を図るアプローチが唯一可能な方途であることは、日米間での沖縄問題解決の先例と、逆に冷戦下での対ソ対決路線の不毛性に鑑《かんが》み明らかであるといってよいであろう。

尖閣諸島については、日中双方の主張を吟味しつつ、この諸島を中国が実効支配したことはなく、日本も一八八五（明治十八）年頃から（つまり日清戦争の十年ほど前に）ようやく支配を及ぼしたとする。それへの異議を呈した国はなく、敗戦とともに、沖縄の一部として米国の施政権下に入り、そして七二年に日本へ返還されることになった。ところが六八年に行われた科学調査が石油埋蔵の可能性を指摘したあと、七〇年末より中国のメディアが領土権を主張し始め、七一年十二月に中国政府は公式に声明するに至ったとする。「クリチカル・デート」という国際裁判所で用いられる概念を用いて、中国の主張の無理を指摘している。

韓国との間の竹島についてもそうであるが、本書は理非正邪の断が明確である。それは国際法の考え方と国際裁判所の判例を援用して論じるので、主観的主張でなく普遍的な基準をふまえた妥当性を帯びるからである。それでいて係争地についていずれも日本側によりよく理があると分析されているのは、客観性の装いの下に愛国心が作用しているからであろうか。

そうではないであろう。愚かな戦争を重ねて滅んだ日本に、勝者が理のない領土を認める状況にかった。日本の戦争責任を糾弾する気運の中で、歴史的に正統性のない領土はすべて日本から召し上げたうえ、日本領土についても、勝者がいささか差し押えた部分がある。それが係争地となっており、国際的な基準で洗い直せば日本に理があるのは当然なのではないか。

それでいて、本書の興味深いのは、日本領土への単純な回復が解決策ではない点である。第五章と第六章を通じて、本書は排他的経済水域の問題を詳説する。ゼロサム的主権問題に、経済的利用という機能面を組み合わせることにより、東アジアの安定と協力を可能にする解決策を提示するのである。対立に共通解をもたらす成熟が二十一世紀の日本に可能であろうか。

（「毎日新聞」二〇〇二年九月八日朝刊）

虐殺の罪を教訓に「普通の国」へ

『戦後の「タブー」を清算するドイツ』(亜紀書房)

三好範英 著

学校を終えて郷里を出て、大都市で新しい仕事を始める。何かの転機に直面して、ふと一緒に都会へ出た同期の友人はどうしているかと想い起す。それにも似て、冷戦後の激動の中で、ドイツの動きが時に気にかかる。お互い大いに気にかけ、自分を写す鏡として相手を利用すればよいだろう。

ドイツと日本は、共に第二次大戦を戦って敗れ、戦後は共に平和と国際協調の姿勢を堅持し、海外(域外)派兵を慎んだ。従って湾岸戦争には両国とも参戦せず、国際貢献が足りないとの厳しい批判を浴びた。しかし、その後のドイツは鮮やかに変わった。憲法問題を片づけ、よどみなく国際安全保障に参画するようになり、バルカンやアフガニスタンなどへ戦闘目的の派兵も行った。今約一万人の兵を世界に駐屯させている。ところが米国のイラク戦争についてシュレーダー政権は頑固に反戦を貫き、さっそうと対米協力する小泉政権と対照をなした。

対照的といえば、戦争の過去を直視し、周辺国と歴史的な和解を遂げたドイツに対し、日本はそれをできずにいるとの指摘もある。このように断片的な異同が伝えられはするが、近年のドイツの軌跡が内在的に理由を伴って説明されることはめったにない。それだけに、ジャーナリストがじっくりドイツを取材し観察して分りやすくまとめた本書は有益である。

本書が描くのは、悔い改めの姿勢をとってきた戦後ドイツが、めざましく普通の国へと回帰するプロセスである。戦後の日本とドイツは過ちを繰り返すまいと誓った点で共通するが、何を主たる「過ち」としたかについては微妙に異なる。日本の場合は端的にいえば「戦争」であった。それ故、二度と日本が戦争を開始したり参加したりしないことがポイントであった。ドイツの場合、それ以上に「アウシュヴィッツを繰り返さない」ことに主眼があった。「誤り」はユダヤ人が抹殺されて行くのを、見てみぬふりをし、黙認したことにあった。ドイツ人は体を張って行動すべきであった。それが教訓であったからこそ、九〇年代に旧ユーゴで虐殺が行われ「民族浄化」が口にされた時、ドイツは「人道的介入」の観点に立って派兵が可能となった。それはナチ時代の過去ゆえなのである。日本とは戦争の教訓が作用する方向が、極限において逆である。

本書は、近年の「普通の国」への転換をもたらした要因として、外国人労働者の問題を重視している。日本でも東京都知事が外国人による犯罪を言いたてて、国家意識を煽るのを見れば、理解困難ではないであろう。ドイツの場合、規模が違う。トルコ人二百万人をはじめ全人口の十パーセント近い七五〇万人もの外国人労働者が居つき、一部はドイツ語を学ぼうとも同化しようともせず、異様な地区を形成しているという。高度成長の中で便利に受け入れた外国人を強制退去はできず、逆にドイツ文化への同化も強制できず、といって「多文化社会」のきれいごとでも済まない。ドイツの支配的文化の下での「統合」が一応の答えとのことだが、日本もいずれ直面すべき難問であろう。

ナチス経験と共産主義体験（東ドイツ）を経た統一ドイツが、内なる外国人問題に苦しみつつ、ドイツ国家とは何なのか、ドイツ国民はどう生きるのかを問う、その中の一コマとして、軍事活動のタブーを克服しつつ、米国の戦争にノーを言い放つ、ソ連の脅威を過去とした冷戦後のヨーロッパ中央国家ドイツの姿が、本書からにじみ出ていると感じた。

（「毎日新聞」二〇〇四年四月十一日朝刊）

反戦の広島と正戦のホロコースト
『戦争を記憶する　広島・ホロコーストと現在』（講談社現代新書）
藤原帰一　著

一体どう考えればよいのか。われわれが問題のありかを探しあぐね、とまどっている難問は少なくない。歴史問題もその一つである。

多くの日本国民はあの戦争について悪かったと思っている。しかし、戦犯は裁かれ、講和条約と賠償によって国家間の解決は済んだはずなのに、何十年もたって謝罪と補償の要求は終らないどころか、かえって高まりすら見せている。今日の日本人に身に覚えのない戦争行為についてどうせよというのか。

ここが足りなかったとの反省や、われわれは悪くないとの開き直りなどと条件反射的対応を急ぐ前に、そもそも「戦争の記憶」とは何なのか。どういうメカニズムで社会的に提起されるのか。日本だけでなく、さまざまに戦争を体験した国や人がいかに「記憶」を扱っているのか。過去の戦争をめぐる比較政治学というユニークな試みが本書である。

本書は冒頭に、広島の平和記念資料館とワシントンのホロコースト記念博物館の展示を対比する。それぞれに原爆と民族絶滅の悲惨を示し、二度とあってはならないと訴える点で共通する。しかしヒロシマが戦争一般を否定する反戦と絶対平和をメッセージとするのに対し、ホロコーストはこの犯罪をなぜ放置したか、起《た》ち上れ、正しい戦いに赴《おもむ》く責任を忘れるなとのメッセージを発している点で対照的であると指摘する。「反戦」と「正戦」に分化しているのである。

第二次大戦は、侵略国であり敗北し原爆の悲惨をなめた日本人に「戦争は正しくない」との教訓を与えた。他方、ナチス・ドイツの絶対悪を打ち破った欧米世界に「それは正しい戦争であった」との確証を与えた。この対比は、二つの記念館のメッセージに現れるだけでなく、民族浄化を試みる者へのユーゴ爆撃を広く支援する西洋と懐疑的な日本という認識の対比として今も生き続けているとする。

戦争の記憶は、過去にあったことの関数であるだけではない。それを方向づけるのは今日の必要や構想でもある。ヒロシマの平和運動が盛り上がったのは、ビキニ水爆実験に第五福竜丸が被災し、米ソの核戦争に巻き込まれる危険が強く意識されたからである。アジアにあっても、日本の侵略による悲惨が生々しかった時にではなく、自立した誇りある国民と国家を築く意思を改めて明確化する中で、中国は抗日戦争博物館を、シンガポールは国民歴史博物館を建て、負の契機となった日本軍による受難を展示するのである。その意味で自らのアイデンティティを確立するための「国民の物語」の編集である。それはしばしば自己愛に満ちたナショナリズムの表現となり、相手の議論には耳を貸そうとしない。「記憶の戦い」が拡がる。

さらに問題を複雑化するのは、「国民の物語」を越えて、市民たちの個別的な被災体験が解放されたことである。たとえばシンガポールの歴史博物館における日本軍の虐殺展示は抑えられたものであるが、その後に民間の被害者グループがつくった記念館のそれは激越であるという。それは米欧を含め世界的傾向であるといえよう。

逆のベクトルもあろう。この四半世紀、日本がアジア諸国に経済面で協力し、その発展を支えたことが反日感情を後退させた。害すれば憎まれ、益すれば好感されるのは変らぬ道理である。それにしても、メモリー・ウォーズの歯止めはあるのか。本書は、殺された側の中国人作家・郭宝崑が、殺した側の日本兵の深い喪失を発見したケースを引いて、「虚飾やウソを離れて死者を見つめる、静かな視線」の可能性を示唆している。

(「毎日新聞」二〇〇一年七月一日朝刊)

日本人が立ち帰るべき原点としての「戦後」
『日本の志』(新潮社)
船橋洋一 著

歴史的な再出発を志す時、アメリカ人なら独立革命の原点、あるいはその後のリンカーンやウィルソン、ルーズベルトやケネディによる革新を想って、そこからインスピレーションを得るであろう。フランス人なら大革命や人権宣言に立ち帰って再出発するであろう。日本人はどうか。

明治維新がまず当然思い浮かぶ。事実、戦後の再出発を想った昭和天皇は「人間宣言」に際し「五箇条の誓文」に言及した。大久保利通、坂本龍馬、福沢諭吉らの構想した近代日本も魅力あふれるものである。明治日本は、はつらつと出発して近代化を他のいかなる非西洋社会よりも実らせはした。が、遺憾なことによき終わりを全うできなかった。軍事官僚に国家を委ね、世界を敵とする戦争という愚行の末に滅亡したのである。それゆえ明治国家を陰りなしにわれわれの原点とするには躊躇を免れない。

もし、明治国家の後継者たちが絶えず革新を重ねて新時代に生きる国家を育て続けていたら、間違いなく明治維新がわれわれの誇れる原点たりえたであろう。大正期に明治憲法を改正しておくべきだった、との中曽根康弘の言葉を本書は紹介しているが、それはこの点についての明察である。

ならば、戦後日本はどうか。戦後の民主化革命と経済国家としての成功も、戦前に劣らず目覚ましいものであった。しかし、敗戦と外国による支配からの出発であった。加えて冷戦後の「失われた十年」の中で、挫折感を深くしている。とはいえ、戦前日本のようにすでに墜落したわけではない。変調は来しているが、まだまだ立て直しさえすれば、立派に飛行できる。それだけに、どこに問題があって、どうすれば機首を立て直せるのか、わが社会は見出さねばならない。本書はまさにその探索に他ならない。

どこに日本再生の手がかりがあるかを尋ねる時、多くの論者は成功した欧米の先例や理論にヒントを求めるであろう。本書は違う。「日本のフロンティアは日本の中にある」と、戦後日本の創造の営みに参画した群像を甦らせるのである。

なんと魅力あふれる立派な同胞たちを、われわれ戦後日本は持っていたことだろうか。本書を読んでの驚きである。「かつてこんな日本人がいた」のだ。政治に携わった十七名と民間人十七名、それぞれに志をもっての挑戦と創造の記録は、戦後日本の何物にも代えがたい「財産目録」ではあるまいか。

テレビの人気番組「プロジェクトX」は科学技術を中心にハード面のブレイクスルーを遂げたケースの発掘再生であった。本書はむしろこの国の政治・社会・文化をめぐる理念というソフト面の創造の営みを再生させたものである。

「かつてこんな日本人がいた」というのはある意味で反語である。旧約時代を読み返すことによって新約時代が生み出されるように、本書も新たな創造を志向しての戦後日本の読み返しである。過去を直視できず失語症に陥った日本人を問う時、通常それは負の財産目録ばかりを問題にしがちである。本書の画期的意義は、正の財産目録を正面からとりあげたことにある。

今後に不可欠な財産として本書から浮かび上がるのは、国際関与の切り結び方である。本書はもちろん吉田茂や宮澤喜一など戦後の本流を担った者たちの洞察を語る。それ以上に、他国との前線に立つ外交官や経済人、さらには民間の体験を鮮烈に甦らせる。戦前の失敗の本質が世界との共存の失敗にあったことを踏まえれば、相手国の視点や利害を織り込みつつ行動する高碕達之助の境界人のセンスや、国益を国際システムと関連づけて再定義する構想力がますます重要性を増すことは言うまでもない。

日本の世界との出会いの断面にあっての個人の軌跡はいっそう感動的である。藤原てい、犬養道子、澤田美喜、石牟礼道子らの苦闘には、普遍的価値のきらめきが伴う。その輝きは同時に日本に欠けるものを痛切に告げずにはおかない。国際関与はかえって屋良朝苗のいう「民族的節操」や、レーリング判事の「現実感覚をもっての普遍的理念形成」の課題を浮かび上がらせずにおかないのである。世界の最も悲惨な現場で果敢に行動する緒方貞子は例外ではなくなるのだろうか。

私がとりわけ本書で印象深く読んだのは、日韓両国民にとって友情と信頼の原点として立ち帰るべきところはあるかと岡崎久彦に問い、過去にはない、あるとすれば「いま」であろう、否、「いまから」ではないか、と応答するところである。さらには「最後のサムライ」と、はにかみつつ自称して散った秋野豊に対し、著者がむしろ「最初のサムライ」であろうと、彼をさきがけとして今後、新たな日本人群像が登場する期待を表明する部分である。本書は過去の省察に仮託しつつ、実は革命を呼びかける恐ろしい書なのである。

（「波」二〇〇三年三月号）

外交

戦後史はこんな自衛隊を育てた
『戦後日本の防衛と政治』（吉川弘文館）
佐道明広 著

自衛隊のイラク派遣が落ち着かない想いを懐《いだ》かせる理由の一つは、「戦争しない軍隊」と思い込んでいたわが自衛隊が、おそらくイラクの地で否応《いやおう》なく交戦するであろうこと、そう覚悟しつつも送らねばならないことにあろう。このような事態を迎えるのであれば、この派兵の内政、外交上の当否や法制上の問題点だけでなく、そもそも自衛隊がどのような能力や特徴を持っているのかを知っておかねばならないであろう。われわれは戦後史の中で、どのような軍隊を育ててきたのか。

こうした認識が緊急に必要となった今日、タイミングよく現れたのが本書である。本書は、戦後初期に自衛隊が設置された局面から、五〇年代・六〇年代の二次防・三次防を経て戦後日本の安全保障の基本形が形成され、七〇年代に大きく揺れたあと、八〇年代にある収斂《しゅうれん》を見出すまでを論じる。防衛庁・

自衛隊と安全保障政策に関する包括的な研究である。

本書の特長は、まず事実関係が明確・詳細であることだ。通常は分りにくい組織内の対立などの実態にかなり踏み込んでいる。つぎにいくつものレベルの動きを関連づけて説きあかしている。国際環境の変動に対する日本の対応レベル、国内政治の潮流と有力政治家たちの様々な働きかけのレベル、防衛予算や日米安保関係をめぐる大蔵省・外務省・防衛庁の内局と制服の主張や政策起案のレベル、などがからみ合う防衛政策プロセスについて、要を得た説明を与えている。そして本書は全体を通じて、自主防衛論を説く自助努力軸と、日米安保関係を重視する同盟軸との対抗・競合において防衛政策の歴史的展開をとらえている。理解可能でバランスのとれた全体像の提示である。

とりわけ七〇年代を中心とする防衛政策の展開は注目される。佐藤栄作首相が沖縄返還を手にするため訪米した際、ジョンソン・ニクソン両大統領からベトナム戦争周辺国への経済援助だけでなく、日本の軍事的役割の拡大を求められた。加えてニクソン・ドクトリンは米国のアジアからの後退を告げた。そんななか中曽根康弘防衛庁長官は従来の比重を逆転させて、日米安保ではなく自主防衛を主に置き直すよう主張し、国防の基本方針を改訂しようとした。それは国内的抵抗に遭遇しただけでなく、一九七一年夏の二つのニクソン・ショックに遭遇した。米中頭越し接近の第一ショックは、結局のところアジア国際環境に緊張緩和をもたらした。他方で第二のドル・ショックは経済・財政上の余力を喪失させた。つまり二つのショックは本格的な自主防衛にとりかかる必要性と財政基盤の双方を揺るがしたのである。かくて、日本は完結した国防体系を持つ必要はなく、その芽を育てておけばよいとする久保卓也の基盤的防衛力構想が浮上する。限定的な局地侵略への拒否力を持つに留める防衛計画の大綱が採択された。

けれども七〇年代後半、デタントは続かずソ連の脅威が東北アジアを覆い始めた。坂田道太防衛庁長官の下で丸山昂らが策案した日米協力を明確化するガイドラインがまとめられた。結局のところ、七〇年代の日本は、限られた自衛力と日米同盟強化を再確認したのである。大平正芳首相のブレーン研究会による「総合安全保障」論はその理論化であったとする。ところが八〇年代の新冷戦を迎えて、中曽根首相は、日米同盟強化をテコに日本自体の軍事能力と役割を高めた。自主と同盟の長いジレンマに対する返答は、結局のところ自主対同盟ではなく、同盟プラス自主だったのである。それは今日もなお変っていない。オーラルヒストリーをふんだんに駆使して、近年の歴史に光を投じた好著である。

（「毎日新聞」二〇〇四年一月二十五日朝刊）

中島信吾 著『戦後日本の防衛政策　「吉田路線」をめぐる政治・外交・軍事』（慶應義塾大学出版会）

「軽軍備」という文明的自己決定

戦後日本の憲法について、危機をしのぐための対外条約のようなものと、吉田茂が形容したことがあった。たとえ難しい局面にあって存立を図るための緊急措置として行われたとしても、もしそれが危機をこえて、十年、二十年続いたとしたら、どうであろうか。ある時代を特徴づけるものとして歴史的位置を与えられるであろう。たとえば「ワイマール憲法の時代」とか「大正デモクラシー期」などのように。

さらにそれが五十年、六十年続いたとしたら、どうであろうか。立派に持続的な制度であり、国のかたちであり、文明のあり方であるとすら言えるであろう。われわれ戦後日本も、その都度あたふたと対応と手当てを連ねつつ走って来たようでありながら、いつしかひとつの文明を築いていたのかもしれない。本書を、防衛政策の面から文明としての戦後日本を切り出す試みと読むことも可能であろう。

戦後日本に「戦力」や「軍隊」は憲法上許されていないが、「これは戦力ではない」との苦しい説明を試みつつ、吉田は自衛隊という限定的再軍備を行った。吉田が旧軍の復活を峻拒し、独特の政軍関係をもたらしたことに、本書は注目する。旧陸軍参謀本部員のうち格別にアクティブな動きを続けていた服部卓四郎らを自衛隊の制服組にも国防会議の事務局にも入れず、内務省警察関係者に管理運営を託した。それが防衛庁の内局を構成し、文官による軍の支配が形成された。戦後日本のシビリアン・コントロールは、文民たる政治家の支配というよりも、「文官優位」という独特の姿をとるものとなった。

たとえば池田内閣期に、海上自衛隊へのヘリ母艦の導入が問題となった時、池田首相は決定への関与を拒否した。大蔵省が財源の観点から導入に反対した。内局の海原治防衛局長が豪腕を発揮して、これを葬った。防衛庁内の「文官優位」と大蔵官僚支配が結び合って、戦後日本のシビリアン・コントロールの型となった。

一九五〇年代後半には反吉田の嵐が吹き荒れた。それでいて鳩山や岸の内閣も、国内経済社会の再建を重視し、軍事費と軍備水準を飛躍させようとはしなかった。まず経済復興という吉田路線の継承である。そして経済復興を終え高度成長をとげる六〇年代の池田内閣期に、吉田路線は廃棄されるのではなく「再選択」され、かえって戦後日本の制度として確立されたとする。苦況をしのぐ対応策が戦後日本の長期的なかたちに昇華されることとなった。吉田本人の意に反して、「吉田ドクトリン」と化したのである。

本書の特長は、こうした戦後日本の文明的自己決定を、米国の対日政策を原文書によって解明し、それとの関連において論じている点である。独立後の日本に三十万人以上の軍隊を持つよう要求する米国に対し、吉田内閣は経済優先の観点から抵抗した。朝鮮休戦後の五四年危機を重く受けとめた米国政府は、日本に軍備増強を強要する愚をさとり、経済社会の充実を優先する吉田路線を、ちょうど吉田が失脚する時期になって、支持するに至る。日本の反米化や中立化を回避するためである。六〇年代のケネディ・ジョンソン政権は、驚異の経済的成功を収める日本に国家的プライドが高まり、それが核武装や独自の極へ向うことがないようさまざまな好意と抑制の方策をめぐらす。

内外の諸要因が連動して生れた非核・軽軍備・専守防衛の親米経済国家たる戦後日本なのである。今やそれを後に新たな出航の時を迎える日本だけに、これまで棲《す》んだ大陸を眺めずにはおれないのではなかろうか。

（「毎日新聞」二〇〇六年七月十六日朝刊）

核保有と非核に揺れた六〇年代の日本

『核兵器と日米関係　アメリカの核不拡散外交と日本の選択1960-1976』（有志舎）

黒崎輝 著

戦後日本に核政策は存在したか。そう問われれば、多くの人は首をかしげるであろう。唯一の被爆国として、戦後日本に反核世論が格別に強かったことは言うまでもない。他方、政府の側についていえば、岸信介首相は自衛のためなら核武装しても違憲ではないと論じ、池田勇人首相も日本が核保有国であれば国際的発言力がはるかに違ったのにと嘆じたりした。ところが、いささか思いがけないことに、佐藤栄作首相が一九六八年に国会で非核三原則を明言し、保守政権の側から非核国家・戦後日本を方向づけるイニシアチブをとった。

以上のような不連続面をかかえた対処の裏に、どんな考慮や政策・戦略があったのだろうか。それに米国の政策がどう作用していたのか。こうした戦後日本にとって根幹的重要性を帯びる問題について、かつてない全体的輪郭の解明を成し遂げたのが、本書である。

本書によれば、一九六四年秋に中国が核実験を行った後まもなく首相となった佐藤栄作が、ライシャワー駐日大使に対し、日本も核保有を検討したい旨、語った。中国核保有のインパクトの大きさを示すものであるが、これは近年の米国外交文書の公開時まで知られていなかった事実である。本書の特長は米国公文書を中心に原資料に基づく実証研究たる点にある。

佐藤発言の波紋と反作用は意外に大きかったようである。米国政府は、フランス・中国についで日本が核武装に走れば、統御困難な世界となると受けとめた。核不拡散条約（NPT）体制の構築へと動き、日本を組み込もうとする。ジョンソン大統領自身が佐藤首相に対し、核抑止力の提供を約束しつついさめた。ただ米国政府は、奇跡の高度成長によって高まる日本人の民族的プライドに健全な発露の機会を与える必要を認め、宇宙開発分野での成功を支援しようとした。ところが日本のロケット技術者たちの自主開発にこだわるナショナリズムにはばまれて実らなかったという。

六〇年代日本の経済的成功は日本人のプライドをかなり満足させた。加えて六七年に米国より沖縄返還の約束を得て、佐藤首相は非核国家の「成功」に展望を持ち得たのであろうか。前述のように、首相は自ら「非核三原則」を表明し、さらには「核抜き」の沖縄返還に威信をかけ、核不拡散条約に調印した。米大使への政権当初の言葉を想起すれば、皮肉な情景といわねばなるまい。それは戦後日本の非核・経済国家という国のあり方を規定する意味を持った。

本書が核をめぐる日米関係を外交原文書に依拠して解明したことは画期的であり、問題が機密性を帯びる事柄だけに、この業績は新鮮である。本書は核をめぐる日米関係のプロセスを、原文書をして語らせる手法により大きく照射したが、欲を言えば、それを基に日本と米国の核政策やこの問題をめぐる日米関係をもう少し総論的に雄弁に論じてもらいたかった。また、原文書を取り巻く政府内環境や問題状況につき、もう少し肉付けが欲しかったところもある。三十四才の若い著者にさらなる躍進を期待したい。

ともあれ、北朝鮮が核とミサイルを振りかざし、日本の核保有の可否が内外で喧《かまびす》しく提起される事態を迎えた今日、本書はあまりにもタイムリーである。六〇年代前半のフランス・中国の核保有の衝撃がNPT体制を樹立させたが、今やそれが北朝鮮だけでなく、南アジアでも中東でも崩壊の危機に瀕している。この状況において、日本の国家戦略と世界秩序を模索するうえで、本書は貴重な基盤を提供する歴史研究である。

（二〇〇六年度サントリー学芸賞政治・経済部門選評）

アジアの経済建設という劇

『「海洋国家」日本の戦後史』（ちくま新書）

宮城大蔵 著

あの戦争に敗れて以降、日本の戦後外交は、控え目で受け身の対応を基調としてきた。とりわけ超大国アメリカとの関係はそう見える。日本外交は舞台の中央に立って大見得《おおみえ》を切るような派手なスタイルをとらないし、自らの外交的成功を世界に誇って回るようなこともしないので、実際より小さく見られがちである。

そのような見てくれと大方の評判に騙されてはいけない。日本が新しい時代をつくり出すうえで国際的役割を果した局面がある。それもアジアの地で、というのが本書のメッセージである。

『「海洋国家」日本の戦後史』という本書の表題を見て、日米海洋同盟の話かと早とちりしてはいけない。日本の南方にある多島海の国インドネシアを軸とするアジアとの関与が、本書の世界である。

アジアの戦後史とは何であったか。第一局面は、脱植民地化と独立の時代であった。革命と解放の熱き政治の時代であり、毛沢東やスカルノらカリスマ的英雄が跳躍する局面である(ちなみに日本史は、この局面を西郷隆盛や坂本竜馬の明治維新期に済ませており、戦後史は経済再建と民主化をテーマとした)。

戦後アジアの第二局面は、経済建設を中心とする実質的な国づくりの時代であり、朴正熙、スハルト、マハティール、鄧小平ら開発権威主義者たちの活躍が目立った。第三局面は、フィリピンのピープルズ・パワーがマルコス政権を倒して以後の民主化の季節である。

本書が描き出すのは、第一と第二の局面である。とりわけ第二局面の黎明期に、戦後日本が自らの経済主義的な「海洋国家」の生き方を、南の海の国に拡げて行くプロセスがハイライトである。

アジア・アフリカ諸国が参集した一九五五年のバンドン会議から本書は始まる。対米基軸で再建を図る日本は、しかし親米反共の立場で会議に臨まなかった。といって会議で活発な反植民地主義と反米左翼に同ぜず、中立主義を政治的立場ともしない。平和主義を説きつつアジアへの復帰を求める鮮明でない日本だった。かつてのアジアと全く違う反植民地主義の政治感情が煮えたぎるアジアを前に、立ちすくんだバンドンでの日本であった。

一九五七年にインドネシアを訪れた岸首相がスカルノ大統領に対して、こじれていた賠償問題を大胆な決断によって決着したことにより、日本は南方に経済地平を拡げることになった。

反植民地主義の精神動員によって広大で多様性に富む大国を統合し、共産中国に接近するスカルノ政治。スカルノに対する地方の反乱をＣＩＡは支援して敗れた。この地での信頼と影響力を失う米国。マレーシアを守るため強固な反スカルノに走る英国。日本はスカルノを親共であるよりも民族主義であると定義し、この国との関係を切らない。米英両国は、この日本の不徹底な立場にいらだつが、やがてインドネシア政府とチャンネルを持つ日本の有用性を認めるに至る。一九六五年の九・三〇事件後にスハルトが指導権を確立すると、日本は真先に協力と支援に乗り出した。

この第二局面への移行に際して、米英両国がそれぞれに外交的影響力を失った中で、日本はインドネシア債権国会議を東京で開催した。それは東南アジアの大国インドネシアをめぐって、中国の革命路線を抑え、地道な経済建設の時代を呼び起こすことになった。

インドネシアをめぐる国際政治において、米英両国や中国といった猛者を相手に、日本が外交的勝利を手にしたなどと認識していた人が、その時代にどれだけいただろうか。また、反植民地主義や東西の政治イデオロギーがひしめく中で、経済主義という路線を南の国が選ぶことを日本がリードしたと認識していた人がどれだけいるだろうか。著者は公開された外交文書を読み返すことによって、日本が大きな歴史的役割を果たしたことを検証しているのである。

朝鮮戦争やベトナム戦争といった冷戦の地域的熱戦化に眼が奪われがちななかで、静かな、しかし長期的に重要な意味を持つアジアのドラマと、それへの日本の関与を、はじめて実証的に解明した著者の総集編ともいうべき本書である。

（「毎日新聞」二〇〇八年六月二十九日朝刊）

「危機の七〇年代」を描く斬新な研究

『「全方位外交」の時代　冷戦変容期の日本とアジア1971〜80年』（日本経済評論社）

若月秀和　著

私は本書の存在を、教え子から教えられた。この春の卒業生たちのゼミ論文を読む中に、七〇年代の日本外交を扱うものがあり、それが出色の出来栄えだった。大学院進学を内定していた女子学生であったが、こんなにできるのかと感心した。それにしても私も知らなかった詳細な外交の経緯や分析があり、気になって注を見ると、その多くが本書を出典としていた。これまでの水準を抜く斬新な七〇年代研究が登場したようだ、と本書に注目した次第である。

「危機の七〇年代」であった。七一年の二つのニクソン・ショック、七三年の石油危機、七四年の東南アジアにおける反日暴動、七五年の北ベトナムによる武力統一（米軍の敗退）、ソ連対外政策の強硬化、七八年のベトナムによるカンボジア侵攻、七九年のイラン革命と米大使館占拠、そしてソ連のアフガン侵攻。大揺れに揺れた七〇年代の世界であり、日本外交であった。

七〇年代の日本をどう読むか。従来、石油危機とその克服に注目する研究、あるいはデタントとその挫折の中で、基盤的防衛力や日米ガイドラインなど安全保障政策の再定義がなされた局面の研究が多かった。それに対し、本書は外交的対処のプロセスを精密に論ずる研究である。米国外交文書の公刊はまだ六〇年代を進行中であるというのに、情報公開法による日本と米国の外交文書の利用がここまで可能であり、さまざまな回想や日記、報道と先行研究を丹念に集めれば、ここまで判るのだと驚かされる。

歴史として新しい時代を扱うだけに、外交官を中心にオーラルヒストリーの手法もかなり用いられている。

ニクソン政権による「米中頭越し接近」の衝撃が、日本外交に新しいページを開くことになった。沖縄返還の約束は得たものの、まだ実施を得ていない状況にあって、佐藤栄作政権は対米反発や報復を自制し、国連の場で台湾を米国とともに守る努力を続けた。それでいて佐藤首相、福田赳夫外相のコンビは「多面的外交」に転じたとする。それは日米関係を基礎としつつも対米一辺倒を改め、日中国交正常化と日ソ平和条約を並行して追求するものであった。七二年にはアジアの親ソ社会主義国モンゴルとバングラデシュとの国交を結び、外交地平を拡大した。これが後の福田内閣の「全方位外交」の萌芽であるとする。

「全方位外交」は、すべての国々との関係を濃淡なく重視する「等距離外交」ではない。日米基軸は自前の安全保障能力を欠く日本にとって与件たらざるを得ない。とりわけ危機を迎えると、対米関係を深化させる以外に術《すべ》はない。七〇年代後半、ソ連の脅威が強まる中で、福田首相は日中平和友好条約を結び、事実上の反ソ・米中日提携に与《くみ》した。それでいて首相が反ソ協商ではないと説き続け、対ソ関係再構築のための微妙な努力を怠たらなかった外交姿勢を描き出している。

本書のきめ細やかな実証分析は、たとえば日中平和条約をめぐる解釈上の対立にも光を投じている。福田首相の決断にとって鄧小平路線の確立とその柔軟な対日方針が主要因であった。米国政府からの外圧は、その後の補強要因であった。そう的確に弁別している。

大平正芳内閣は、イラン革命やソ連のアフガン侵攻という危機の中で「西側の一員」へと回帰した。

そこに至るまでの五つの政権の外交路線の微妙な相違を看取しつつ、危機をこなした七〇年代日本外交を描き上げた本書である。

（「毎日新聞」二〇〇六年八月二十日朝刊）

意思決定プロセスの変動、鮮明に

『冷戦後の日本外交　安全保障政策の国内政治過程』（ミネルヴァ書房）

信田智人 著

わが国にまつわる驚くべき事実は少なくない。明治以来の日本が近代化に成功した最初の非西洋の国となったのは、世界史的な事蹟である。他方、一九三〇年代以降の日本が身のほどを弁《わきま》えず「世界を敵とする戦争」にのめり込んだのは正気の沙汰ではない。

一転して、戦争の日本は平和的発展主義に徹して成功を収めた。戦後の路線を設定した吉田茂自身も、経済復興を遂げた六〇年代には、経済主義を超える国際的役割を担うべきだと考えたようであった。けれども産みの親の意向がどうあれ、戦後日本は冷戦終結まで「強兵なき富国」の道を走り続けた。その間、世界で最も格差の少ない豊かな社会を築き、民主主義の社会を確立し、途上国の国づくりと東アジアの近代化を助ける仕事に精を出した。立派な業績である。

半世紀近くも戦後日本が平和的発展主義を堅持したのは驚くべきことであるが、冷戦後の変化の激しさも、劣らず驚きである。インド洋、ペルシャ湾に自衛艦を派遣し、中東、アフリカに自衛隊を駐留させる事態を、冷戦下で予想した日本人がいたであろうか。湾岸戦争以来わずか十五年のうちに、日本政府の安全保障をめぐる政策も国民意識も、大きく変容した。今週生れる安部晋三政権がこの変化をさらに進めるであろうことは、ほぼ疑いを容れないであろう。

本書は、この冷戦後における安全保障面の対外政策の変化を、もっとも全般的に、かつ説得的に論じた研究である。

本書は二足のわらじを履いている。一方は国際関係と政策決定についての理論であり、他方は冷戦後の主要な対外政策についてのケーススタディである。

キューバ危機を扱ったG・アリソンの名著『決定の本質』(中央公論社)で知られるように、国家の意思決定を擬人化し、国益の極大化を求めて統一的に政策を選択したものと考える「合理モデル」が一方にある。本書は、まずこのモデルによって冷戦後の主要決定を遠くから眺めるように輪郭を描く。しかし説明のつかない奇妙な決定や不決定がそこここに残される。それについて著者は、ブラックボックスを開けるように政府内に踏み込み、実は大蔵省が渋ったために対応できなかったといった政府内諸機関の自律性や、与野党をめぐる政治的駆け引き、リーダーシップの強弱や性格など、様々な要因の複合的所産として政策決定を説明してゆく。

分析モデルはその分野の学者の関心事項に留まるが、冷戦後の重要な政策決定プロセスは広く国民的関心である。本書が扱う事例は、①湾岸危機からPKO協力法制定、②北朝鮮核危機から日米ガイドライン、③九・一一テロからテロ対策特措法、④イラク特措法と自衛隊派遣、である。著者は利用可能な諸文献だけでなく、自ら多くの関係者にインタビューを行って、同時代の政策決定の内実に迫ろうとしている。

イラクがクウェートに侵攻した湾岸危機に際して、海部俊樹首相は事態の重大性を認識して安全保障会議を開くこともなく、日常的に対応した。その結果、日本の対応は「あまりに少なく、あまりに遅かった」。戦争に訴えても事態を逆転させるべしとの国際的な意思と、日本との間に巨大な認識ギャップが生じ、日本への批判と憤激の嵐が巻き起った。それは経済活動中心の平和的発展主義に徹してきた戦後日本に対する「侵攻」であり、それこそが日本にとっての「危機」であった。冷戦終結後の日本の変化は、この衝撃から始まった。

橋本龍太郎蔵相が巨額の資金提供に向って大蔵省を動かした。しかし金で済ませる日本への風当りは強い。ペルシャ湾への掃海艇派遣をためらう海部首相を動かしたのは、世界を知る経済界の積極論であり、掃海艇派遣への国際的評価が首相に自衛隊を使ってPKO活動に参加する必要を認識させたと本書は説く。小沢一郎自民党幹事長が公明党・民社党との三党合意をつくり、翌九二年に外務省ではなく官邸主導によりPKO協力法が実現した。平和目的のためなら海外派兵する日本となった。

四つの事例を一々に紹介する紙幅はないが、湾岸「危機」に続いた北朝鮮の核危機が日本政府を日米同盟強化に向って動かした。冷戦後の日本を安全保障国家に甦《よみがえ》らせた最大の要因が北朝鮮である。それは日本人の意識を決定的に変え、日本政府に周辺事態への対処を用意させた。そこへ九・一一テロ攻撃が起こり、日本は小泉純一郎首相の特異なリーダーシップの下で、国連の大義を枠組みとしつつ米国と共にグローバルな危機に対処する同盟国に向って踏み出した。

本書は安全保障政策をめぐる意思決定プロセスの変化に敏感である。官邸の強大化、自民党の後退と連立与党の影響力拡大、外務省の後退と防衛庁の台頭など権力構造の変動を事例に即して鮮明に描き出す。また朝日・毎日対産経・読売といった大新聞の対抗構図が案件と共に変動してきた分析なども面白い。

（「毎日新聞」二〇〇六年九月二十四日朝刊）

普通大国と文明国家の分岐点で

『国際政治の見方　9・11後の日本外交』（ちくま新書）

猪口孝 著

経済学にマクロ分析とミクロ分析がある。それとは趣を異にするが、政治学や歴史学にも双方のアプローチがある。実証的なケーススタディや政治過程の分析はミクロであり、着実で有益な研究が多い。しかしミクロ研究の総和によって全体像が明らかになるものではない。ミクロ研究はますます精緻・厳密に、限定された局面に焦点を絞る細分化の傾向がある。全体の姿をつかむためには、はじめから大づかみに全体構成を語る視点と手法を必要とする。そして、これは労働さえ集約すれば誰でも出来るというものではない。全体感覚ともいうべき視座の成熟を必要とする。本書の著者は、理論と実態にまたがる該博な知識、そして細部に拘泥せず大胆に斬新な見方で言い切る骨太の知力によって、政治外交のマクロ分析を行う適格者である。

マクロ研究の多くは、欧米で開発された理論や分析方法に依拠して論ずるものが多いが、本書は違う。著者はすでに五十冊の著作を出版しているが、本人および内外の研究者によるミクロ・マクロの先行研究をいわば部品として、著者自身の判断を自在に語る。副題の「9・11後の日本外交」を時間的にも空間的にもはるかに上回る広汎な問題が論じられている。

高度成長の六〇年代、危機の七〇年代、繁栄の八〇年代というように、通常は十年きざみの戦後史を、われわれはイメージしている。本書はキッシンジャーの指摘をヒントに十五年きざみの日本外交の展開を示す。終戦から六〇年安保までは親米・反米の対立期、サミットが始まる七五年までは吉田路線の定着期、冷戦終結までは「アメリカ主導国際システムの積極的支持」時代とする。

面白いのは冷戦終結後である。一九九〇年から二〇〇五年までの十五年間を、本書は「グローバルな文民国家」路線の時代とし、これからの十五年を「普通大国」化に向う時代との仮説を提起する。

戦後日本の軌道を設定したのは吉田茂であった。吉田路線とは、戦後日本が日米同盟基軸の下で軽軍備のみを持ち、経済国家として再生発展する道筋であった。それは長く戦後日本のコンセンサスを形成し「吉田ドクトリン」とまで呼ばれた。ところが冷戦終結後、その分解が始まった。一方で日本は国際協調的な非軍事大国、グローバル・シビリアン・パワー（船橋洋一）たるべしとの構想が、他方で日本は戦後平和主義の不決断と惰弱を清算して「普通の国（ノーマル・ステイト）」たれとの主張が、たとえば小沢一郎らによって提起された。日米同盟を実質化し、日本は米国とともに国際秩序維持に名誉ある役割を果たすべきだとの立場がリアリストによって説かれるようになった。つまり、吉田ドクトリンの構成要因に収っていたリベラルとリアリズムが分離独立し、相反する二つの路線として対峙し始めたのである。

本書はこの二つの流れを、むしろ「グローバルな文民国家」から「正義を求める普通大国」へという発展局面としてとらえ、現時点をその分岐点としているのである。

今後の日本は、自衛隊をインド洋、イラクへと派遣した九・一一後の展開をさらに進めて「普通大国」へ勇気をもって踏み切るべきか、あるいは本書が終章で論じているような軍縮や人間の安全保障的な役割を担う文民国家を基調とするか、もしくは二国間主義を土台としつつ多国間主義をこなし融合させた日本外交という本書の分析を敷衍《ふえん》して、「文民国家」と「普通大国」の併用・融合を志向するのか。文明的な選択を、本書の多岐にわたる豊かな指摘を参照しつつ考えるべき時を迎えているのであろう。

（「毎日新聞」二〇〇六年一月二十二日朝刊）

「したたかなミドルパワー」を提言
『日本に国家戦略はあるのか』（朝日新書）
本田優 著

二〇〇七年に亡くなった河合隼雄氏に「中空構造」なる論があった。昔より日本社会は、権力の頂点を空けておく文化を保持し、ひとりの人間が無制約に最高権力を振うことを禁忌とするならわしがあったとする。この社会にあって絶対権力を恣《ほしいまま》にするのは、中空的文化に対する犯罪なのである。そういえば、よきリーダーシップながら、卓絶した権力を振った信長、大久保利通、原敬らはそろって非業の最期を遂げた。実質的に権力行使しない存在に形式上の最高位を与え、実力者たちの集団指導に政治を委ねた明治の天皇制は、こうした中空的伝統に適ったものであったといえよう。

ただ中空構造には大いなる弱点がある。必要なリーダーシップをとれる者がいなくなる危険と、無分別に中空を侵して国を誤る者が登場する危険である。明治の元老が去り、第一次大戦後の国際変動にさらされた日本は、慢性的なリーダーシップの欠乏に苦しんだ。戦前の首相は他の大臣を任命できても罷免できなかった。弱い首相の下で危機的な国際変動に対応することは容易でなかった。その社会的フラストレーションの中で、視野狭小なのに不相応に国家的使命感の強い軍部が、中空に侵出・占拠し、自己破滅的な戦争に国を強引した。

これに学んだ戦後日本は、首相に閣僚の任免権を与えて強化したが、他方、国家主義や軍国主義の暴走を嫌って、首相権限を分散させ、軍事を禁忌とするに至った。せっかくの首相の人事権を派閥に分け与え、政策は官僚機構に頼った。とりわけ政策の上に厳存すべき国家目標・国家戦略を戦後日本は深く考えない。本書が「一九五一年体制」と呼ぶ日米安保体制の下で、最重要政策たるべき国家戦略の「中空構造」が戦後日本の常態となった。それでよいのか、と本書は鋭く問う。

「国家戦略なき軍事戦略」は戦前日本に破綻をもたらしたところであった。国家戦略、安全保障戦略、軍事戦略の三レベルを明確化することを本書は強調する。国家戦略を欠きつつ防衛大綱という安保戦略があり、米国と共通戦略目標につき合意する日本に、本書は危惧の念を隠さない。

本書は国家戦略的大局観を見失った軍事主義に厳しいが、さりとて軍事力なしに経済力やソフトパワーだけでやって行けるとも考えない。「警察の存在しない社会が考えられないように、軍事力の存在しない国際社会も考えられない。ハードパワーもソフトパワーも両方必要なのである。国のありようとして、そのどちらをどの程度重視するのか。それが国家戦略である」

冷戦終結後の湾岸戦争によって戦後日本の「独りよがりの平和主義」が挫折し、国連ＰＫＯに自衛隊を派遣するに至った。九・一一テロ後のインド洋やイラクへの自衛隊派遣は「自衛隊の平和利用」の域を超えるものであったかもしれないが、イラクから陸自を撤退させた今、日本の国連ＰＫＯへの参加レベルは世界八十二位、先進国中最低であるという。国際安全保障環境の改善が日本自身の脅威の防止に資すると二〇〇四年の防衛大綱は語ったが、それにしては余りにもささやかな国際安全保障への関与ぶりでしかない。

本書が日本に求めるのは、戦略を持たない経済大国から軍事大国へ転ずることではない。米国だけでなく台頭する中国・インドともしたたかに外交を展開する「戦略を持つミドルパワー」となることである。激しく流動しつつ多極化に向う二十一世紀世界における日本の航海を考える人が参照すべき有用の書である。

（「毎日新聞」二〇〇七年八月五日朝刊）

米国は普通の国ではない。近現代日本の栄光も挫折も、運命的瞬間の多くが米国との関係において画されてきた。そもそもの初めから、米国は日本に対して二つの顔を見せた。毅然として開国を迫り、武力行使も辞さない力の権化と見えたペリー、そしてヨーロッパの帝国主義諸国とは違って、協力と支援を惜しまない

第四章

アメリカという例外国家

日本の友人を演じたハリス。どちらの顔をもって自己表現するにせよ、米国は自らを歴史の神もしくは普遍的価値の、この世における執行者をもって任じているのではないか。

深い意味において、米国が例外主義者であるとすれば、われわれは米国を理解し同行することなどできるのであろうか。

本章を構成する著作群の水準は高いと感じた。日米関係への洞察に富む研究だけでなく、米国の世界関与とアメリカ文明を語る良書に恵まれていると思う。「丘の上の町」を築こうとした十七世紀のピューリタンの植民から、世界の民主化のために剣をふるってイラクへの進軍を説くネオコンに至るまで、日本だけでなく世界が、普通でないアメリカを凝視せずにはおれないのである。

米国と、どう付き合えばいいのか
『不思議の日米関係史』（PHP研究所）
高坂正堯 著

アメリカとのおつきあいこそ、日本にとって生と死にかかわる二国間関係であったし、今もそうである。鎖国を破って開国したのも、日露戦争という大勝負をこなしたのも、第二次大戦に敗れて滅亡したのも、戦後に奇跡の経済成長を遂げたのも、良きにつけ悪しきにつけ、米国こそが決定的なファクターであった。生死を賭した授業料を払い続けた対米関係であったのなら、日本人はよほど学習し賢くなっていいはずである。

事実はそうではない。相変わらず矛盾に満ち、振幅の激しい米国をつかみきれずに、日本人は翻弄され、疲れているのではないだろうか。そこに高坂氏が死を前に本書の出版に熱意を持ち、準備した所以があるように感じられる。米国とは何なのか、米国をどう認識すればいいのか、そして米国とどう付き合えばいいのか。こうした日本人が答えを出しきれずにいる問題について氏は書き残そうとした。上下二巻で完成すべき日米関係史の上巻部分を書き終えて、氏は逝った。

したがって、本書はペリーの来航した十九世紀半ばから、第一次大戦後の一九二〇年代に至るまでの、日米両国の歩みと交わりを論じたものである。歴史的展開に即して書かれているが、米国論として読むことも可能である。

まず、アメリカとは、「ペリー」であるとともに、「ハリス」でもあると提示される。戦略的観点に立って、軍艦を率いて威圧し、断固たる態度で日本に「ぶらかし戦術」を許さず、威厳をもって開国を迫ったペリー、そして、日本に好意を示し、ヨーロッパの帝国主義諸国とは違う米国を売り込みつつ、友情と信頼をかちえようと我慢強く交渉して、日米修好通商条約の締結に成功したハリス総領事、この二つの顔がアメリカにはいつもある。

その後の米国の対日姿勢は、両者の中庸へ収斂《しゅうれん》するよりも、両極分解へと向う。そのことは、民間米国人の関与によりいっそう極端となる。よき側面はますます香《かぐわ》しく輝き、ひどい部分はさらに醜悪となる。

とりあえず南北戦争と戦後再建に忙殺される米国から「ペリー」的権力政治は後退し、香しい関与が基調となる。米国は欧州勢とは異なる対日配慮を、下関攻撃事件の処理にも、条約改正に際しても示し、「ハリス」の伝統を確かなものとした。教育に尽したマレーやクラークをはじめ、日本の発展に献身するアメリカ人が輩出した。尊敬され頼られる時のアメリカ人は「喜んで人を助ける」。

日露戦争後、米国の対日世論は悪化する。「ペリー」から戦略的合理性と品位をとり去ったような対日強硬論、ホーマー・リーの日米戦争論やハースト系新聞の反日キャンペーン、対日脅威感と人種偏見がないまぜになった排日移民の動きなどである。

日本はどうすればよかったのか。ここに至るまで、「現実の状況の把握力に欠け、国際政治の常識も知らずに、ただ力のみ強くなった日本という存在が問題」であったと著者は厳しい。しかし排日について合理的な解決は不可能であったとする。ただ「問題の短期的な解決ではなく、時間がかかることを覚悟する」ゆとりと知恵を、日本人はブライス英国大使から学べなかった。対露戦勝後の日本から「その知恵はむしろ作用し難しくなっていた」とする。著者が日米関係史を振り返れば、近代日本の勃興と挫折、その運命的な岐路を沈思させずにはおかない。頭と心にしみ透るような歴史を語りうる人を失った。死後二冊目の著作を読んで、改めてそう思わずにはおれなかった。

（「毎日新聞」一九九六年十一月三日朝刊）

二十七の体験が照らす巨大な文明世界
『アメリカが見つかりましたか　戦前篇・戦後篇』（都市出版）
阿川尚之 著

これはいいやり方があるものだ。

アメリカとは何か。アメリカの社会と文明を論ぜよ。そう求められても容易ではない。なにしろ相手は日欧レベルの普通の国ではない。巨大な文明世界である。一般論を試みても空疎だし、これだと力んで言えば確かにそれはアメリカの一角に該当するものの、別の現実も様々あって、アメリカの全体像には遠い。

そこで本書の試みである。幕末以来今日までアメリカを訪れた日本人は多い。アメリカへ渡った日本人は何を見つけたか。全く個人的体験であっていい。むしろ特殊的・個性的である方がいい。日本という社会文化をまとった日本人が全身全霊をかけてアメリカ人およびアメリカ社会と格闘したケースであることが望ましい。そこに通り一遍でないアメリカの輝きと忌《いま》わしさがえぐり出されるからである。極端な症例が精神分析の類型を提供するように、アメリカと極限的格闘をしたいくつかの極論が一般的理解に有用である。それらの合成的中間例として、われわれ普通人のアメリカ経験は理解され易いからである。

本書は幕末から今日まで、戦前十一名(上巻)、戦後十六名(下巻)の日本人のアメリカ体験を、フーガの調べのように重ね合わせたものである。それぞれに特殊で個性的なアメリカ認識であるが、二十七名もの記録を残すほどの人物がとらえたものを合わせれば、霧の彼方から巨船のそこここが見え始め、全体像がほぼ推し測られる。われわれはそのいくつかを読んだことはあっても、個別例への偶発的関知に留《とど》まっている。本書を読み通す中で、自分自身および関知していた経験が、全体地図の中での位置を伴って再認識されるであろう。

本書は二十七の個別ケースに即しての検討と論評はあるものの、一般化を試みる総論や結章は存在しない。下手な一般化で縛るよりも、一つ一つの余韻を残し自由に味わってもらえばよいということであろうか。たとえば、浮沈振幅の激しかった近代日本史の各時点からアメリカと切り結びつつ得た認識の推移を読みとることもできよう。だが時代性を色濃く反映しつつも、むしろ時代精神に没却されない個性が生み出す国際経験こそ魅力的である。実はアメリカを見つけようとした旅の記録は、アメリカ論であるに劣らず、旅人自身をアメリカ文明に映し出して見る日本論でもある。そうした国際文化交流の両面性が本書の魅力である。

最初の登場人物である幕末のジョン万次郎はアメリカから暖かく迎えられた。それはアメリカ社会のふところの深い立派さとともに、利発で魅力あるよき日本人が外の世界でも通用した例である。さらに積極的にアメリカの秀れた一面を知りわがものとして日米を結びつつ意味ある生涯をおくった系譜もある。教育の津田梅子、宗教の新島襄、歴史学の朝河貫一、児童図書運動の石井桃子などである。

他方、アメリカ人およびアメリカ文明と相容れない何かをもって格闘した系譜もある。内村鑑三はアメリカの人種差別に同じキリスト者として道徳的怒りを発した。敗戦後の日本人には対米鬱屈《うっくつ》の雲がたれ込め、左の都留重人や小田実にせよ、右の江藤淳や西部邁にせよ、アメリカのよさよりも許せない部分にぶつかった。そうした重圧から自由に、ある距離をもってアメリカを語り楽しむ局面を、司馬遼太郎や村上春樹に感じとり、著者自身もそうした穏やかで成熟したアメリカへの親近感から、日本人のアメリカ体験の諸相を料理している。

（「毎日新聞」二〇〇一年二月二十五日朝刊）

介入と幻滅を繰り返す宗教国家の衝動
『アメリカ外交の魂　帝国の理念と本能』（集英社）
中西輝政 著

九・一一テロが勃発した時、この世界にすさまじい殺意と破壊衝動にとりつかれた集団が存在することを突きつけられて、人々は立ちすくんだ。イスラム原理主義によって神聖化された憤怒が、中東の地にはかくも強いのか、世界はイスラムとその地を、乏しい理解力のまま凝視する他はなかった。

その瞬間、世界は米国と共にあった。テロとの戦いという新たな人類的課題に立ち向うアメリカ。広汎な国際的協力関係を築きつつ、アフガンへ攻め込むブッシュの米国に、世界は拍手をおくった。

アフガンでの勝利のあと、ブッシュ大統領はイラク・イラン・北朝鮮を「悪の枢軸」として次なる攻撃目標を設定し、先制攻撃を可とするブッシュ・ドクトリンを発した。世界でただ一人の警官を自任する米国が危険人物と認定しさえすれば、現行犯でなくても撃ってよいのか。テロリストと無法国家がある限り、全世界できわみまで戦うと熱くなっているブッシュの米国に、世界は違和感を覚え始めた。米国は大丈夫か、アメリカとは何だったのか。

かくて日本でもアメリカ論が再興することとなった。なにぶん突然の事態をうけてのことなので、新たな大研究の成果を待つことはできず、もともと資格と能力のあった研究者がつぎつぎに新書でアメリカ論を刊行した。藤原帰一『デモクラシーの帝国』(岩波新書)、西崎文子『アメリカ外交とは何か』(岩波新書)、古矢旬『アメリカ　過去と現在の間』(岩波新書)、村田晃嗣『アメリカ外交』(講談社現代新書)などである。米国を見る眼はさまざまである。米国の帝国ぶりにマユをひそめるもの、米国史のさまざまな潮流を整理し紹介するもの、そして現に存在する帝国の中では最も少なく悪い米国を理解し同行する必要を説くものなど多彩である。

そこへこの大著である。本書の立場は、米国はもともと根深く帝国の衝動を内蔵する国なのだ、というものである。「楽天的で開放的で、単純で実利的なだけのアメリカ」という浅はかなイメージしか持てない日本人に対し、地上に神の国を建設しようとした米国の宗教的強迫観念を伴った行動バネの激烈さを説くものである。米国は危機にあって決して後退せず、「明白な使命」「門戸開放」「民主主義のための戦い」といった理念を動員しつつ、「リメンバー・パールハーバー」などを契機に大膨張へと向う。

それが「文明としてのアメリカの生理」であるとする。九・一一への反撃を機に、中東、中央アジアへの支配を拡大する米国は、そうした歴史的定型を踏み行っているに過ぎないということになろうか。

本書はアメリカ文明の起源について、有名な一六二〇年のピルグリム・ファーザーズの移民に求めるのは誤りであるとする。アメリカ建国の精神にとって、一六三〇年にウィンスロップに率いられてマサチューセッツ湾に上陸し、「丘の上の町」を築こうとしたピューリタンの植民こそが決定的に重要であるとする。それは小さな一つの町に過ぎないかもしれないが、堕落した旧世界に対して「人類の灯明」として建てられる国であり新世界なのである。米国にとって例外主義とユニラテラリズムはそもそも国是なのである。穢土《えど》にあって蓮の華を一輪咲かせる型の例外主義の福音から、世界全体をアメリカ文明によって覆う型の福音への移行が、米国外交史のモチーフということになる。

そのプロセスにおいて「介入→幻滅→理想主義→介入→幻滅」が不可避的に繰り返されると論ずる。神の国建設であれ、聖なる対外戦争であれ、神ならぬ人間が行うものである以上、たとえ勝利しても裏切られる他はない。その幻滅と内的崩壊の危機の中で、ウィルソンのように新たな理念の唱導者が現れ、大きく乗り越える。第一次大戦後の幻滅の中で、ニーバーやリップマンのようなリアリズムの潮流の高まったことに注目しつつも、時機が来ればそれを押し流して進軍する「宗教国家」アメリカの本能の根強さを本書は凝視する。

もちろん本書も米国を一様に描いているのではない。「ピューリタンのアメリカ」以外に、「ジェントルマンのアメリカ」「コスモポリタンのアメリカ」「荒っぽいアメリカ」の四つが割拠しているとする。近年注目されているミードの政策路線的な四類型に対して、文明生態的な四類型を提案している。それでいて、ドラマの時が来れば抗すべくもなく巻き込まれて走り出す米国という画像であろうか。

本書は、そのような米国との衝突であった日米戦争の宿命性を指摘し、フランスを中心とする西欧が西まわりで地球的膨張を続ける米国と衝突する趨勢にあるとする。ただし、そのような米国に対して、どう対すべきかについては語っていない。

(「毎日新聞」二〇〇五年五月一日朝刊)

日米開戦とソ連の工作を解明

『ハル・ノートを書いた男』(文春新書)

須藤眞志 著

本書の表題はやわらかく、やや興味本位のネーミングに感じられる。しかも新書なので気楽に書いたものかと思いつつも、念のために開いてみた。たちまち引き込まれた。これは一九四一年の「真珠湾」による日米開戦についての息づまるドラマの再現である。興味をそそられ、読まされる平明な筆致であるが、内容的には歴史学の最先端を行くものである。ホンモノの歴史研究に基づきながら、興味深く読める、本書はそういう佳作である。

この日本の運命を左右した瞬間について、われわれはどの程度、説明をなしうるだろうか。日本はなぜ勝ち目のない超大国に対して、自分の方から襲いかかる決断をしたのだろうか。アメリカのルーズベルト大統領は、日本の暗号解読などにより、真珠湾攻撃を知りながら、わざとスキを見せてやらせ、

「裏口から」第二次大戦に参戦したという「ルーズベルト陰謀論」は本当だろうか。

日本の政府・軍部が全会一致的に対米戦争やむなしとの結論に至ったのは、ハル・ノートという「こんなものを突き付けられれば、モナコやルクセンブルクでも立ち上がったであろう」とインドのパル判事が同情したような「最後通牒」を突き付けられたからであるといわれる。ところで、ハル・ノートの背後にはソ連の諜報機関が動いており、日米を闘わせるというソ連の謀略の成果でもあるとの風評には根拠があるのか。前日までに日本との対決回避と時間稼ぎを企図した暫定協定案でやろうとしていたハル国務長官が、なぜ一夜にしてこれを捨て十一月二十六日にはあの通告文に乗り変えたのだろうか。日本は全軍隊を「中国およびインドシナより撤収すべし」という一項が決定的であった。ここで「中国」には「満州」も含まれる厳しい内容であると日本側は認識したが、それは正しいのだろうか。ハル・ノートに怒り、燃え上った東条政権は、すでに出航していた機動艦隊に予定通り真珠湾を攻撃させるが、対米開戦通告が実際の攻撃開始に三十分以上遅れる結果となった。このいわゆる「騙し討ち」は意図的なのか、なんらかの齟齬《そご》によるのか。後者であるとすれば、それは出先ワシントン大使館の失態なのか、本省のミスなのか。

こうした問題リストに対し、現在の歴史学が解明した限りの根拠ある答を知りたいと思う方は、本書をお読みになればよい。きわめて明快に、分かることはこうだと示し、分からぬことは分からぬという。史家により解釈の違いは避け難い面もあるが、大体において事態の展開を妥当に解明している。

本書の中で、全く新しい説明であり驚かされるのは、ソ連諜報機関のハル・ノートへの関与を、当事者であったソ連のビタリー・パブロフの証言に基づいて語る部分である。パブロフはモーゲンソー財務長官の特別補佐官であったハリー・ホワイトに接触して対日草案を示し、ホワイトはソ連のスパイではなかったが、反ファシズムの信念からそれを参考にして起草した。それはモーゲンソー案としてハル・ノート以前の一草案の下敷きとなった。その事実関係を明らかにしつつ、内容的には意外な逆説を示す。ソ連の諜報は、日本に「北進」(ソ連攻撃)をさせないことを目的としていた。中国からの日本軍の撤退をもたらすためアメリカの影響力を動員することを企てたのであって、日米戦争を策したのではなかった。それが思いもかけず日米開戦を見るに至り、意外な仕方でソ連の安全に益したという(なお、ソ連の歴史家スラビンスキーはパブロフ証言の信憑性を否定している。本書三三頁も参照)。

(「毎日新聞」一九九九年三月二十八日朝刊)

対日政策の決定過程、全体像鮮やかに

『「日米関係」とは何だったのか　占領期から冷戦終結後まで』(草思社)

マイケル・シャラー 著　市川洋一 訳

戦後の日米関係を、日本の眼ではなく米国側から見れば、どういうことになるだろうか。そんな興味をお持ちの方に、有益な本書である。

著者は米国外交史のうち対日関係の研究に集中、それも外交文書を調べ続け、実証的な手法で日米関係の解明にいそしんでいる。見廻せば、今ではそういうアメリカ人学者はわずかになってしまった。

著者は日本語文献は読まず、もっぱら英語資料に基づいているようである。それにしては日本政治の

動きもよく書けている。一つには、英語による日本研究の蓄積と水準が相当なものになったということであろう。それ以上に、日本国内の記述で精彩を放っている部分の多くが、駐日米国大使のワシントンへの報告に依っている。個性的で有能な歴代大使たちが、スタッフを総動員して刻々の政治の動向を取材・分析し、米国政府に報告する。加えて大使たちは、しばしば対日新政策の提言を行う。それがまた、政府の高いレベルを動かすことが少なくない。日本に再軍備の圧力をかけるより、経済復興を優先する吉田路線を支持した方がよいと説くアリソン大使、日米安保の対等化を認め、岸政権を相手に改定するのが米国の長期的な利益だと説くマッカーサー大使、日米イコール・パートナーシップを掲げ、日本をもっとも大事な友邦として扱うようケネディ政権をリードしたライシャワー大使、戦後日本がアジアで安全保障上の責任をとることを条件に沖縄を返還せよと説くジョンソン大使などである。

本書の最大の特長は、米国政府内の対日政策をめぐる意見対立と決定過程の提示であろう。政府内の日本専門家や駐日大使のレベルに劣らず、トルーマンとアチソン、アイクとダレス、ケネディ兄弟、ジョンソンとロストウ、マクナマラ、ニクソンとキッシンジャーらトップの群像が対日関係をめぐる主役として描かれている。ワシントンの全体政治の中で対日関係をめぐる対立と決定があからさまに記されているのが本書の売りである。

本書は豊富な米国資料に基づくプロセスの解明に没頭しており、日米関係の史論を展開するものではない。とはいえ、経緯の叙述を通して描き出す歴史像が必ずあるものである。本書はどのような戦後日米関係像をにじませているのだろうか。

私が印象づけられたのは、日本担当者だけでなく大統領とその周辺を含めて米国政府要人が、こんなにも日本のことを心配していたのかという点である。人は希望や理想など明るい動機に劣らず、不安・恐怖・猜疑心など暗い情念によって動かされる。アメリカは戦後日本を不安や懸念をもって観察していた。まず一九四七年はじめには、ヨーロッパと日本が経済面から崩壊するのではないかと恐怖した。そこから欧州戦後復興のためのマーシャル・プランが生まれ、日本への援助の必要が言いかわされた。

朝鮮戦争によって日本経済が息を吹きかえす記述は具体的で見事である。一九五四年のビキニ水爆被爆の日本社会への衝撃、米国政府内の分裂による愚かな対応も鮮やかに描かれている。この時期、米国は中国市場を失った戦後の日本経済は生きていけないと心配していた。日本商品は品質が低く米国市場では通用しない。せめて東南アジア市場を与えたい。アイクは心配のあまり、日本に中国貿易を許すことを提案した。未熟な日本経済のためアメリカと欧州の市場を開かねばならない。米国は日本の潜在力への過小評価を前提に不安にかられ、恩恵的な対処へ動いた。

経済崩壊以上の心配が、日本人の心の揺れであり、日本の「中立化」もしくは日本が共産国へ引き寄せられることであった。戦略的に東アジアで死活の重要性をもつ日本が敵に奪われることは悪夢であった。そこから米国は日本に荒っぽい圧力をかけもしたが、他方で多くの配慮をも日本に与えた。冷戦の敵への悪を想って日本に善をなした。

朝鮮やベトナムなどアジアでの共産主義との戦いも、究極的には日本のためであったと本書はそこで指摘する。東南アジアでのドミノ的崩壊を許してはならないのは、その最後のコマである日本が危うくなるからだとする。認識不足と不信をないまぜにした日本への思い入れが、われわれが思っていた以上に米国に強く、それが太平洋をまたぐ悲喜劇の要因となってきたと本書は読まれる。

そのような日本への保護者的思い入れを断ち切って突き放し、米国の冷戦戦略と国益の再定義を断行したのが、ニクソン政権であった。米中首脳が日本の悪口を言い合いながら合意するという情景が生まれた。以後、経済摩擦の間断なく続く日米関係となったが、にも拘わらず日米が切れなかった理由を、本書はデタントが流産しソ連の脅威が再び高まったことに帰している。それにつきない日米関係と思われるが、本書は米国側の動機と行動から日米関係を見直すよき手がかりとなろう。

（「毎日新聞」二〇〇四年九月五日朝刊）

静かな文章の信頼性高い研究

『日米同盟の絆　安保条約と相互性の模索』（有斐閣）

坂元一哉 著

新旧二つの日米安保条約について、かつてなく信頼性の高い研究である。

「安保」は国の生存にかかわる最重要の問題であり、戦後の日本人が最も敏感な戦争と平和をまたぐ問題であり、支配と従属をめぐる国民感情の粘膜を刺激し易い問題であり、そして戦後日本の基本的政治路線の選択にかかわる問題である。それ故「安保」をめぐる秘密文書を手にした爆弾質問が飛び出せば国会は荒れ、六〇年の安保改定をめぐって日本は革命前夜のような事態となったのである。

だというのに、本書の文章はなんと静かで堅牢なことか。日米両国の原文書を著者は広範かつ周到に検討したうえ、その中で重要な意味をもつ文書のみを選び出し、それに語らせる。この文書を見つけたぞ、と振りかざすことをしない。たまたま手にした文書を想像力豊かにふくらませて自らの予見に沿った強引な解釈を読者に売りつけたりもしない。根拠をもって確かに言えるのはこれこれであり、それ以上のことは今のところ明らかでないと正直に告げる。吉田茂であれ重光葵であれ岸信介であれ、神様にしなければ悪魔にもしない。状況の中でそれぞれの苦闘を通してなし得たことなし得なかったことを、穏やかなバランスのとれた理解をもって語る。そうした成熟した視座が、どうかすれば過熱し歪みやすい重要問題についての信頼性に満ちた作品の誕生を可能にした。

さて内容である。一九五〇年のサンフランシスコ講和条約と同時に結ばれた旧安保条約はいかに生まれたか。基地を米軍に提供して安全保障を得る「物と人」の交換として吉田首相は日米安保を結んだ。冷戦が隣国で熱戦化する事態にあって、独立までは再軍備しないことに吉田はこだわった。自助努力に消極的な日本に対し、米国側は相互的・双務的な条約を認めず、日本防衛も義務ではなく基地使用の事実上の帰結と扱った。吉田はそんな説明づけはどうでもよいという態度をとったが、自主性・双務性の問題は六〇年安保改定に至るまで日本政治のトラウマとなった感があった。

一九五五年に訪米した重光外相は、日本が「本当に独立した主権国家」たるため、日米安保の改定を申し入れた。本書が解明したその内容は驚くべきものである。重光は双務的な西太平洋における相互防衛条約を提案し、六年以内に米軍地上部隊が、十二年で米軍はすべて日本から撤退する案を示した。再軍備を前提に、かつて日英同盟のように対等なものを考えたようであったが、もちろんダレスは眼をつりあげて日本にその用意はあるかと反問した。

重光の失敗を知る岸首相は、安保改定の提案に慎重であり、むしろ条約の期限づけや事前協議制について補助協定を結んで済ますことを考えていた。全面改定を提案したのはマッカーサー大使であった。大使は一方で本国政府に対日理解の必要を説き、他方で岸首相に双務的な新条約が可能であると保障した。ポイントは日本が改憲し海外派兵しなくとも、米国は日本の安全を保障し、日本の立場を尊重するとの方針であった。

機密のベールにおおわれていた事前協議制についても、本書はそれが日本本土への核の導入を断念させたこと、しかし米軍撤退や通常兵器の装備変更は協議対象とならず、極東有事において戦場への直接発進以外は米軍の自由であり、さらに朝鮮有事には完全な自由を保障していることなどを解明している。戦後期に形成されて今に至る安全保障枠組みを理解する上で不可欠の研究成果である。

（「毎日新聞」二〇〇〇年五月二十八日朝刊）

国際政治経済からみた戦後史
『「アメリカ」を超えたドル　金融グローバリゼーションと通貨外交』（中公叢書）
田所昌幸 著

本書は、第二次大戦以降の通貨外交史である。国際政治経済から見た戦後史といってもよい。

軍事力が問題解決の最後の手段として広く通用していた時代は、二十世紀の二つの総力戦をもって終った。経済が重要性を高めるのは当然である。とりわけ純度高い経済国家である戦後日本にとって、国際政治経済学はもっとも必要な研究分野といってよい。だが、欧米で脚光を浴びて久しいこの分野も、日本においては未発達に留っている。なぜか。理由は簡単、政治と経済の双方をこなせる学者・専門家が簡単に生まれないからである。本書は、政治学と歴史を本業とする著者が、金融と経済を学ぶことによって産み出した初めての本格的な国際政治経済史の秀作である。

第一次大戦の戦後処理の失敗、そして両大戦間の世界における金融と経済のあいつぐ危機とその悲劇的帰結、そうした市場の失敗の数例を踏まえ、イギリスの偉大な経済学者ケインズと米国財務省のエコノミストであるホワイトが、戦後世界をどう作るかについて大戦中に語り合い合意する。そこからブレトンウッズ体制（IMFを中心とする国際通貨制度）が生れた。本書はそう説き起す。

偉大な構想と計画がそのまま実施されることはむしろ稀《まれ》であろう。しばしば歴史は意図せぬ事態に押し流される。それでいて構想は無意味ではなく、大きく回り道したあと、ようやく構想の実際的基盤が整い、実現をみるといった逆説に満ちた動きを歴史は示したりする。

自由で開放的で多角的な国際政治経済を主張した米国が、英国の抵抗を押し切った。しかし欧州の疲弊は深刻であり、英ポンドは交換性を回復した途端に売り浴びせられる。市場による処刑である。冷戦開始とともに、米国はブレトンウッズの原則を横に置き、欧州と日本の復興のために全力投球する。世界のGNPの四割以上を占有していたあの経済超大国アメリカがGNPの一・五%をマーシャル・プランに費やし、欧州の対米保護主義をも許容する。戦後復興が未だ初期段階の国々に対する米国の寛容という域を超えた戦略的決断であった。

期待以上に欧州と日本が急速な復興を遂げた結果、六〇年代には当初構想した開放的で多角的なGATT・IMF・世銀の国際経済体制が現実化する。回り道してやっとたどりついたからといって、歴史はゆっくりさせてくれない。

黒字を還流させる構造を樹立した米国に、経常赤字の病弊がはりつき、ドル防衛が深刻な問題となる。さまざまな防衛策もベトナムの深みにはまっては利かない。ついに粗暴な断を下した。金・ドル交換停止というブレトンウッズ体制を自決させる一九七一年八月の第二ニクソン・ショックであった。

ニクソン、コナリーの通貨外交に、新しい国際金融システムへの展望があったわけでなく、ドル切り下げのなりふり構わぬ断行であった。やがて変動相場制に移行する。海図なき航海は、意外にも悲劇を招来しなかった。石油危機後のG7サミット創設に示される米欧日の国際協調が、三〇年代と異なる歴史を可能にしたのではないかと評者は想定していたが、本書によれば、オイルマネーを受けた民間の金融市場の急成長が決定的であったという。急膨張した市場が没人格的なメカニズムとして機能した。この流れに乗った八〇年代の金融グローバリゼーションが、米国の再浮上を可能にするとともに、規律を見失った金融市場が九七年の東アジア危機をもたらした。われわれが直面してきた歴史を国際政治経済環境の大局から解き明かす興味つきない作品である。

（「毎日新聞」二〇〇一年五月二十七日朝刊）

リアリストたちの白熱のやりとり
『ニクソン訪中機密会談録』（名古屋大学出版会）
毛里和子　毛里興三郎 訳

「ここで話し合ったことがこの部屋の外に漏れることはけっしてありません。そうでなければ最高レベルでの会議などできません」。一九七二年二月、歴史的な訪中において毛沢東・周恩来と会談したニクソン大統領は、そう厳かに誓った。なんという皮肉であろうか。われわれは米中首脳間の白熱のやりとりを手に汗にぎって追体験し、秘密にしましょうと合意したことまで、本書によって知るのである。

秘密を守ることを信頼性の源泉として神聖視していたニクソンの極秘文書が、民間機関ナショナル・セキュリティー・アーカイブ(国家安全保障文書館)の情報公開法にもとづく請求によって開示され、本書の訳者は同機関のサイトからインターネットにより原文を入手した。

幸い二〇〇一年から日本外務省も情報公開法による請求を受けつけるようになり、サンフランシスコ講和を中心とする安保関係の重要調書や、重光・ダレス会談の記録、さらには本書とも対をなす田中角栄首相訪中時の日中首脳会談議事録などが公開され、新聞紙面をにぎわせているのは喜ばしいことである。

さて、何が長年の米中対決を超えさせたのか。両国首脳が教養と気配りを総動員しつつ率直に語りあった内容を見れば、中国にとってはもっぱら「ソ連からの脱出」であったと読める。中国はソ連との戦争を恐れ、地下シェルターまで掘っていた。米国はこれに共感を表明して中国に接近した。

米国にとって対中国の正常化は現実的外交の要請であったが、特にベトナム戦争終結に必要な補助線と意識された。ただそのためには台湾問題を解決せねばならないと、キッシンジャーとニクソンは認識し、一つの中国を支援する「五原則」を中国側に与えた。中国にとって巨大な外交的成果であった。周首相は台湾が中国の国内問題であり、米軍さえ撤退すれば、助けはいらない、こちらで解決すると言明した。ニクソン大統領は「平和的に」と注文をつけた。周は「そうです。我々には自信があります」と応じた。

他方、周首相はベトナムへの影響力行使を断り、むしろ大統領に英断をもってベトナム戦争をやめるよう迫った。たいへんな迫力である。

われわれにとって意外なことに、台湾五原則の中に「日本が台湾に進出するのをやめさせる」の一項がある。中国は日本の「軍隊」が台湾および朝鮮半島へ進出することを本気で心配し、米国に善処を求めた。戦後日本がどれほど平和ボケに陥っているか理解できず、ピント外れの懸念にとらわれていた。ニクソン政権はまさか日本の軍事的膨張を現実の問題とは信じなかったであろう。だが、彼らは中国の不安を利用した。米国が日本を抑えましょう。そのためにも日米同盟が不可欠です、中国の利益にもなると、日米安保と米軍のプレゼンスを売り込んで成功した。

覇権を求めるソ連の脅威を米中は共有し、ついで日本とインドの厄介さを語り合って米中首脳は心を通わせる。それは偽りの交情ともいえるが、さすがに眼はくらんでいない。米国がソ連とのデタントを進めることを周は支持し、中ソ関係の改善を米国は希望する。周は「日本に対しても善隣関係を促進したい」、ただし佐藤政権ではなく、その次の内閣に、と予告する。

リアリストたちが地政学的な抱擁をするに際しての物語に、日本もしっかり用いられ、その物語は微妙に日本の運命をふちどりすることとなった。その貴重な記録であり、訳者による解説も行き届いたものである。

（「毎日新聞」二〇〇一年九月九日朝刊）

米国の対中政策の決定過程を赤裸々に
『米中奔流』(共同通信社)
ジェームズ・マン 著　鈴木主税 訳

もし日本の命運を左右するような外交問題が生ずるとすれば、やはり米国と中国との関係であろう。この二つの大国は、一体どのような考え方や原理をもって対外政策を展開しているのだろうか。

米国のアジア政策が経済的利益を重視していることは、中国における通商上の機会均等を要求した十九世紀末の「門戸開放宣言」以来、不変である。今なお市場開放を要求し続けている米国である。米国はまた、どこかの国がアジア大陸を排他的に支配したり、いくつかの国が米国を排除したりして分け取りすることを忌避する。それは米国にとって経済的機会の喪失であるだけでなく、戦略的な挑戦でもある。米国のアジア外交は、極東にロシアが南下する時にはそれと対抗する日本を助け、日本が「大東亜」支配を図れば中国を応援し、中ソ共産体制のアジア支配に対しても激しく反発した。地域でのバランスと友好関係を、米国はアジアに求めてきた。

さらに、ウィルソン大統領以後、自由・人権・民主主義など普遍的価値を掲げて進む好みが、とりわけ民主党の外交にめだつようになった。

こうして、ざっと見ただけでも、米国外交には、経済的利益、戦略的要請、価値観の擁護の三要因が働いていることが分かる。では、三者はどのような優先順序や関連づけをもって展開されているのか。それがわれわれ日本人に見えにくい。そのため、しばしば米国外交から、「ショック」を受け、その表情の変化に一喜一憂しつつ振り回されがちである。

その点、ニクソン政権の登場以来今日まで三十年の対中関係を、米国政府の政策決定過程を中軸にリアルかつ具体的に再現した本書は、米国のアジア外交についての傑出したテキストといえよう。第一線の記者である著者は、米国の対中外交をお上品にオブラートにくるんだ政府広報的説明で満足せず、その内部にある赤裸々なゲームの展開を明らかにする。外交指導者たちの政治観や政治手法、外交戦略や中国認識などが結びついた闘いの中で、対中政策の展開と起伏が描き出される。

二重のゲームが進行する。ワシントンにおける指導者たちの政策決定をめぐる争いは、多くの場合、大統領の軍配によって決着する。もう一つの対外ゲーム、中国との間の外交戦については、成否勝敗は必ずしも明らかではないが、著者はかなり厳しい見方をとる。「過去二世紀のあいだ、中国にたいするアメリカの姿勢は絶えず揺れ動き、中国の魅力にひきつけられたかと思うと今度は嫌悪することの繰り返しだった」「中国の指導者はしばしばアメリカ政府内の意見の不一致を利用し、巧みに操作することができた」と記すように、したたかな中国の外交術によって翻弄され振幅することが、少なくなかったと見ている。この引用の「アメリカ」を「日本」に置き換えれば、日本人が中国について感じていることそのままであろう。

先の三要因に即して言うなら、米国の対中政策は圧倒的に戦略的概念に偏していた。もともと共和党政権にはその伝統が強かったが、とりわけ大戦略を至高のたしなみと信奉するニクソンとキッシンジャーが、冷戦の対ソ戦略の大きなしかけとして米中接近を断行した。

だが驚くべきは、普遍的価値の信奉者であり人権外交の旗を掲げて突進した民主党のカーター大統領も、劣らず地政学的な対中ゲームを敢行したことである。ソ連に対して人権外交で挑んだカーター政権は、中国の人権問題には全く眼をふさぎ、対中軍事協力を拡大した。米国が戦略概念を発動する時、それは至上の要請であることが含意されており、価値観の信号はオフに入ったままとなる。他方、戦略枠組みの中で、経済的実利が旺盛に追求される構図が一般的となった。

レーガン大統領はもっとも反中親台湾の立場が鮮明な政治家であった。その政権初期に中国は激しくヘイグ国務長官に圧力をかけ、中台問題をめぐる米国の政策的限界線を問いつめた。

しかしレーガンが断を下し、ヘイグが罷免されると、皮肉なことにもっとも安定した米中関係の時代が生まれた。レーガンはシュルツ国務長官とともに日本重視外交を選ぶが、その時の米中関係は意外な安定を見せた。

天安門事件後、米中関係は変質する。大統領を中心とする少数が秘密裏に戦略的交渉をまとめれば済む時代でなくなった。ブッシュ大統領が軍配を上げても、その外交に対する世論や野党の反対が高まり、三要因のすべてが活性化されて、ワシントンの決定が揺らぐ。

クリントン政権においても繰り返されるが、中国外交にのめり込んだ大統領の下で、米中関係は不思議に激しく揺れる。戦略ゲームと人治を重んずる中国の魔性とのこすれ合いが奏でる叫びであろうか。

（「毎日新聞」二〇〇〇年四月二十三日朝刊）

米国の東アジア政策を解明する

『大統領の挫折 カーター政権の在韓米軍撤退政策』（有斐閣）

村田晃嗣 著

私は本書を携えて韓国へ旅行した。訪韓は、神戸大学の私のゼミ生とソウル大学政治学科の学生との討論会に陪席するためであった。北朝鮮の問題、日韓関係、米国の役割等をめぐる日韓学生の討論は白熱した。聞いている私は知的興奮を覚え、時には感動すら覚えた。「朝鮮有事の際、皆さんは日本に何を望むか」とのゼミ生の質問に対し、韓国の学生からは「米軍の驥尾《きび》に付しての自衛隊の来攻を恐れる。何もしてくれるな」という応答があった一方、「日本が危機に陥った時に助ける力をわが国はまだ持たないが、今は日本の絶大な支援をお願いしたい」と堂々と相互依存と協力を説く学生もいた。若い世代の知的パワーを感じた韓国旅行であった。

そうした状況で読んだからでもあろうか。日韓学生たちの討論を成り立たせている大きな戦略的環境を解き明かす名著として、本書に感銘を覚えた。冷戦終結後、安全保障上の環境変化をとらえた名作がすでにいくつか生まれている。オーバードーファーの『二つのコリア』（共同通信社）、船橋洋一の『同盟漂流』（岩波現代文庫）、田中明彦の『安全保障』（読売新聞社）などである。本書はそれらに列しうる、若い研究者の手になる意欲的な作品である。

本書の内容は、三人の大統領の手になる在韓米軍撤退に関する三つのケースの比較研究である。ベトナム敗戦と経済財政の悪化を受けて、米国の世界的関与の整理縮小を担ったニクソン政権は、強引かつ権威主義的に在韓米軍一個師団の削減を断行する。秘密主義的権力行使の背後には、米ソデタントと米中接近という〈二重デタント〉を構築するニクソン・キッシンジャーの戦略的意思が厳存した。

他方、後にブッシュ大統領は、冷戦終結後の平和の配当を米議会が求める中で、議会や韓国と緊密な協議を行って不安感と反発を除去しつつ在韓米軍の一部削減コンセンサスを形成することに成功した。それは巧妙なプラグマティズムの勝利であった。

前後二人の大統領がそれぞれの手法で在韓米軍の削減に成功したのに、なぜカーター大統領は在韓米地上軍の全面「撤退」を大きく提起し、討ち死にするかのような「挫折」を味わわねばならなかったのか。それが本書のテーマである。

著者は三つのケースを中心に、第二次大戦の終幕期に朝鮮半島分断から今日の冷戦後に至るまでの、起伏に富んだ米国の東アジア政策史を、巧みな語り口で説きあかしている。戦後史を担った人々の人物像を、その印象的な発言と時にはエピソードをもまじえて描き、それでいて歴史状況の起伏とうねり、時代気運の変化の大局を見落としていない。冷戦期の米国の認識上の基盤であった〈朝鮮戦争の教訓〉とそれへのアンチテーゼたる〈ベトナム戦争の教訓〉の交錯、米国の韓国に対する戦後史における「四回の裏切り」、国際的な脅威に敏感な〈イクスターナリスト〉と内政的側面を主たる動機として考える〈インターナリスト〉、同盟関係において韓国（小国）が〈見捨てられ〉ることを恐れるのに対し、米国（大国）が地域紛争に〈巻き込まれ〉ることを恐れる等、国際政治学の概念上の成果を駆使しつつ、戦後の太平洋をめぐる複雑な関係を理解可能な像として呈示することに成功している。日本人が、もっぱら日米関係の文脈で断片的に記憶してきた諸問題が、実はより大きな戦略問題の一部であったことを、本書によって整合的に理解されよう。北朝鮮の危機が最終局面を感じさせる今、見落とすことのできない作品であろう。

（「毎日新聞」一九九九年一月三十一日朝刊）

国際的公正と愛国心に生きた米大使
『マイク・マンスフィールド 上・下』（共同通信社）
ドン・オーバードーファー 著　菱木一美　長賀一哉 訳

十二年という最長の駐日大使の任を終え帰国したマンスフィールドを、私はワシントンの事務所に訪ねたことがある。沖縄返還二十周年セミナーのため、返還に関与した米国側要人を歴訪しインタビューした一九九一年のことであった。

よく知られているマンスフィールド手ずからのコーヒー・サービスを、私も拝受した。もう八十八歳だというのに、恐縮であった。沖縄返還に議会指導者として果たした役割を聞いたが、時節柄、話が湾岸戦争に及んだ。日本の貢献がtoo little, too lateであるとの批判を、マンスフィールドは問題であると言明した。私ははじめそれを日本からの客人に対する儀礼的発言かと思った。しかし米国が切に必要としていた実質的な財政上の協力を行った日本を罵る同朋に、彼は憤りを爆発させた。何たる不公正な非難か、と怒る老政治家を、私は改めて見上げた。

大使在任中の八一年四月、米国の原子力潜水艦が日本の貨物船に衝突、沈没させ、救助活動もせずに

「あて逃げ」する事件が起った。事件についての報告書がまとまると、大使は制服の海軍武官を伴って外務省を訪ね、外相に報告書を手渡し、日本人もしなくなった程に深々と長く頭を下げた。その画像を全国民が見た。あて逃げ潜水艦のニュースは急速に消え去った。マンスフィールドはアメリカを深く愛する。愛国者であるがゆえに、アメリカが間違った振舞いを他国にすることを許せないのである。国際的公正と愛国心の結びつきが、この人の本領である。

そのことは、就任早々に難題となった東海村の核燃料再処理問題についても同じであった。新大統領カーターはリベラルな核不拡散への信念から、東海村を停止させようとした。確かに核兵器への転用は技術的に可能であるが、日本の平和利用意思も確かであった。しかも欧州諸国が同じことを行っており、米国政府はそれを止めることはできなかった。大使は東京から大統領へ直接の意見具申を行った。不公平な圧力により日本の脆弱なエネルギー基盤を揺るがしてはならないと。カーターは自らが任命した尊敬する大使の言に従った。日米危機は回避された。

回避できなかったのが、日米経済摩擦であった。石油危機から蘇って、世界最強の「ものづくり国家」となった七〇年代末から八〇年代の日本。米国の産業界と政治は焦燥の念をもって日本を睨《にら》みつけた。マンスフィールド大使は日本に対し早くから警告を発し、市場開放や米国への工場進出を勧めた。しかし米国に対しては、高みから日本を問責する姿勢をたしなめた。むしろ自由貿易を拡大均衡させる日米共同の努力でなければならないと説いた。

その点、「新冷戦」期を迎えて、レーガン政権が日本の防衛予算拡充を求めるに際しても、日本に肩代わりを求めるのではなく、日米共同で安全保障を高める努力と定義するよう大使は求めた。このような相互的な公正さを重視する大使に対して、米国内には「日本に甘い」との批判が間欠的に起り、更迭論がニュースとなった。が、レーガン大統領とシュルツ国務長官の大使への信頼は全く揺るがなかった。「世界で比類なく最重要の二国間関係」という自らの言葉へ現実を近づける努力を惜しまなかった大使であった。

九八年にわたる生涯を描いた大部の評伝である本書の原題は『上院議員《セネター》マンスフィールド』である。議員生活は大使時代の三倍もの長期にわたっただけでなく、闘いの厳しさにおいても比ではなかった。

マンスフィールドは「真珠湾」の翌一九四二年に初当選し、外交問題とりわけアジア問題に通じた議員として早くから活躍する。欧州第一主義の米国にあって、彼はアジアの問題こそが自国の将来を左右すると信じた。ルーズベルト大統領の下で蒋介石の中国を訪ねたのを皮切りに、頻繁に現地に旅し、最新の踏み込んだ情報と認識を基に政策提言を繰り返した。それは歴代大統領と議会とメディアに概して高い評価を受けたが、試練もあった。中国共産化に伴うマッカーシーの赤狩り旋風、そしてベトナム戦争へのめり込むジョンソン大統領にとって、マンスフィールドは厄介な存在となった。アメリカの強すぎる誇りと価値観を、一方的に遠くの社会に適用する危うさを知る議会指導者は、愚行にはやる権力には邪魔であった。

貧しいアイルランド移民の子としてニューヨークに生れ、七歳にして母と死別し、モンタナ州のおじに預けられて以降の若き日の彷徨と辛酸、銅山労働者として生きる他ないと見えた人生が、二つのことから変る。読書好きで好学心があったこと、そしてモーリーンという女性と出会ったことである。奇跡のような一人の若者の人生航路の革命が、ついにアメリカ外交と日米関係までを支えることになった。

感銘深い評伝の秀作である。

（「毎日新聞」二〇〇六年二月二十六日朝刊）

日米中の関係を軸に第一級の現代史
『同盟漂流』（岩波書店、現在は岩波現代文庫）
船橋洋一 著

信じられない。現在進行形の歴史を、こんなに明確に書けるものだろうか。

これは疑いもなく第一級の現代史である。それも日本だけでなく、米国にも中国にも軸を置く国際関係史である。

たとえば私が五十年前の首相たちがどうやって戦後の日本を再生させたかを書く時、日米両国の公文書があり首相たちの日記や回想や評伝があり、多くの先行研究がある。しかも歴史の帰結をほぼ知っており、後知恵にも支えられる。それでも十分に明確な歴史を容易には書けない。

それを知るだけに、激しく渦巻き、しぶきをあげる歴史の奔流を、今その瞬間にこれほどまでに描き上げた本書を称讃せずにはおれないのである。史料文書に歴史家が多く依るのに対し、ジャーナリストである著者はインタビューをタテ・ヨコ・ナナメに重ねることによって、「藪の中」に身を隠しがちな事実とその文脈を浮かび上がらせる。

「映画のリールの早送りを見せられるように」とは、一九九四年から三年間にあわただしく生起した国際的事件の展開を語った本書の表現である。本書のスタイルもどこかそれに似て、ワンカットに切り取った見事に鮮明な画像をつぎつぎに見せられ、夢中になって見入っていると、ストーリーがあり、人と状況が織りなす国際関係の大きなうねりと矛盾を孕《はら》んだ構造を告げられている。そういった筆の運びの五百ページを越える大著である。

さて内容である。テーマは冷戦後の安全保障である。日本にとって湾岸戦争は、危機あいつぐ冷戦後の世界への入口を通過するに際しての手荒い洗礼であった。共に戦って国際安全保障を支えようとしない日本はサンドバッグのようにたたかれた。この苦い体験から日本はPKO法案を作り、カンボジアPKOに成功した。世論も国際貢献に生きることを評価し始めた。皮肉なことに、時を同じくして五五年体制が崩れて日本政治は流動化し、安全保障や危機管理の根幹的問題に対処できる内政状況でなくなった。

そんな中で、九四年には北朝鮮の核危機が、細川首相が再度深夜に起こされるほどにきわどい事態に至ったこと、そしてワシントンではペリー国防長官、ナイ国務次官補、キャンベル国務次官補代理らが、危機に対処しつつ、冷戦後の長期的な東アジアへの方針の樹立を進め、日本でも外務省の田中均や防衛庁の守屋武昌らが真剣に日本の安全保障を求めて動いたことを本書は描く。もしガイドラインもないままで朝鮮有事を迎えたら、日本は湾岸の悲劇を拡大再生産し、日米同盟は空中分解するだろう。太平洋の両岸でそう憂慮した群像である。野党自民党の政調会長となった橋本龍太郎も安保と危機管理に取り組んだ。時代の予感であろうか。首相となった時、橋本は安保に対処する心理的、知的準備を持っていた。そこへ沖縄少女レイプ事件が起き、台湾海峡ミサイル事件が勃発したのである。橋本首相があんな言葉使いでクリントン大統領に普天間基地の返還を求めたとは、本書を読むまで知らなかった。台湾危機の米中双方のプロセスが示される。そして日米安保再定義と新ガイドラインを生んで、日米同盟を二十一世紀に残した。しかし、「なおひ弱」である。米中日の「逆ピラミッド」の、不安定な三角形の一辺としての日米安保たらざるを得ないからである。

本書を読んで大変な時代に生まれ合わせたと思った。しかし、少なくとも本書をリアルタイムで書ける人が同時代にいてくれたことを幸運にも思った。

（「毎日新聞」一九九七年十二月七日朝刊）

人物評で迫る米国の地域介入の論理

『静かなる戦争　アメリカの栄光と挫折　上・下』（PHP研究所）

デービッド・ハルバースタム 著　小倉慶郎　三島篤志　田中均　佳元一洋　柴武行 訳

冷戦終結後、世界はどう変わったのか。はや十余年を経て、まとまった説明がなされてよい筈《はず》である。そうした矢先、九・一一テロが勃発し、また新たな怒濤《どとう》の変動を追うのに忙殺される。じっくり系統だった考察を加えているいとまもない状況である。

そうした中かつて三十年前に名著『ベスト・アンド・ブライテスト』（朝日文庫）においてケネディ・ブレーンの人材群がベトナム戦争の悲惨に落ち込むドラマを描き上げた著者が、クリントン政権期のアメリカ外交を大著にまとめた。上下二冊九百ページ余の本書である。

われわれ日本人がこの時期について想起するのは、第一期クリントン政権の日米経済摩擦の深刻化であり、北朝鮮の核危機や台湾海峡ミサイル危機と日米安保再定義であり、そして後半には、米中首脳の相互訪問、九七年東アジア経済危機などであろう。本書にはこうしたアジアとの関係は全く取り扱われていない。それどころか、九〇年代にグローバルに進展した地域統合も、中東問題すらも外されている。本書は、ユーゴ、ソマリア、ルワンダ、ハイチなど、アメリカ外交がかかわりたくなかったのに無関心でいることができず、軍事介入すら試みねばならなかった周辺地域の紛争への対処を大写しにしている。

歴史はいつもながら逆説と皮肉に満ちている。ブッシュ前大統領が「外遊ばかりしている」と批判し、「アメリカで外交政策に関心があるのは、一握りのジャーナリストだけだ」と外交軽視・内政重視をあからさまに示して大統領に就任したクリントンであった。その観点はある意味では貫かれたと見ることもできる。たとえばソマリアに腰の入らない関与を行って十八名の米兵が惨殺され引き回される悲劇を招き、その後あっさり撤退した事件である。それは国際政治についての哲学や、米国政府として国益の定義に基づいて行った対外行動ではない。国内政治へのはね返りを憂慮し、致命傷になるのを回避すべく採った対応であったに過ぎない。世界の大国ならともかく、内乱と紛争にまみれた途上国にまで深い注意を払って大事に扱い、アメリカがかなりのコストを払って関与することなど、クリントンは全く望んでいなかった。

にも拘《かか》わらず、ハイチと(本書の論じていない)北朝鮮には、戦争を覚悟して軍艦を送り、カーター元大統領の土壇場の飛び入り交渉で平和的解決を得る。ユーゴの紛争はクリントン政権発足時から問題であったが、二期目を迎えても、まだ政策を作れずにいた。次々に起る悲惨な虐殺が「大統領の無能」を証拠だてる意味を国際的、国内的に帯び始める。大統領は焦り、うなり声をあげる。九五年七月のボスニアの悲劇に対し、ついに空爆に踏み切る。「ボスニアはアメリカの外交政策の象徴なのだ」。もう一つのミュンヘンとする訳にはいかない。かくてデートン和平がもたらされる。九九年にはコソボをめぐってより大規模な空爆を行い、ユーゴに秩序を強制する。ルインスキー・スキャンダルをなんとか乗り越えて政権最後の年を迎えたクリントンは、外交を偉大な業績を残せるかもしれない唯一の可能な地平とみなして、前任者以上に外遊を重ねることになった。才能と魅力に恵まれ、経済好況の好運にも支えられたクリントン八年の政権であったが、欲したことと行われたことが逆転するのも稀《まれ》ではなかった。

本書の最大の魅力は、人物描写の精妙にあろう。クリントンの有能と弱点、その心の揺れまでを豊富なインタビューにもとづいて描き出す。クリントンが痛切にユーゴ政策を欲した時に、それに応える物静かなレーク安全保障担当補佐官、ヨーロッパとユーゴ現地の込み入った政略のジャングルをみごとな手腕で切りさばくホルブルック特使、ペンタゴンの慎重論を押して「アメリカが本当にアメリカであるためには、行動せざるを得ない時がある」と空爆実施をリードするクラークNATO司令官らを、よく知られている閣僚たちに劣らず丁寧に、そのキャリアと人となりの双方につき語り上げる。本書が読者に米国政治の実情を手にとるように分らせるとともに、大部となる所以《ゆえん》でもある。

本書が論じなかった問題点がある。大国もしくは国際社会は、どのような場面に他国の内政に介入して然るべきか。湾岸戦争に見る通り、侵略戦争を開始した国は国連憲章違反として制裁される。九・一一は他国に対するジェノサイド（大量殺戮）であり、アフガン戦争はそれへの反撃・制裁として行われ、世界に反対する国は皆無に等しかった。本書の扱う諸ケースは国内でのジェノサイドである。大規模な人権侵犯は国際的に否認されているが、国際社会の介入のあり方については試行錯誤の段階にある。イラク戦争の今に至る重大な問題点を考える豊かな素材を本書は提供しているのである。

（「毎日新聞」二〇〇三年十二月十四日朝刊）

開戦を決断した米政権内のドラマ
『攻撃計画 ブッシュのイラク戦争』（日本経済新聞社）

ボブ・ウッドワード 著　伏見威蕃 訳

九・一一テロの日から、現代史の動きはとりわけ激しい。そのような時代の実相は、一定の時を経なければ明らかにならないものである。事実と流言、洞察と妄想とがからみ合って、何が真っ当な認識なのか、渦中にあって見分けることはとても難しい。

それだけに、本書の登場はありがたい。九・一一直後から今年までの現在進行中の歴史を、ブッシュ政権がいかに対イラク戦争を発動したかに焦点を合わせて描き出す。いつ、誰が、なぜ着想し、行動を起し、準備し、最終決断し、実施したか。ひとりひとりの役者の肉声と表情まで伴って、手にとるように再現してみせる。

歴史学者はふつう三十年後に公開される公文書に頼るから、こんな同時代のドラマは書けない。また日本型の番記者であれば、誰かひとりの要人に詳しくても、本書のように多様なアクターのそれぞれに深く聞くことは難しい。米国の腕利きジャーナリストならではの作品であろう。

さて、ブッシュ政権はいつイラク戦争を考え始めたか。二〇〇一年の九・一一から二カ月余という早い時期であったことに驚かされる。十一月二十一日、ブッシュ大統領がラムズフェルド国防長官にイラク戦争計画の検討を求めた。疲れを知らぬラムズフェルドは、大いなる情熱をもって軍部組織をイラク作戦用の機能的なマシーンに変えて行く。中東を担当する中央軍司令官のフランクス大将の下で、戦争遂行上の諸問題が広汎かつ精緻に提起され、月単位、週単位で解決に向って前進してゆく。

なぜブッシュはイラク戦争を着想したのか。サダム・フセインが邪悪な脅威であり、大量破壊兵器を開発・保有しており、九・一一を行ったアルカイダと協力しており、今後大量破壊兵器をテロリストに渡して、イスラエルや米国を攻撃させるであろう。そうした「確信」や「危険」が語られる。とりわけチェイニー副大統領は「イラクがテロリズムと大量破壊兵器の集結地」であるとの力強い断定によって政権をイラク戦争へと導いた。

それは事実であったわけではなく、米国がイラク戦争という自らの行為によって生み出した事実であるに過ぎなかった。予言の自己実現である。偉大な米国政府は、九・一一の衝撃の下で錯乱し、風車を敵と見て突撃したドン・キホーテに陥ったのであろうか。

ブッシュ政権内にこの錯誤に気づき、体を張って糺《ただ》そうとした高官がいた。二〇〇二年八月五日、パウエル国務長官は意を決して、チェイニーやラムズフェルドのいない二人だけの会見を大統領に求め、戦争はイラクと中東地域の騒乱状態を招くであろう、外交的に国際合意を築くことこそ重要だと説いた。ブッシュは真摯に聞き、感銘を受けた。折から盟友のブレア英首相が戦争には国連決議が要ると訴えたことをも重視し、ブッシュは九月十二日に国連演説を行う。

同じ頃、小泉首相も国連合意を築くようブッシュに助言した筈だが、残念ながら言及されていない。残念といえば、本書は戦争計画を鮮明・詳細に語るが、戦勝後の占領計画については、誠に粗末であったことを告げている。イラク現地の実情とニーズを深く理解しようとしない軍主導の占領統治計画であった。他方、イラク北部のクルド地域に潜入した米情報員の工作がサダムの所在をかなり突きとめ、それに基づいて開戦の第一撃が放たれる経緯など、興味深い説明が随所になされている。

イラク戦争は米国にとって高くついたが、日中戦争やベトナム戦争ほど悲惨にはならないであろう。本書の誕生を許す米国でもあるからである。

（「毎日新聞」二〇〇四年八月一日朝刊）

地獄招いた六要人の思想と行動

『ウルカヌスの群像　ブッシュ政権とイラク戦争』（共同通信社）

ジェームズ・マン 著　渡辺昭夫 監訳

九・一一テロの奇襲を受けて、運命的に戦う集団となったブッシュ政権。アフガンへ反撃したのは分かるが、なぜイラクにまで突進したのか。やはり二〇〇四年出版されたウッドワードの『攻撃計画』（日本経済新聞社）は、政府・軍部内の詳しいプロセスをインタビューに基づいて活写し、いかに戦争へ突き進んだかを明らかにした。しかし、なぜそうしたかの説明は十分でなかった。

本書はブッシュ政権を動かす六人の要人の思想と行動を、人間形成に溯って描き出すことによって、ない。なぜにも答える。表題の「ウルカヌス」はローマ神話の火の神である。六人の燃える戦士たちの突撃の帰結がイラク戦争であった。邦訳がよいこともあって、司馬遼太郎を読み始めた時のように、手を離せない面白さである。

わが国について、松下村塾が明治維新の精神的原点を提供し、戦後は吉田学校が保守政治の人材群を用意したことが知られる。米国政治についてはどうなのか。戦後史において三度人材群結集の時があったという。第一が戦後秩序をつくり冷戦戦略をあみ出した「ワイズマン」の時代、第二がケネディ・ブレーンを形成した「ベスト・アンド・ブライテスト」の時代、そしてこの「ウルカヌス」と称する新保守グループである。

一体何者なのか。意表をつかれたのは、彼等の松下村塾がコーネル大学だったとの書き起しである。そこではレオ・ストラウスやアラン・ブルームが、価値相対主義に傾くリベラルを糾弾し、アメリカの正邪善悪を貫いて共産主義と戦うことを要求した。ブッシュ政権で国防次官となるウルフォウィッツはこの知的洗礼を受けて身を起こした。チェイニー（副大統領）とラムズフェルド（国防長官）とともに三者が、冷戦期に共産主義、その後は「ならず者国家」やテロと断固戦い抜く新保守主義の枢軸をなした。

パウエル（国務長官）とアーミテージ（国務副長官）は趣を異にする。両人はベトナムの戦場体験者である。悲惨な戦場で戦っただけに、米国の軍事力を重視しつつも、勝算と目的の不明確な愚かな戦争を慎重に避けるべきだとする。先の軍事発動に傾く枢軸に政権内で抵抗する役廻りを強いられる。硬軟両グループを調整するのが大統領補佐官ライスである。彼女はキッシンジャーやスコウクロフト的な現実主義の国際政治学の子弟として出発しながら、新保守政権に合流し、要の役割を担った。

米国政治は通常、民主党リベラル対共和党保守の二項対立で語られる。本書は三項対立として過去三十年の米国政治を描く。ウルカヌスの新保守戦士たちは、民主党リベラルと戦う以上に、共和党内で現実主義者と熾烈な戦いを繰り拡げた。ベトナムで傷ついた米国を、対中接近や対ソデタントで支えるキッシンジャー外交を、彼らは不道徳な宥和であると糾弾し、強さを築いて戦うことを要求した。また没価値的な現実主義の共和党伝統を、八〇年代のポーランド連帯の運動やフィリピンの反マルコス革命を機に脱し、アメリカの奉ずる民主主義の普遍的価値を掲げて、その大義のために米国の誇る軍事力を用いる立場を打ち出した。

たくましい新保守戦士たちの華麗な円舞の行き先がイラク戦争であり、それは地獄絵と化している。ベスト・アンド・ブライテストがベトナムの泥沼に沈んだのに続いて。無限の力と絶対的信念を人は求めて止まない。それを手にした米国の俊秀たちは二度まで自らが地獄にいるのを発見することになる。何という人の世のパラドックスであろうか。世界を左右する神を自任する人間こそ世界を破滅させるのである。

（「毎日新聞」二〇〇五年一月九日朝刊）

核抑止の一方で追求した文化戦略

『アイゼンハワー政権の封じ込め政策

ソ連の脅威、ミサイル・ギャップ論争と東西交流』（有斐閣）

佐々木卓也 著

冷戦が終わって、はや二十年を経ようとしている。ベルリンの壁が崩れたのはつい昨日のように感じるが、冷戦後に生まれた子が今や大学生になるほどの歳月なのだ。

ところで戦後世界を長く覆った冷戦とは何だったのか。本書は久しぶりに冷戦の意味の変容について考えさせる好著である。

著者は十五年前に『封じ込めの形成と変容』(三嶺書房)を著わした。それは、ケナンの限定的な対ソ「封じ込め」から、ニッツェの全面的軍事対決の「封じ込め」へとトルーマン政権の冷戦戦略が激変する姿を描き出した。米国外交文書を誠実に読み込んだものであるだけに、目から鱗の初期冷戦史研究であった。

本書はその続篇であり、一九五二年から六〇年に至るアイゼンハワー期の冷戦戦略の多様で豊かな内容を解明した実証研究であり、前作に劣らず、目から鱗である。

アイゼンハワーは、米国民の父親のような独特の信頼を集めたよき大統領であったが、在任中の評価は概して高くなかった。ダレス国務長官が冷戦外交を牽引する強力な手腕家であるのに対し、アイク(アイゼンハワーの愛称)は人柄はよいが、政治的ダイナミズムを欠いた凡庸な元軍人大統領と見られがちであった。

米国においては、三十年原則で政府公文書が公開される。それとともに外交史家が原文書にとりかかり、それを読み込んで新しい解釈を打ち出す。各政権について三十年後に再評価の津波が走るのである。

アイゼンハワーはよい方向に再評価されることになった。大統領はダレスの操り人形ではなかった。原文書を見れば、ダレスが「大量報復」など勇ましい冷戦戦士の言辞を恣にしていても、ここ一番は大統領がしっかりとコントロールし、「私は十分に戦争を経験した。平和に優るものはない」と危機を収めることができた。

アイク政権から約五十年後に生まれた本書は、ダレスもまた幅のある戦略家であり、大統領と緊密に協力しつつ、対ソ「ミサイル・ギャップ」に米国内が沸騰する中で、軍事的対応一辺倒を避け、文化交流などを通じて共産圏の内部変化を促す方途を併用したことを描いている。

アイク政権最初の仕事は朝鮮戦争の休戦であった。続いて膨脹した軍事費を切り、健全な経済財政と活力ある自由社会を築くことに着手した。それを冷戦勝利のための長期戦略として最重視したのである。陸軍を中心とする通常兵力の大幅削減と核戦力の増強は、均衡財政を求めた結果であったが、ダレスはそれを弱さにおいて説明せず、「大量報復戦略」という好戦性の装いで語った。世界はそれにはめられ、ダレスの危険な瀬戸際政策を印象づけられた。アイク政権は共産側からの危険な挑戦を招くことなく軍事費削減を進めることができた。

朝鮮での局地的熱戦が終わり、ジュネーヴでの首脳会談が核戦争の相互破滅を認め合った一九五五年頃から、冷戦における「闘争の舞台が移行している」と認識された。米ソとも実は望まない核攻撃よりも、ソ連のめざましい経済発展と、途上国や中立諸国に共産主義が理想のモデルと見られることの方が、米国にとって恐るべき挑戦であった。アイク政権は、途上国への援助を米国の安全にとっての「最も廉価な保険」と強調した。他方、ＣＩＡによる途上国における左翼的政権の打倒工作をも弄んだ。

とりわけアイク政権が重視したのが、宣伝・広報であり、東西交流計画であった。実際の戦闘によって互いを破壊するよりも、敵の「思考に対する攻撃」を加え、相手をこちらに引き入れる「心理戦争」

が合理的であった。米国広報庁によるラジオ放送「ヴォイス・オブ・アメリカ」はその有力な手段であった。またダレスの提唱した東西交流計画は、共産圏内にアメリカ的自由の魅力を種蒔きし、ソ連と共産諸国の長期的な内部変化を促そうとするものであった。ダレスはかつて対日講和交渉に際して、ロックフェラー三世の同行を求め、民間交流による国民的相互理解の進展を図ったが、対ソ封じ込めの手段としても文化交流を重視した。一九五九年夏のモスクワにおける米国博覧会はソ連市民の人気を博し深い印象を与えた。

アイク政権に対する厳しい反撃が、ソ連が米国に先んじて人工衛星を打ち上げたことによる「ミサイル・ギャップ」であり、それに力を得た米軍事力の革命的な増大を求めるゲイサー委員会の主張である。それは大きなうねりとなってアイク政権を追いつめ、ケネディ民主党候補の一九六〇年大統領選挙における勝利をもたらす。

こうしてアイクとダレスは一方で核抑止の「充分性」を追求しつつも、他方で人的・文化的交流によるソ連圏の内部変化を追求した。そのことは、一九七五年のヘルシンキ宣言を経て、八九年に一発の銃声もなく冷戦が終結したことを振り返れば、小さくない意義を有すると本書は語りかけているのである。

（「毎日新聞」二〇〇八年八月三日朝刊）

アジアについて、一章を構成するほどの数の著書を繙くことができた事実に感銘を覚える。前章のアメリカのように整っていないかもしれない。しかし、アジアにはあふれんばかりの多様性とダイナミズムがある。アジアはアメリカに劣らず魅力的である。そしてわれ

第五章

不実の故郷 アジアを求めて

われにとって現住所なのだ。そう本章が叫んでいるように感じられる。

アジアは一つではない。一つ一つである。しかし一つ一つのまま放置してしまっては、われわれの認識は混沌の域をいくらも出ない。一つ一つではあるが、それを本章ではいくつかにグルーピングして配置しよう。

まず東南アジアと日本のアジア政策の展開を扱う五篇である。

つぎに朝鮮半島を扱う五篇である。つぶよりの名著揃いであることに感嘆した。

そして中国についての九篇である。中国ばかり多いと申したもうな。台湾、香港を含めた「三つの中国」を論じている。

読み返し、並べかえるうちに、書評でありながらアジア論を模索しているかのような想いに捉われた。

新資料を駆使した新世代の仕事

『バンドン会議と日本のアジア復帰　アメリカとアジアの狭間で』（草思社）

宮城大蔵 著

バンドン会議。その名を聞いただけで、ほろ苦いなつかしさが鼻につんと来る。そういう人はおそらく還暦を迎える世代かそれ以上であろう。

なぜバンドン会議は感慨を呼び起こすのか。そこには失われたものへの郷愁と来らざるものへの憧憬が込められていたからであろう。それは一九五五年に開催されたアジア・アフリカ二十九カ国の集まりであった。そこには米国の姿もソ連の姿もなかった。東西陣営の対決が圧倒的な現実であった時代に、西でも東でもない「アジア・アフリカ」という可能性が提起された瞬間であった。

面白いのは、バンドン会議の全体像をはじめて解明した本書の著者が、なつかしさのつんと来る世代ではなく、会議の十数年後にやっと生まれた若い研究者であることである。この世代にとって、自由主義か社会主義か、はたまた中立主義かといった対決は、生まれる前の古い問題である。それらイデオロギーは本書においてアクターたちを彩る衣装としてさらりと相対化されている。対象との距離と相対化が、これら新世代の特権である。

もう一つ新世代の特権がある。原文書の多角的利用である。先進国の中でとび抜けて公文書公開の遅れている日本であるが、外交文書については先進国に準じて公開してきた。日本外交文書の第十一次公開によりバンドン会議の内実が資料的に明らかとなった。それなしに、本書がバンドン会議とそこでの日本の一様でない役割を描き出すことはできなかったであろう。

バンドン会議は、アジア・アフリカを冷戦の戦場にさせまいとするインドのネルーら中立主義者の呼びかけで始まった。それでいて両陣営のアジアにおける両雄、中国と日本が招かれた。

中国はどう振る舞ったか。不安定な南の国々に暴力革命を輸出し、台湾解放を叫ぶ危険な中国というイメージを、周恩来が鮮やかな外交手腕によって平和共存を求める第三世界のリーダー中国へと一転する場がこの会議であった。

米国はまず会議そのものが流れることを望み、日本の参加を嫌った。それがついえると一転して日本など友好国が積極的に参加し西側の立場を守るよう求めた。

日本はどうか。重光葵外相はじめ外務省幹部は対米協調最優先の観点から、まず米国からの了解を求め、自由陣営の一員として会議の共産側への傾斜を阻む役割を果さねば、と考えた。他方、鳩山一郎首相は対米自主外交とアジアへの復帰を望んでいた。しかし対米協調枠は崩せないので、会議での政治論議は避け、経済協力と平和を訴えることとした。

この方針を、会議への日本代表に選んだ高碕達之助・経済審議庁長官に託した。それは妥当な道筋であったかもしれないが、会議における日本代表団は、どこか不鮮明で控え目な存在でしかなかった。

日本代表と異なり、各国代表は革命や独立を率いてきた「政治家であり、事務屋ではない」。彼等の議論には「ともかく訴える力があった」と民間から出席した藤山愛一郎は観察した。今も変わらぬ政治的表現力の欠如という日本の課題であろう。

より根源的には、ロベール・ギランが指摘したように、単に日米安全保障条約の存在にとどまらない欧米との間に深いきずなを持つ日本、それでいてアジアとの切断を望まない日本。そうしたジレンマに満ちた状況の所産として著者はバンドン会議を語る。それはどこか今も続く問題かもしれない。

（「毎日新聞」二〇〇一年三月二十五日朝刊）

責任感を持って決断する指導者の迫力

『アジアから日本への伝言』（毎日新聞社）

マハティール・モハマド 著　加藤暁子 訳

産業革命以降の近代西洋文明は、人類史上最強の文明であろう。ギリシャ・ローマの文明はその当時の「世界」をあまねくおおう偉大な文明であったし、中国文明は東アジア世界を圧し続けた。しかし文字通り全地球的な拡がりをもつのは近代西洋文明が初めてである。

イギリスが七つの海にまたがる植民地帝国を築いたことが西洋文明の地球化を促進した。とりわけ、北米やオセアニアでは西欧からの移民がその地の主人公となり、その中からアメリカが第一次世界大戦後には西洋文明の中心にのし上がった。多極構成をもって競いつつ、地球的拡がりを続ける西洋文明である。

非西洋の側からすれば、これはとんでもない悲惨な事態を意味した。外来の西洋人に抹殺されそうになった原住民、そこまではいかないにせよ植民地支配下におかれた諸民族など、いずれも苦難を免れなかった。

そうした中で西洋に対する独立を失うことなく、自ら西洋文明の力の秘密を学習し対抗した非西洋国が日本であった。これは世界の非西洋諸社会にとって一つのモデルとなった。西洋化という言葉をより一般化してこうした努力を「近代化」と呼ぶのがならわしとなった。

工業化が進み、首都の大都会には近代的高層ビルが林立する。今日、それは欧米の姿である以上に東アジアの姿である。そのことは、一面において西洋文明が全地球を制覇したことを意味しよう。が、同時に、それ以上に東アジアの国々が西洋文明をわがものとし、西洋文明を克服した成功の証でもある。「和魂洋才」を口にして明治日本がこのプロセスを開始したが、「洋才」すなわち西洋産の近代技術文明の側面は万人に有用であり、誰もが習得できるし、それによって自立と繁栄の地平を切り開くことができる。

「洋才」を学ぶ中で西洋的価値(洋魂)も受容するのは避けられない。これをどう考えるか。「和魂」だけは失うまいとした明治日本にも、すぐに「洋学紳士君」が現れて「普遍的価値」を説き始めた。日本人は出生地がいずこであれ、よいものはよいと折衷しがちである。

「和魂」を失うな。「アジア的価値」を守れ。東アジアは東アジアだけの地域国際機構を持て。日本人は自信を回復してアジアのリーダーとなれ。そう檄をとばす急先鋒が、本書の著者マハティールである。

日本人特派員が毎月一回、マハティール首相にインタビューし、フィードバックしながら作り上げた記事を一九九九年から二〇〇〇年にかけて毎日新聞が連載した。本書はそれを母体としている。それだけにスタイルは軽く、主張の明快なエッセイ集である。けれども内容は軽くない。二つの点がとりわけ注目される。

一つは、東アジア経済危機へのマハティール型対応である。タイやインドネシアに続いて、マレーシアの通貨リンギットも売り込まれ暴落した。マハティール首相はＩＭＦのコンディショナリティー付き救済を受けることを拒否した。かえって通貨の取引を国家管理下に置き、ＩＭＦに背を向けて自国経済を守る措置をとった。彼はマレーシア経済の不健全さゆえにリンギットが売り込まれたのではなく、東アジアの国民経済を弄《もてあそ》んで巨利をむさぼる国際的投機屋の利益のために危機が生じたと判断したのであった。マハティールは自己決定を貫いた。

その成功を通して本書は訴える。ＩＭＦが危機に陥った東アジアの国の責任を問い外科手術的変革を強いるのに急で、国際的資本取引の逸脱と無法とを制御しようとしなかったのはどういう訳か。実際、冷戦終結後の世界は自由市場万能のグローバリゼーションに極端に流れたが、アジア危機の体験を通して、自由市場をも制御し飼い馴らす必要を、世界は認めざるを得なくなったといえよう。

もう一つ、このケースを通じて本書が提起するのは、アジアはどう生きるべきかという根源的問題である。本書の著者は「アジア的価値」を守り、アメリカと西洋に対する自主自尊を貫くことを説く点で中国への親近性を示す。このようなアジアの友人たちと、同盟国アメリカとの間にあって、日本はどう生きるのかという問題提起が、本書からにじみ出る。

国家の行く末を案じ、その運命全体への責任感をみなぎらせて決断する指導者の迫力が本書の魅力である。日本にそのような指導者が失われただけに、日本の読者は圧倒されよう。本書の明快な主張は分かり易いが、時に粗い。とりわけ西洋を諸悪の根源に近い扱いで語る記述が散見される。日本は米国債を売って米国に勝てるのに、と口走ったりする。

日本人の西洋観はもっとバランスのとれたものに成熟していると思われるが、それはさておき、日本が過去の拘束から脱してアジアのリーダーとして自覚をもてとの著者の激励には、じっくり応答する二十一世紀の日本でありたいものである。

（「毎日新聞」二〇〇一年一月二十一日朝刊）

外交に欠かせない活力と言力
『和平工作　対カンボジア外交の証言』（岩波書店）
河野雅治　著

日本外交は国際環境への「受け」と「あわせ」を基調とする。極東の島国という境遇と体格しか与えられていない日本である。鎖国によって国際政治からの離脱を決めこむ自由がかつてはあった。国際関係に組み込まれた近現代にあっても、わが手で国際秩序をつくり出す大国外交の基盤は乏しい。まれに一九三〇年代に新秩序建設を強行しようとして失敗し、国を滅ぼす結果となった。それゆえ戦後はいっそう低姿勢に徹し、控えめな受動を基本としたのである。

しかし、いつもそうではない。日本だって能動的に自らの手で国際関係に働きかけ、そして成功したことがあるのだ。そのケースを手にとるように鮮明に提示したのが本書である。テーマはカンボジアの平和構築であり、著者は外務省において当時この地を担当していた課長である。情理兼ね備えて、手に汗にぎる面白さである。

ポルポト派の大量虐殺、ベトナム軍の侵入、そして終りなき内戦に荒れ果てたカンボジア。米国は自らを追い出しカンボジアに侵入したベトナムを主犯と見て、その支援を受けるプノンペン政府に正統性を認めず、抗越三派を支持した。虐殺に手を染めたポルポト派が三派の軍事的中心である点が苦しかったが、米国を中心に国連常任理事国(P5)は三派を軸とする和平の立場をとり、これはASEANの観点でもあった。ベーカー国務長官の提案により、P5が一度カンボジアの主権を召し上げ、国際管理下で平和と国家を再建するのが国際方針となった。

日本の役割は、再建されるカンボジア国内の主体を明らかにしたことであった。シハヌーク殿下を再統合の中心軸とし、プノンペン政府の統治能力を結び合わせるのが日本の構想である。本書の著者は九〇年二月にプノンペンを訪ね、この政府がベトナムの傀儡ではなく、自立性と活力のある若々しい統治勢力であると判断した。以後の日本外交の動きは誠に力強いものであった。米国の反対と圧力をはねのけ、タイを協力者として、六月にはシハヌーク殿下と各派代表を東京に集めて会議を開き、ここで事実上ポルポト派抜きでの再建の筋道をつくった。翌月、ベーカー国務長官は立場を変え、日本工作を結果的に追認する声明を発する。

なぜ三〇年代日本の大国外交が破滅したのに、カンボジア和平の自主外交は成功したのか。本書から読み取れる理由を列挙すれば、まず第一に、今川幸雄ら五人の優れた地域専門家が外務省にいて、日本は他国よりも正確で高度な地域情報にもとづいて動き、その人脈を使って工作できたことである。第二に、アジア局がカンボジア和平に関心と意欲を持ち続けており、それに支えられて担当課長らが創造的な外交を構想し、動いたことである。第三に、三〇年代の日本帝国が剣をふるっての支配拡大を活動内容としたのに対し、カンボジア和平の日本に野心はない。ただ平和と復興に寄与するのは名誉であるし、地域的な安定と繁栄は日本の開かれた国益であるとの伸びやかな観点に立っている。最後に、米国の猛反対に遭いながら、米国との議論と対話を止めず、賛成は得られずとも理解を得て動いたことである。国際関係を旺盛にこなす活力と言力こそ、今後の外交になくてはならない資質である。

本書を志ある若者が読み、二十一世紀の日本を誇りうるものにする夢を、新しいミレニアムのお正月に見ていただきたいものである。

（「毎日新聞」一九九九年十二月二十六日朝刊）

大平政権の「地域政策」の意義とは
『アジア太平洋連帯構想』（NTT出版）
渡邉昭夫 編著

戦後六十年である。

戦後日本のかたちを決めたのは、吉田茂だった。冷戦下で、西側に属する親米国となることを、よどみなく吉田は受けいれた。しかし米国の要求に抗して、西側陣営の戦力となることを避け、通商国家として平和的発展の道を求めた。資源がなく人材だけしかない島国として、戦後日本は貿易立国をめざすこととなった。戦前の日本帝国は大陸に支配を拡げることに熱くなったが、海洋国家に立ち戻った戦後日本は、輸出できる工業製品づくりに命をかけた。

五〇年代には吉田の経済主義路線への反発が強く、鳩山一郎・岸信介の両首相は「改憲再軍備」を提唱した。しかし六〇年安保を越えた後、池田勇人・佐藤栄作らが吉田路線を戦後日本に定着させた。それ以後、日米同盟下の経済国家という枠組みから外れる政権は一つも生まれていない。

吉田以後、戦後日本には何ほどの変化もなかったのか。そうでもない。そこで想起されるのが、戦後六十年の中間あたり、二十五年前に現職のまま急逝した大平正芳首相である。アーウーが多く、牛のようにスローな話しぶりの一見ぱっとしない政治家であったが、この人には国の長期的将来を想う志があり、光を求める求道者の精神があり、構想力があった。本書は大来佐武郎らの力を借りて大平首相が提唱した「環太平洋連帯構想」がもたらしたものを検証する論文集である。この構想の意義を一言でいえば、戦後日本外交が「地域政策」を持つに至ったことにある。

六〇年代の高度経済成長のあと、七〇年代の日本はあいつぐ危機に襲われる。米中頭越し接近、石油危機、東南アジアの反日暴動などである。日米二国間外交を基軸としつつ、経済的地平の拡大をひたすら求めてきた戦後日本が、危機の中で「地域政策」にめざめる。まず「福田ドクトリン」が東南アジア地域全体を支える意向を表明した。ついで大平首相は、鄧小平の下で文革を脱し、経済立国路線を明らかにした中国に対する経済協力を決断した。東アジア全域の発展と安定を支える地域政策が浮上したのである。さらにこれを覆う広域の枠組みが「環太平洋」であった。

それにどんな意味があるのか。編者渡邉昭夫が巻頭論文に記すように、近代化＝脱亜の道を明治以来たどった日本には内面の分裂があり、それが日本に「東西の架け橋」の役割を求めさせた。東西文明の乖離は、冷戦下にあって東西両陣営の分断とも重なり合う。さらに先進アメリカ（太平洋）と貧困のアジアという南北の間でも日本は引き裂かれる境遇にある。長富祐一郎論文が司馬遼太郎の発言を引くように、大平の環太平洋構想は東西と南北の分断を包含する共同体を示して、不毛の二者択一論から日本を救う意味を持った。とりわけ大平構想からＰＥＣＣが生まれ、十年後に冷戦が終結した際、タイミングよくＡＰＥＣが生まれて、日本は精神的に路頭に迷わずに進むことができた。

本書は、大平のブレーン研究会にかかわった面々を中心に、アジア太平洋の地域主義に関する内外の第一線学者を贅沢に集めているが、その多くが東アジア共同体への歩みを論じている。アジア、とりわけ中国台頭の実態分析、「アジアのアジア化」の進展、一気に東アジア共同体をめざすのではなく、機能的な分野別の地域協力の提唱、中国の地域政策の形成プロセスなど、精緻で示唆に富む多くの分析がなされている。本書をひもときながら、長期的な進路を根本的に考える政治は、今日にこそ必要ではないかと思わずにはおれなかった。

（「毎日新聞」二〇〇五年七月十七日朝刊）

「削減」大合唱への被援助国からの反証
『徹底検証！ 日本型ＯＤＡ　非軍事外交の試み』（三和書籍）
金煕徳 著　鈴木英司 訳

冷戦は終結し、世紀も千年紀も変わった。その間、日本には卒業し清算すべき「戦後」が少なくなかった。しかし、かつて成功を遂げたシステムを変えることができない。そこには既得権とその正義がある。だが世界の流れはますます速くなっており、変われない日本社会には急転落があるのみ、そういった焦燥感のただよう日本である。

こういう時にこそ、何を変え、何を守るべきか、しっかりした洞察を持ちたいものである。時運のおもむくところ、何でも変えればよいというものではない。負債を清算しようとして大事な資産を失う愚を避けねばならない。

ODA削減の大合唱に、私はその危惧《きぐ》を覚える。この国内の不如意《ふにょい》の中でヨソの事など構っておれるか。国内産業にとってウマ味がなくなった。中国はもらっていながらエラそうにしている。扱う役人や政治家がヒドい。欧米から批判され、途上国からも感謝されていない。冷戦後は米国もヨーロッパも、みんなODAを減らしている中、日本だけが突出している、等々。

こうして、日本がついにODAに大ナタを振うに至ったとき、皮肉にも世界の潮流はODA再評価へと回帰している。テロとの闘いに腕まくり一辺倒と思われたブッシュ政権であるが、なかなかどうして、東京開催のアフガン復興会議で日本を応援しただけでなく、今後三年間でODA予算を一・五倍に急増すると大統領がメキシコで演説した。途上国の絶望的状況を放置することがどんなに高くつくか、やはり貧困や不公平を糾《ただ》す協力が必要であることが、戦《いくさ》をやってみて分ったのである。冷戦終結後も地道に援助努力を続けていた日本は正しかったのだ。アメリカさんもやっと分りましたね。そう言って胸を張りたいところであるが、当の日本はまるで悪いことでもしていたかのように、うなだれてODAを減らそうとしている。今度は途上国の貧困問題に冷淡だと、米欧が正義の高みから改めて日本批判をするのだろうか、欧米のＯＤＡをめぐる議論の潮流は激しく推移し、しかもその都度普遍主義的信念に満ちている。

いい加減に振り回されるのをやめて、特に七〇年代後半からの四半世紀間の途上国の国づくりへの協力という戦後日本が行ったもっともよき対外行動にひそかな誇りを持ってはどうか。とかく観念論に流れ易い欧米の議論に支配されずに、本気で切実な国づくりにいそしんでいる途上国のＯＤＡ論に耳を傾けてはどうか。

そこでハタと気がつくのは、これまで先進国以外の援助を受ける側からのＯＤＡ研究書を読んだことがないという事実である。だからこそ本書をとりあげたい。本書はＯＤＡを受けてきた中国の学者による日本ＯＤＡ研究の初めての出版である。

年配の中国の学者にはすぐ「日本軍国主義の再興」を語る人が少なくないが、本書の著者は全く違う。事実を内側から把握して語る、世界のどこでも妥当する分析手法を身につけた新しい世代の学者の一人である。もちろん本書が展開しているのは紛《まが》うことなき中国の観点である。しかしドグマと国定方針の命ずるところを謳うのではなく、一つ一つ自分の目で見、自分の頭で整理した認識をもってつづられている。その点で誠実な研究であり、もし中国の対日政策が本書のような研究に導かれているのだとすれば、日本もエリを正して対応した方がよいであろう。

本書は、世界で展開されているＯＤＡを、「戦略援助」「開発援助」「人道援助」に三分し、日本のそれは「開発援助」型であるとする。紛争周辺国への「戦略援助」を加味したり、冷戦後はＯＤＡ大綱を政治的制裁手段に用いることが目立つようになったにせよ、日本は軍事援助そのものはせず、途上国の発展のための経済協力という「長期的開発援助」を基調とする。戦後の賠償については、日本の巧妙なズルさに不興げな本書であるが、対東南アジアを中心とする日本の開発援助は、貿易・投資と結び合わせる「三位一体方式」により、「つまるところ、日本と被援助国の両方に利益をもたらし、積極的な役割」を果したと高く評価する。

同じ観点は、本書のハイライトである対中ODAにも貫かれている。中国が外国から受けたODAの四割が日本からの円借款である。他国の借款は、金額が小さく、返済期限が短く、利率が高いのに対し、円借款は金額が大きく、三十年と期限は長く、利率は二・五～三・五パーセントと低いからである、その結果、中国内の鉄道電化の二十五パーセントをはじめ、日本のODAが国づくりにどれ程役立ったかを具体的に事実を列挙して記している。その筋道は、かつてタイの留学生が神戸大学で提出した博士論文において下した日本のODAへの評価と軌を一にする。本書は日本のODAが真に貴重なものとして活用されていることの現地からの報告である。実に意義深い協力であったことを確認し合いながら、援助関係を卒業して行く今後のプロセスを大事にしたいものである。

（「毎日新聞」二〇〇二年五月二十六日朝刊）

韓国

隣国の劇的な戦後史が身近に

『韓国における「権威主義的」体制の成立　李承晩政権の崩壊まで』（ミネルヴァ書房）

木村幹　著

私は本書を読んで、生れてはじめて隣国・韓国の政治と歴史を身近なものに感じた。

本書の前半の主役は「東亜日報グループ」であり、後半の主役は「李承晩」である。前者について、その名の大新聞の存在は知られているが、その来歴と存在の巨大さについて知る人は少ない。後者については「李ライン」を強行した反日ナショナリスト、米国さえも前線で引きずりかねない強硬な反共主義の初代大統領といった単純化した認識しか、日本人は持ち合わせていないであろう。本書を読めば、日本人は眼からうろこを落として、戦後の韓国が直面した厳しい事態と選択、そして現在に連なる歴史のドラマに触れることができよう。過去にまつわる怨念や偏見も、逆に過度の思い入れもない新世代の日本人学者による秀作である。

「東亜日報グループ」は、全羅北道の富裕な地主の家から身を起し、早稲田大学に学んだ金性洙《キムソンス》が、日本支配下の朝鮮で築いた巨大なコンツェルンである。大隈重信を敬う金は、朝鮮において私学と新聞の経営を手がけ、双方を成功させる。金のグループは次第に旧両班勢力にとって代る知的勢力の中心的存在となった。大学教育とメディアという情報分野での長期持続的成功を支えたのは、実は金が優れた実業家であり、朝鮮最大の企業にのし上った京城紡績などから豊富な資金を投入しえたからであった。それが親日的な朝鮮民族の大資本であり、総督府系の金融機関から巨額な融資を受け得たことは、日本統治下での成功の要因であったが、解放後には当然ながら社会的糾弾の事由たり得た。

戦後三年間の米国の軍政期を迎えて、東亜日報グループはそれに協力し、警察権力を掌握することにより勢力温存に成功した。さらに米国から凱旋《がいせん》した李承晩と提携関係を築き、初代大統領に当選させることによって、したたかな生き残りに成功したかに見えた。

三十歳の若き李承晩は、一九〇五年、日本支配に抗議する高宗の密使として渡米した。その工作に失敗した後、李はアメリカに学び、プリンストン大学で博士号を取得した。この大学の学長であったウィルソンが第一次大戦期の大統領となり、民族自決の福音を世界に発信したことは韓国の民族主義を鼓舞し、三・一運動の精神的源泉となった。米国は韓国の独立を支援すべきであり、韓国は支援を米国に要求する権利があると断論する李承晩は、その言葉通り米国の手で解放された戦後の韓国にあって、新共和国の正統性を全身に帯びるに至った。

本書は韓国政治を語るが、その背後にはより広い一般的関心がある。植民地から解放された新興国がういういしく民主主義的制度を採択しながらやがて民主憲法を神棚に上げて、権威主義的体制に後退する例が少なくない。何故なのか。韓国の場合、いかにしてそうなったのか。

「東亜日報グループ」の協力を得て李承晩が大統領に選出された以上、政権はグループの政治部門たる韓国民主党を与党とし、金性洙を国務総理とするものと予期された。しかし大統領は親日の過去を持つグループとの対決を開始した。「建国の父」としてカリスマ性を帯びた李大統領は政府と一体化した自由党という「政府党」を創出することによって、民主党に政権を奪われることのない「権威主義的」体制の樹立に成功する。両勢力の対決と交錯を通して戦後韓国政治が船出するドラマが、かくも内在的・説得的に提示されたことを喜びたい。

(「毎日新聞」二〇〇三年六月二十二日朝刊)

南北のめまぐるしい応酬を活写

『二つのコリア 国際政治の中の朝鮮半島』(共同通信社)

ドン・オーバードーファー 著 菱木一美 訳

もし日本の降伏が一週間早ければ、ソ連の対日参戦はなく、朝鮮半島のほぼ全域が米軍の支配下に入っていたであろう。逆に、日本の抵抗がもう一カ月続いていれば、北海道と朝鮮半島全域が赤軍によって支配されていたであろう。いずれの場合にも「二つのコリア」は生じなかったことになる。ソ連の対日参戦の翌日に「聖断」が下され、数日後に終戦に至ったというタイミングが、因果応報の理からいえば日本本土内に引かれて然るべき分断線を、なんと朝鮮半島のまん中に引かせた。この胸痛む歴史の悪戯《いたずら》が生み落とした「二つのコリア」は、戦後世界をどう生きたのか。それをかつてない鮮明な全体像として描き出したのが本書である。

著者はワシントン・ポスト紙の敏腕記者である。一九五三年にはじめて、その時は兵士として朝鮮半島の地を踏み、自らのふんだんな現場体験と四百五十人もの各国関係者に対するインタビューをもとに、この大著を書き上げた。この種の取材方式による作品は、実感を伴った現場状況の活写に優れながらも、ともすれば木を見て森を見ずの傾きに陥ることがないではない。その点、本書はちがう。国際政治の構造把握がしっかりしており、歴史的うねりの中で大状況をつかんでいる。それだけに随所に示される現場活写がいっそう輝く。安心して引き込まれ得る力作である。

さて、本書が描く「二つのコリア」像は、被害者として民族の悲運を恨み嘆く姿ではない。「朝鮮の人々は優しくもおとなしくもない。したたかで戦闘的であり、強固な中央集権の伝統を有する独立心に満ちた国民である」とする。

「二つのコリア」をそれぞれに築いた偉大な指導者は、金日成と朴正熙であった。金日成はあふれ出んばかりの才腕と魅力の持主であり、朝鮮民主主義人民共和国(北朝鮮)の絶対者となっただけでなく、あの悪魔的カリスマ・スターリンをついに動かして、武力統一のための朝鮮戦争を発動することに成功する。かつて七世紀に唐、高句麗、倭の三国を手玉にとって朝鮮統一に成功した新羅の金春秋の政治外交指導を、私は思い起こした。トルーマンの米国が介入をためらってくれさえすれば、同じ成功を収め得たであろう。その後も、中ソを競わせて双方から利益を引き出す金日成外交は鮮やかなまでにしたたかである。

金日成が陽性の才気を放射するのに対し、朴正熙は寡黙に、鉄の意思をもって大韓民国(韓国)の権力構造を確立し、産業大躍進を貫徹した。性格的には対照的であるが、その仕事への没頭ぶりと国家形成に果した歴史的役割は二人に共通性が高いという。このようにステレオタイプの人物像ではなく、自分の眼と耳で確かめた人物像を大局のなかで語るところも本書の魅力である。

米国は「二つのコリア」にどう交ったか。米ハビブ大使は、一九七二年に戒厳令を布《し》くなど問題を起す韓国内政から距離を置く方針を献策して認められる。知性派のスナイダー大使は、自立した中堅国家をめざして発展する韓国との持続的パートナーシップを献策する。ワシントンの政局はこの思慮に富む提言を顧慮するいとまを持たない。それどころか、現地を全く知らず、国内的発想と一般理念に依拠して在韓米軍撤退を選挙戦で公約したカーターが新大統領となり、その実現に走って破綻する。朴大統領が自前の核武装を図ったのも分らないではない。

本書の圧巻は、冷戦終結の激動期のめまぐるしい応酬である。一九八八年のソウル・オリンピックは韓国の経済的成功の証であり、全斗煥と盧泰愚の政権はこれを北に対する圧倒的な外交的優位に結びつける。北の焦燥が大韓航空機の爆破をもたらしたことは記憶に新しい。盧大統領の北方外交は実に周到にして機敏であり、財政破産に瀕したゴルバチョフのソ連に経済援助をちらつかせて国交樹立に持ち込み、ついで中国とも国交を結ぶ。ソ連が北朝鮮をたけり狂わせたのに対し、中国が芸術的な交渉術によって納得させてしまう対比も面白い。ともあれ、怒り孤絶感にとらわれた北朝鮮が、なりふりかまわぬ対抗手段として日本にも接近を試みた。しかし日本は北朝鮮と国交を結んで国際社会に引き出す絶好の機会をつかむことができなかった。トップが注意をこらして陣頭指揮をとる盧政権と異なり、海部内閣は外交に不慣れな金丸信の個人技に委ねて失敗する。

外交も経済もすべてを失った絶望的状況にあって、一九九四年、北朝鮮は核開発を振り廻して暴れた。米軍部の当局者の多くが戦争突入不可避と覚悟した危機を、老カーターが登場して、金日成と話をつけ収める場面が本書のクライマックスである。

船橋洋一の『同盟漂流』（岩波現代文庫）とともに、ジャーナリストの手になる、現代史を国際的文脈の中で活写した名作である。

（「毎日新聞」一九九八年四月十二日朝刊）

何と多くの錯誤と愚行が見られるか

『朝鮮戦争の謎と真実　金日成、スターリン、毛沢東の機密電報による』（草思社）

A・V・トルクノフ 著　下斗米伸夫　金成浩 訳

第二次世界大戦が二十世紀を半分以上残して終結した時、世紀後半の世界史のほとんどが米ソ両陣営の「冷戦」に費やされようとは、誰が予想したであろうか。「冷戦」の正面はヨーロッパであった。その地での衝突は、ベルリン危機をはじめとして厳しいものであったが、結局は人類絶滅戦争の一歩手前で回避された。その名にふさわしい「冷戦」に踏み留まったのである。

アジアは違う。裏庭では、かえって冷戦は「熱戦化」した。両陣営を後《うし》ろ盾《だて》にした地域限定戦争が、朝鮮半島やベトナムで苛烈に火を噴いた。

とりわけ朝鮮戦争は、準戦時体制たる冷戦構造を確立するうえで世界史的意味をもった。戦後世界の運命を規定するうえで最大の事件であったと言ってよい。それでいて、朝鮮戦争が、なぜ誰によって始められたのか、多くが謎に留まっていた。

北が侵攻した、否、南が先に挑発した、否、自然発火状態であった等々、冷戦プロパガンダ合戦を交えて、甲論乙駁《こうろんおつばく》状態が長く続いた。やがて北のはなばなしい南進の成功は、準備なしに不可能であるとの認識が一般化した。ではスターリンの策謀が事を動かしたのか、中国革命に成功した毛沢東の主戦論が引っぱったのか、はたまた金日成が自作自演したドラマであったのか、冷戦期を通じて不分明のままであった。

それに対する解答は、冷戦終結に伴う共産圏の資料公開によって可能となった。朱建栄『毛沢東の朝鮮戦争』(岩波現代文庫)は中国側の政策決定過程をはじめて明るみに出し、和田春樹『朝鮮戦争』(岩波書店)がロシア政府が公開した旧ソ連公文書をも用いて歴史の再構成を試みた。

そして本書である。本書によって、朝鮮戦争の実体がほぼ見えたと言ってよい。

スターリンのモスクワ、毛沢東の北京、金日成の平壌のやりとりが時々刻々の外交交信によって綴《つづ》られている。著者のトルクノフ教授が論点に沿って各章別に公文書をならべ、各章の文章が意味していることを簡潔に口をはさむ形で本書の記述は展開する。事実をして語らしめる手法である。新鮮な素材を大事にするさしみの手法といってよいだろう。もう少し背景説明が欲しいという読者には、訳者でもある下斗米教授の意をつくした多面的な解説が有益である。

さて、本書が明らかにした歴史の真実は何か。

まず、朝鮮戦争の提唱者は明瞭に金日成であった。わが手で朝鮮半島を統一させて下さいと執拗《しつよう》にスターリンに懇請し続けた。スターリンは対米関係を破綻させ、ソ連に危険を招くわけにはいかないと抑えていたが、五〇年四月、ついに許した。西側でよく言われるアチソン演説が米国の不介入を示唆したといった言及は見当たらない。もっぱら中国革命の成功が、国際政治の力関係を変えたと共産側に判断させ、大きな自信とはずみを与えた結果とされている。夢としか思えなかった自国の革命に成功すると、続いて世界も変えることができるとの妄想を懐《いだ》き、大戦争を引き起して悲劇を招く歴史が稀でない。朝鮮戦争は共産陣営にとってそのような思春期の蹉跌《さてつ》であったらしい。また、朝鮮戦争は大国が現地の小国にやらせたというより、現地の小国が大国を引きずり巻き込んだ第一次大戦型の開戦経緯だったことが明らかである。韓国の李承晩大統領もまた北進を叫び、挑発行動を繰り返して米国を引きずろうとし、かえって米国から警戒されていた。

開戦時の共産三カ国の認識について気になるのは、アメリカへの過小評価である。その点、かつての日本帝国陸軍と(おそらくは九・一一テロ攻撃を行った者も)同じく、アメリカの自由で多様な民主主義社会は厳しい戦争に耐えられないと甘く見ていた。中国内戦にも腰を入れて介入出来なかった米国は朝鮮半島に来られまい。むしろ日本軍を送り込むのではないか。戦後日本の変化を夢想だにしない共産国指導者は、もはや存在しない「日本軍国主義」を警戒し、「米軍は日本軍よりも弱い」という驚くべき想定を口にする。

武器を金日成に与え、毛沢東に参戦を勧めつつ、自国は危険水域の外に身を置く用心深い国益政治家スターリン、それでいて金日成に「スターリンは法律」と言わしめる絶対的権威にして最終決定者であるスターリン。揺れ動きつつも参戦を決断し、金日成率いる軍が壊滅状況にあったのを救い、大きな犠牲を払って戦線を膠着《こうちゃく》状態に持ち込んだ毛沢東。米軍の圧倒的な空爆と火力によって中朝の兵士が日々吹き飛ばされ、それゆえ毛と金が和平を切望するのに対し、ライバル米国が朝鮮戦争の泥沼に苦しみ続けることに利益を見出して、和平を許さないスターリン。

戦争という重大な行動には何と多くの錯誤と愚行がちりばめられていることか。アフガニスタンの戦争が進行する中で読んだだけに感慨深いものがあった。

（「毎日新聞」二〇〇一年十一月十八日朝刊）

対米同盟の揺らぎと日韓新関係
『米日韓 反目を超えた提携』（有斐閣）
ヴィクター・D・チャ 著　船橋洋一 監訳　倉田秀也 訳

近くて遠かった隣国との交流が、W杯サッカーの共催などを機に一般化している。日韓関係は本当によくなるのだろうか。

一時的・表面的に友好関係がつくろわれても、植民地支配の過去に起因する韓国民の反日感情と、日本人の対韓嫌悪は、ともに根深く、心ない政治家の一言を契機に険悪な関係に舞い戻るとの常識が一方に存在する。他方で、冷戦下の安全保障に加え市場経済の利益を共有し、民主主義も市民文化の交流も深まる中で、両国が協力と一体化へ向かうのは不可避の趨勢《すうせい》であるとの見方も存在する。

事実は、歴史的なジグザグの中でも長期的に前者から後者の方向へ進んでいるように見える。それでもなお、北朝鮮問題が重大化する中で、韓国民の北朝鮮への同朋意識に立つとめどない融和志向、反米感情の暴発、親中国への傾斜などを眼にして、韓国の望みは南北統一して反米親中の国となることなのかと危惧する人もいる。

本書は、日韓関係の改善と悪化という起伏が、どのような要因によって生じたかについてはじめて系統に立った説明を与える力作である。ボレロのように反目と改善の音曲が果てしなく繰り返されてきたように見える日韓関係が、実は共通の強力な同盟国である米国との関係をめぐる順逆によって動いていると、本書は説く。著者は、韓国系アメリカ人で新進気鋭の国際政治学者である。翻訳も明快で読み易い。

日本人の多くはその事実すら忘れているが、国際的動乱の七〇年代を迎えて、日韓関係が急に改善されたことが二度あった。一度は、ベトナム戦争に挫折した米国が「ニクソン・ドクトリン」を発してアジアからの後退を示唆しただけでなく、在韓米軍の削減を一方的に決定した一九六九－七一年の時期である。アジアの紛争に深入りすることにこりた米国が、今や日韓両国に与えてきた安全保障上の約束を放棄もしくは空洞化するのではないか。その危惧を共有する両国は、日韓の協力関係を前進させた。両国は定期閣僚会議を実のあるものにし、経済協力だけでなく安全保障面の協議まで開始した。米国があてになるかどうか危ぶまれるとすれば、現場の両国が助け合う他ないというロジックが働いたのである。本書は、米国に「見捨てられる」懸念が日韓関係を動かしたと説く。

一九七一年七月に発表されたニクソン大統領の米中頭越し接近は日韓両国にひとしく衝撃を与えた。しかし、その後の方向は逆となった。もともと対中関係の改善を欲していた日本は、米国のこの新方針を活用してまっ先に日中国交を成し遂げた。日本にとって米ソデタントと日米の対中接近は、国際環境の著しい改善を意味した。他方、韓国は日米両国の裏切りに怒った。青瓦台襲撃やプエブロ号事件に示される北朝鮮の危険が消えた証拠はなかった。孤独感の中で朴正熙大統領は核開発の決断までした。日本は危機感過剰な前線国家の対決姿勢に巻き込まれることを警戒し、「韓国の安全は日本の安全に緊要」

という佐藤首相の有名なテーゼを撤回し、北朝鮮を含む共産諸国との交流に熱心となった。軌道に乗ったかと思えた日韓の諸協議は全面的に止まり、悪感情の吹き出る常態に戻った。

二度目の日韓接近は七〇年代半ば、ソ連の脅威が強まる中、カーター大統領が在韓米地上軍の全面撤退を提起したことが契機となった。ニクソンによる部分撤退は、まだしもリアリズムと新たな国際関係の構築に裏打ちされていたが、カーターは国際関係への無理解とリベラルな理念に動かされていた。朴政権は前回にもまして怒り、私も本書によって初めて知ったが、日本でもリベラルなイメージの三木武夫政権が日韓関係の強化に動いた。中断されていた日韓の閣僚会議を再開し、経済と安全保障両面での日韓緊密化を進めた。次の福田赳夫首相もそれを継承するとともに、カーター政権が在韓米軍の撤退を考え直すよう静かだが効果的な働きかけを行った。

その間、歴史的な反目が消えたわけではない。国内的な感情が何ほども変らなくても、安全保障をめぐる国際環境の枠組みが変化すると、新たな関係に向かって動く。日韓両国間に同盟はないが、それぞれ米国と同盟し、自国の安全と地域の安全を米国のプレゼンスに負うている(擬似同盟)。その両国が冷戦下で同盟的に歩んだのは、皮肉にも米国が同盟の責をないがしろにする(見捨てる)危惧が高まった瞬間であった。

本書はグレン・スナイダーの同盟理論、とりわけ「見捨てられ」と「巻き込まれ」の概念を用いて日韓関係を分析している。理論にこだわり過ぎの感は否めないが、戦後日韓関係の起伏とダイナミズムを、いかなる先行研究よりも精緻かつ鮮明に実証したことを高く評価したい。読者は冷戦後の展開と北朝鮮問題への対処に至る著者のさらなる分析を聞きたくなるであろう。

（「毎日新聞」二〇〇三年八月三十一日朝刊）

現代史の瞬間、「生きた画像」として

『ザ・ペニンシュラ・クエスチョン　朝鮮半島第二次核危機』（朝日新聞社）

船橋洋一　著

外務省の田中均アジア太洋州局長（当時）が、北朝鮮側を代表する「ミスターX」にはじめて会ったのは、二〇〇一年十一月十七日のこと、九・一一テロから二カ月余り後のことである。場所は、中国・大連のスイスホテル最上階、三十五階のスイート・ルームだった。ミスターXは中肉中背の色白の優男《やさおとこ》で、四十代半ばに見えた。金哲《キムチョル》と名乗り、北朝鮮で実権を振るう国防委員会の所属とのことであった。

七百五十ページに及ぶ大部の本書、冒頭の場面である。三十五階のスイート・ルームからの眺望について、大連駅を見下し、「大連港が、手前の高層ビルに遮られ、千切れ千切れに浮んで見える」と描く。同時代史の激動を語る本書にとって、会議を行った部屋の窓から見える港が「千切れ千切れ」か、まる見えか、どちらでもよい。にも拘《かか》わらず、現代史の進行がどのような情景の中で営まれたかを、本書は鮮明かつ具体的に語る。まるで歴史的瞬間の写真を見るようである。

ミスターXが北朝鮮の最高意思を真に代表しているか否かをチェックするため、田中局長が何段階かの「信頼性点検」テストを行ったことを本書は語る。それにも似て、本書が些細《ささい》といえば些細な周辺情景や、その人のその瞬間の言葉づかいと表情まで描くのは、現代史の瞬間を生きた画像として呈示しう

るところまできわめた著者の、読者に対するいわば「信頼性点検」の自己申告であろう。読者はその画像のリアリティに圧倒され、引き込まれる。

一枚ずつの鮮明な画像が次々に連なり、本書は激しく揺れ動く国際関係の動画をなしている。私どものような歴史家が三十年を経て公開された公文書を用いるのと違って、現在進行型のドラマを活写する本書が史料とするのは、徹底して取材インタビューである。もちろん当事者の談話には偏向もあるし、不確かさもある。二人三人の証言ではおぼつかないにせよ、本書のように関係五カ国の百数十名にタテ・ヨコ・ナナメに問い質《ただ》せば、現代史を活写する上でかけがえのない素材となる。

このような手法は米国で発展したものである。イラク戦争がまだ進行中というのに、B・ウッドワードの『攻撃計画』(日本経済新聞社)や、J・マンの『ウルカヌスの群像』(共同通信社)は、ブッシュの戦争を深くえぐり出した。ブッシュの米国を信じることはできない人も、こんな作品を同時的に世に出すことのできるアメリカには信をつなぐ。本書は、そうした国際的に最高水準にある作品と同列のものを、日本のジャーナリストが生み出したものである。著者にとっては、冷戦終結後における安全保障関係の太平洋をまたぐ変動を活写した『同盟漂流』(岩波現代文庫)に続く作品である。

北朝鮮が矢つぎ早に打ち出す核とミサイルの危機、それをめぐる関係各国の動きを追いながら、六者会議をホストする中国の台頭をはじめ、東アジアの構造変動が大情景のスクリーンに写し出される。それにしても何と多くの国が多くの機会喪失を重ねたことか。米国政府内において、チェイニー副大統領の凄みある拒否力(受身の攻撃性)とネオコンたちの破壊力が東アジアでの外交展開をマヒさせてきた状況は衝撃的である。何よりも世界の歴史から取り残され、そのトラウマを核兵器への物神崇拝によってしか癒しえない満身創痍《そうい》の破綻国家はどこへ帰着するのか。その国を、世界はどうこなすのであろうか。

(「毎日新聞」二〇〇六年十二月三日朝刊)

中国とその周辺

矛盾に満ちた大国を等身大にとらえる『中華人民共和国』(ちくま新書)

国分良成 著

このほど二十一世紀の対外政策を研究している仲間とともに、韓国・中国を訪問した。

韓国の対日観は、一九九八年十月の金大中大統領の訪日以来、急速に動いている。かつての観念的な反日論は後退し、まっとうな判断が語られるようになった。世界のどこでも通用する国際水準の分析が、韓国知識人の間で急速に増えているように感じる。

ところが、どうかなと思うのが中国である。中国経済が十年、二十年で日本を追い越し、アメリカに迫るかのような発言をする人、あるいは現在の中国をアメリカと天秤にかけて比べうる大国として論ずる人など、国際的視座を欠いた自尊の傾きを、中国人に感じないではない。

それは中国だけの問題ではあるまい。購買力平価をとれば、二十一世紀の早い時期に中国経済は日本を凌駕《りょうが》し、アメリカと競うに至るだろうと九〇年代前半に言い始めたのは、アメリカ発のIMFや世銀筋であった。ただ、米国内には中国へのロマンティシズムや過大評価とともに、厳しい警戒感が併存し、むしろ後者が最近では優勢であるのは周知の通りである。中国についての対照的な見方の併存と両者間の振幅は、アメリカでも日本でも常態であるといってよい。

当の中国人はどう考えているのだろうか。北京の一エコノミストは「中国は二十一世紀の半ば頃までに中進国となる」展望を語った。実際的で妥当な見方と思ったが、そのために年六パーセントの成長を続けるとの議論に対する疑念が日本側から呈された。中国経済は一定に上昇するのではなく、一度落ち込みを経ることになるのではないか、との意見である。いつであるにせよ、経済が「中進国」化した際に、巨大サイズの中国が世界に対して持つ政治的インパクトは絶大であろう。

中国は二十一世紀の世界史を左右する要因の一つとなろう。その中国は核をもつ世界の五大国でありながら第三世界を称する途上国でもある。多面的存在であるに留まらず、両極に軸足を置く感があり、矛盾の塊とすら見える。当然ながら、中国史の振幅は大きく、外国人にとって中国認識は難しい。

それだけに、われわれは良質の中国論に飢え渇く。中国を偶像化したり敵視したり、一面論を決め込むのでは困る。ある局面のやたら詳しい研究書もわれわれにはこなしきれない。中国社会の相反する諸側面を直視しつつも理解可能な全体像を示す中国論がほしい。軽いタッチで平明に書かれた新書の本書が、そうした要請によく応えていることは驚きであり喜ばしいことである。著者は中国学者であるが、思うに専門分野のジャンルに分け入っても、初心の「中国とは何か」という素朴な疑問を忘れずにいるタイプの研究者なのであろう。

中国はプライドの高い中華思想の国であり、面子《メンツ》を重んじ、原則にうるさい国である。その点、つきあいにくいやっかいな国柄であるが、一応原則が通るとその先には意外に柔軟な現実主義の世界が拡がっていると本書はいう。原則主義と現実主義のどちらも中国の本質であるが、後者の方がより多く中国のホンネであると著者は見ている。何色の猫（イデオロギー）であろうと、ネズミを捕れる（生産力の高い）のがいい猫だ、と市場経済を採用する鄧小平の中国である。全面対決のように見える時にも中国人は実は逃げ道を残しておく。天安門事件を鎮圧する際も包囲網の南東の一角をわざと空けて、学生たちが逃げられるようにしておいたという。

鄧小平による「改革開放」と「社会主義市場経済」という柔軟な路線選択によって、二十年近く経済発展を続けてきた中国である。本書を読めば、この路線による収穫が低減したことを改めて思い知らされる。華僑と外国の資本は内陸部まで深入りせず、国有大企業の改革には手がつかない。鄧の「先富論」が期待した、後進地域への波及効果は息切れしている。

「市場経済」の導入に際して「社会主義」すなわち共産党による一党支配を堅持するのが鄧路線であり、それは天安門事件で再確認され、江沢民に受け継がれている。しかし市場経済の導入は社会変化をもたらさずには済まない。社会主義の獲得のため国有企業の改革を断念する方がある種の安定に資するかもしれない。だがそれでは国際競争力のある「よい猫」たり得ない。その視点から改革を断行し、WTOに加盟する朱鎔基の路線は、しかしきわどい状況に追い込まれている。根本的問題は「社会主義」と「市場経済」が両立する段階が終わり、民主化を政治的・社会的に進めねば解決しない問題が山積するに至ったことにあるようである。結局は「世界の中国」となること、つまり民主化、法の支配、透明性を高めること以外に中国の未来はないとの視点に著者は立っているが、といって一直線にその方向へ進めるとの楽観論に立ってはいないようである。

内からか外からの眼を併用して、矛盾に満ちた巨大な国を等身大に捉えんとする小さいが中身のつまった好著である。

(「毎日新聞」一九九九年十月二十四日朝刊)

一九六四年に彼が去っていれば……
『毛沢東のベトナム戦争 中国外交の大転換と文化大革命の起源』(東京大学出版会)
朱建栄 著

生まれるべき作品が現れた。

アメリカやヨーロッパの民主主義国が公文書をすすんで公開し、それに基づく研究水準が高いことはよく知られている。日本もそれを追い、冷戦終結の恩恵で旧ソ連の文書も世に出るようになった。さて、実証研究がないように見えてあり、あるようでないのが、中国であった。

中国の対外政策決定過程の研究に希望の灯をともしてくれたのが、同じ著者の手になる『毛沢東の朝鮮戦争』(岩波現代文庫)であった。毛がどのような認識をもち、いかに指導者仲間を説得して、朝鮮戦争に突入したかを解明した名作であった。

それに対して、本書はベトナム戦争期の毛沢東・中国を扱う。ベトナム戦争の全期間ではなく、一九六四年夏から翌年末までの、わずか一年半の分析である。それでいて六百ページ近い大著をなす。何故か。一つには、この時期が、ベトナム戦争の本格的拡大という意味でも、中国の内政と外交があるまじき大爆発を起こしたという意味でも、多事で重要な期間だったからであろう。加えて、本書がたんに中国にとってのベトナム戦争を再現するに留まらず、米中関係、とりわけ中ソ関係の起伏を丹念に解明し、さらに対外関係全体を中国内政と関連づけて論じているからである。

ベトナム戦争を含む国際関係については、これまで圧倒的に米国の視座から論じられてきた。本書は中国の視点からベトナム戦争期の国際関係を力強く語る。それは、なされるべきでありながら、容易になされ得ない学術的課題であった。その空白を能弁に本書が埋め、国際関係史を立体的に解することを可能にしたことは高く評価される。

たとえば、一九六四年のトンキン湾事件を契機に米国の北ベトナム爆撃が本格化する。中国政府は、事件が米国による「徹頭徹尾の捏造《ねつぞう》」であり、自作自演にして「正真正銘のウソ」と罵倒《ばとう》する。

この種の品の悪い非難を耳にすると、分別ある者は、つい偏向したプロパガンダであり、米国の公式発表の方が事実に近いと感じてしまうかもしれない。だが、これは米国がジョンソン大統領の下で戦後史最大の誤りに陥る瞬間であり、中国の非難が実は正しかったのである。誤認と強引な作為を伴いつつ戦争拡大への道を走る米国、今日のテロへの戦いは大丈夫か、とふと不安な連想すら呼び起こさせる力を本書は持っている。また中ソ対立については、フルシチョフの失脚後もソ連が権威主義的な無神経さによって関係改善の機会を失い続けたことを中国の立場から描いている。

本書から私が最も強く印象づけられたのは、毛沢東がベトナム戦争の拡大という対外危機を国内の動員と政争へと変換し活用する政治的闘争本能のすごみである。米中戦争すら危惧される事態にあって、中ソ対立を決定的に深刻化させることも辞さず、米ソ両超大国との戦争に備えて工業生産拠点を内陸部へ大移動させ、劉少奇ら実権派を打倒すべく文化大革命へと突き進む。

これは一身の権力喪失を中国の国際的孤立と重ね合わせて、破壊的な猛反撃を試みる狂気ではないか。六四年の時点で毛沢東が去っていれば、中国国民とその歴史はもっと幸せでありえたのではないか。

もし著者が毛沢東の政治外交指導を共感をもって語るのなら、それにふさわしい別の局面を扱うべきであり、この愚行というべき局面を扱うのなら、中国の立場をも相対化する独自の観点が強く打ち出されてもよいのではないかと感じた次第である。


（「毎日新聞」二〇〇一年十月十四日朝刊）

中国政治構造の一断面を明快に描く
『現代中国の政治と官僚制』（慶應義塾大学出版会）
国分良成 著

天安門事件のあと、最高指導者鄧小平は「社会主義市場経済」を改めて方向づけた。国際的な市場経済の中で中国経済の発展を図るが、共産党支配は変えないとの方針である。中国は民主主義なしに資本主義経済を食い続けることができるのか、それが冷戦終結後の世界における変わらぬ関心である。著者にとっても、中国の民主化は究極的関心であるに違いない。そのような未来展望の前に、本書は中国政治について別の重要な問題を提起する。官僚制がどのような役割を果たしているかである。

たとえば近代日本については、たえず入れ替わる政治的主人公以上に、官僚制が持続的に中枢的役割を果したことはよく知られている。人民中国においてはどうか。党の優位が不動である。共産党の一党支配は国是であり、それとともに人の支配、「人治」も中国政治の特徴とされる。中国において大物政治家は法規を超えることができる。合法的支配の中枢装置たるべき行政機構は、中国にあって党と人によって絶えず揺さぶられ、歪められる。

本書は中国の官僚制を測定するに際して、国家計画委員会をまな板にのせた。中国革命直後にソ連のゴスプランをモデルに、社会主義的な計画経済を推進するために導入された制度である。それは人民中国において重要な役割を変わることなく果たし続けたか。否である。かくも、と嘆息するほどに、政治変動の中でその盛衰は激しい。その消長を分析しつつ、本書は中国の政治的潮流の変転を浮び上がらせ、それを通して良かれ悪しかれ変わらぬ中国政治の重力の如きものを描き出している。

建国後の一九五二年に設立された国家計画委員会は経済諸機関を束ねる最高機関として、翌年に始まる第一次五カ年計画を推進した。戦後日本の経済安定本部にも増して輝かしい最高経済機関であった。しかし、五八年に毛沢東が大躍進の号令をかけ、経済合理性を無視した人民公社化を断行すると、委員会は光を失った。六〇年代を迎えて劉少奇や鄧小平により経済調整策が探られると息を吹き返したが、数年後に毛が文化大革命を発動するに至って、再び沈む。

七〇年代末、鄧の下で「開放改革」の経済再建が始まると、委員会はもう一度輝かしい中央経済管理機関に蘇ったかに見えた。しかし今度は市場主義自体が国家計画の敵となった。とりわけ朱鎔基改革は小さな政府を推進し、市場経済と貿易を重視した。委員会はわが国の経済企画庁にも似た役割しか持たぬ機関に改編される。

本書は国家計画委員会の歴史をたどりつつ、中国における人・党・行政機関の関係が織りなす構図の変動を語り、中国政治構造の一断面を切り開いて見せた好著である。著者は第一線の中国学者であるとともに、実際の中国動向を観察し、それを明快な文章と言葉をもって日本社会に伝えてきた一人でもある。中国の重要さと難しさを想えば、著者が重ねてきた均衡と中正を見失わぬ研究と認識は貴重である。

（二〇〇四年度サントリー学芸賞政治・経済部門選評）

若い中国をめぐる、比較文化史の散策

『中国エリート学生の日本観　比較の指針』（文藝春秋）

平川祐弘　著

かつて中国文明に学んだ日本は、近代史において西洋文明の学徒となった。当然ながら知的貿易赤字は天文学的であった。いつの日か日本は借金を返して収支均衡の日を迎えうるだろうか。本書によれば、森鷗外は短篇小説のなかで、「己の代にはむずかしい。子や孫の代にもどうだか。何代も何代も立つうちには、返す時もあるだらう」と語らせている。それに対し、「ヴィクトリア朝の盛代を知っている漱石は、東洋の小国日本が西洋の大国英国に追いつくことは絶対にないと思っていた」。漱石の彼我ギャップ認識は痛切であり、ロンドン滞在中、次のように笑ってみせてもなお、精神衰弱を免れなかったのである。「我々はポットデの田舎者のアンポンタンの山家猿のチンチクリンの土気色の不可思議ナ人間デアルカラ西洋人から馬鹿にされるのは尤もだ」。本書はかように楽しい比較文化史の散策である。

個人的にショックであったのは、芥川龍之介の『藪の中』(角川文庫)や『蜘蛛の糸』(新潮文庫)という土着的名作と私が信じ愛していたものが、西洋モデルを土台に自前を装ったバージョンであると、本書に突きつけられたことである。

主として「西洋の衝撃と日本」を論じてきた平川比較文化史のなかで、本書は中国という要素を軽くくわえ込んだ。歴史の局面は移って、中国人留学生の日本へ向う流れがあり、それを志望する者を選んで北京に集め、集中教育する国際交流基金の事業がある。著者はこの十年余の間に三度北京でこれら中国人若者に比較文化史を教えた。その体験を通して、著者が西洋や日本と接する若い中国の魂をどう見たか。

生来の「中華帝国」の子供たちは、漱石とは違って、日本はおろかアメリカを追い越すことも時間の問題と思っているに違いない。それでいて『ノーと言える中国』(新潮文庫)において拝米から排米へと激しく振幅する後発型社会共通の精神の分裂と動揺を表現してみせた中国である。「学習」と「自尊」をどうこなしているだろうか。

「人民中国」の呼称が古臭くなり、「同志」と人に呼びかけなくなり、マルクス・レーニン主義の本が売れなくなり、それと反比例して会館の食堂が美味しく、店の人があいそよくなり、ビジネス志向、金力中心の社会へ急速に変化した中国。師の教説や当局による公定認識に忠実な普通の中国人が著者の眼に映る。それでいて「和魂洋才」よりもはるかに中華魂が強く、「アメリカはまだしも、日本ごときに学ばねばならぬことを屈辱に感ずる」中国人エリート。

著者の中国へ向かう姿勢は西洋に対すると同一である。「唐・天竺」や西洋の文明が圧倒的優越を誇っていたからといって、それを絶対的至上基準とするような議論を斥け、日本卑下をたしなめる。その反動としての日本文化礼讃論も拒む。外部文化に心を開き、その価値を解し学びつつも、自主自尊の魂を失わない。

「日本におもねらず日本を侮らぬ、自敬の念があり自助の志がある」生き方を求めるのである。

そのような姿勢で中国に対し、過去の戦争の問題についても議論する。中国の学生に対し「二十一世紀に中国は中国のための中国ではなく、世界の中の中国なのだ、という見方がますます必要とされましょう」と、二つの社会を知る「二本足の学者」への成長を求める。国際関係のなかでの認識と精神の全うさを保つことをメッセージとするエッセイ集である。

（「毎日新聞」一九九七年六月二十二日朝刊）

膨張する「巨獣」との格闘の記録

『検証 現代中国の経済政策決定 近づく改革開放路線の臨界点』（日本経済新聞社）

田中修 著

中国がさらに巨大化し、二十一世紀世界の運命を左右する要因となる公算は、ますます高くなっている。日本にとっても、米国と中国という東西の超大国とどう切り結ぶかが、二十一世紀における境遇を基本的に規定することになろう。

気になるのは、それでいて日本における中国認識がいっこうに成熟しない点である。巨大であればあるほど相手を穏当に理解するのは至難の業である。いい者か悪者か決めつけたがるような姿勢では、とうてい厄介な巨人を解することはできない。先日、世界情勢と日本外交についてある所で講演したところ、聴衆のうちに「講師は、中国・韓国を性善説をもって解している」との批判をなす人がいた。その人は、中国と韓国は「性悪」と当然に前提しているわけである。おそらく、中国に粗野な反日暴動が吹き荒れ、韓国政府も日本非難に和した二年前の情景が脳裡に焼きつけられているのであろう。それでいて、その後に胡錦濤－温家宝の中国政府が対日関係の改善に意を用いていることは認めないのであろう。日本にとってよいか悪いかを断ずる前に、まず相手に即して内在的に理解するたしなみが、複雑な国際関係をこなすうえで不可欠である。どれほどの日本人がそうした感性を持っているであろうか。

政治には感情がまとわりつき易いのに対し、経済は利益を合理的に求めればよい。だから中国の政治よりも経済の方が理解するうえでの障害は小さいであろう。ならば日本の景気動向を左右する度合を高めている中国経済についての良書は多いであろうか。専門外であるため、筆者に判断する資格はない。まず数式をちりばめた経済学の書を、筆者は読めない。ルポ風の中国経済探訪書なら楽しく読めるが、それが巨大な中国経済のいかほどに該当するのか分らない。専門書も多くは中国経済の一角を分析するものであり全体像は語らない。高度成長を続ける中国経済について、どこからどこへ向おうとしているのか、バランスを失わず全体像を示す本がほしい。

そうした渇望に応えうる本書である。著者は大蔵省（現・財務省）から北京の大使館へ派遣され、一九九六年より四年間、現地にあって現在進行形の中国経済を分析・報告する職務についた。統計データに基づく数理分析ではない。中国政府は自らの経済状況をどう認識し、何を課題とし、どんな経済政策を打ち出すのか、を日々追う仕事である。そうした体験を基に、帰国後東京大学に提出した博士論文に手を加えたのが本書である。

本書は、建国後の中国経済史を概観した後、主として江沢民の時代から現在の胡錦濤の時代に至る経済政策の推移を跡づける。われわれがニュースで断片的に知る中国経済の躍動を、系統立った展開として知ることができる。といって、中国の経済政策が整然と展開されているわけではない。膨脹する中国経済という巨獣に政府がまたがり、ムチと手足を使って忙しく動かそうとするが、果たして統御できているのかどうか。振り落されずにはいるが、絶え間ない試行錯誤といった方がよさそうである。本書は、中国経済の現代史をおよそ次のように描く。

再復帰した鄧小平が文化大革命を収拾し、「改革開放」を開始した一九七八年が、市場経済の下で躍進する現代中国の起点である。天安門事件を経た一九九二年の南巡講話をもって本書は時代を画す。それまで「計画経済を主、市場経済を従」としていたのに対し、以後は市場経済に全面的に突入し、財政や金融の政策などにより一定の操作を試みる局面に入った。九〇年代後半には、東アジア危機の影響や諸改革の困難、周期的な景気過熱等の問題にもかかわらず、中国は市場経済への「軟着陸」に基本的に成功したものと見られる。世紀転換期には朱鎔基首相の奮闘が注目を集めた。

小康（いくらかのゆとりのある）水準にたどりついた中国経済は、二〇〇三年より胡主席－温首相の時代に入った。「先富論」により公平よりも伸びる者を伸ばすことを優先した結果、都市と農村、沿岸部と内陸部の所得格差は著しく深刻化していた。農村の疲弊と都市内の貧困をあぶり出した新型肺炎SARSの大流行への対処を通じて、胡－温政権は、経済成長よりも「調和のとれた社会」や「科学的発展観」に基づく「持続可能な発展」を強調するに至る。

実績は目標を上回る年九・五パーセント平均の高々度成長が、世紀はじめの第十次五カ年計画期間遂げられた。他方、格差拡大は止まず、エネルギー節減は成らず、水と大気の環境破壊が進行した。

中国において、経済政策は純経済的に展開されるのではない。軍や旧江沢民系に対する支配の確立、六者会議をめぐる対米関係の改善などが、胡―温政権の指導力に無視しがたい影響を与え、経済政策指導力もその関数たらざるを得ない。そうした政治経済学的な記述が本書に彩りを添えている。

（「毎日新聞」二〇〇七年十月二十八日朝刊）

「民主中国」を説く総統の自叙伝

『台湾の主張』（PHP研究所）

李登輝 著

かつて「啓蒙専制君主」という言葉があった。それとの対比でいえば、本書は「啓蒙民主主義指導者」の自叙伝である。

時代に先んじたトップが上から社会を改革し発展させようとすれば、彼は側近や民衆を啓発・教育しつつ社会を変えて行かなければならない。一般にこうした「啓蒙」的指導にあっては民主主義よりも専制と権威主義体制の方が容易であろう。リークアンユーも、マハティールも、スハルトも、経済発展と社会改革をもたらした偉大な「啓蒙権威主義指導者」である。だが、「民主主義指導者」とは言い難い。

本書の著者・李登輝は、経済開発の成功によって民を豊かにし、それを政治的正統性の根拠としつつ、その代り不敗の「政府党」を築いて自らの権力を制度的に不可侵とするが如き東アジアの開発権威主義体制とは別の道を歩んだ。経済発展に劣らぬ熱意を政治的民主化に注ぎ、自ら先頭に立って実施してきたのである。今後の世界に有意性を持ちうる一つの「モデル」であろう。

福沢諭吉は、東洋の伝統社会に育ちつつ、近代西洋を学び、双方の世界にまたがって生き得ることを「一身二生」と称して喜びとした。本書の著者の場合は、さしずめ「一身三生」といえようか。一九二三年に台湾に生まれた著者は、日本の旧制高校と京都帝国大学に学びながら、戦後改めて台湾大学に入り、さらにコーネル大学に留学した。漢学、日本の教養、そしてアメリカ文明的な思考法の「三生」を生きてきたのである。『三太郎の日記』（角川文庫）や『出家とその弟子』（岩波文庫）、ゲーテの『ファウスト』（集英社文庫ほか）に始まり、マルクス主義を経てキリスト教に入信し、孫文の「天下は公のために」に共鳴する思想遍歴は、あの時代の精神史の個性的な縮図である。

中国は一つであり、台湾は中国の一部である。米国と日本を含む国際社会がそう認めるなかで、台湾にいかなる生存空間があるのか。台湾の総統である著者は、台湾独立に拘泥する気はない、という。台湾が求めるのは「存在の外交」であり、ともすれば「存在」そのものが問われかねない緊張感の中で、ひたむきに自らの存在理由をたずね求めるのである。著者は「中国文化の『新中原』」としての台湾という、すぐれて中国的な目標を提起する。しかし、何がその内容かを見れば、一方で経済発展であり、他方で民主主義の達成である。つまり自由民主主義と市場経済の高度に成熟した先進社会を、台湾らしい装いをもって実現し、それをもって、台湾を中国全体のモデルたらしめんとする。大陸中国沖合の小島にすぎない台湾の地理的現実に対して、両社会の実質に即して見れば、全中国を台湾化することが筋道であると主張するのである。たいへんに逆説的状況が台湾をめぐって生じているのを本書は告げている。

著者は、日本文化には他に見られない深みと蓄積があると高く評価しつつ、日本の現状を「力を出し切れていない」と嘆き、その主因を二世議員ばかりはびこる「世襲制」への堕落などの硬直化にあると見ている。本書を通して、台湾が小学生レベルから英語を教え、科学技術教育を重視して、国際的に通用する自由で開放的な経済社会を築いてきたこと、そして東アジア経済危機の中でも柔軟で強靭な対応力を示していることを見るにつけ、読者は日本の今後を考えさせられるであろう。

（「毎日新聞」一九九九年六月二十日朝刊）

若林正丈 著『蔣経国と李登輝 「大陸国家」からの離陸』（岩波書店）
台湾という場所の「悲哀」と「幸運」

冷戦が終結した後、一九九〇年代前半に『東アジアの国家と社会』というシリーズ（猪口孝編、全六巻、東京大学出版会）が刊行されたことがあった。その時、私はある感慨を覚えた。それまで日本社会を国際比較の中に置いて論じようとすれば、つねに米欧との対比であった。先進経済にせよ、世界二十カ国ほどの民主主義にせよ、同じものさしで計るとすれば、日本はいつも欧米世界の一群に位置する異端児となった。ところが、東アジア叢書を読むと、経済発展にせよ民主化にせよ、あるいは近代化と伝統社会の相剋にせよ、日本が直面してきた問題はすべての東アジアの社会に、いささか姿を変貌させながら存在する。そこから逆に、日本の近代の歩みの普遍性と特殊性を、鏡を見るように意識させられる。つまり、今後は欧米側とアジア側の双方に向って比較政治されうるのだ。そのことに感じ入ったのである。

本書の著者は、そのシリーズにおいても『台湾』を書いた。それは私にとって台湾がはじめて全体的に判ったという想いを持ちえた作品であった。あの島の社会が内部と外部の正統性の問題に苦しみながら、経済成長と民主化をここまで遂げていた軌跡を了解することができた。異なる国や社会について全体像をとらえ、それを素人にも判るように書くというのは容易なことではない。だが、外の社会の一つ一つについて、われわれがそのような研究者を持っているか否かは、運命的といっていいほど重要な問題である。戦後日本のアジア研究や異文化社会への認識基盤も静かに拡大上昇しているのであろう。

さて、同じ著者による本書は、前書にもまして魅力あるものであった。一つには、それは『現代アジアの肖像』というこのシリーズ全体のねらいの成功を反映するものであろう。時代を切り開き、社会と国民の運命を変えた「ストロング・マン」に焦点を合わせることの面白さと意義深さである。

よく社会はその民度相応の指導者しか持ち得ないといわれる。嘘《うそ》だ、というのが本書を読んでの感想である。台湾に乗り込み、二・二八事件を起こした国府軍は論外であるが、逆に蒋介石の下で農地改革と経済発展を成功させた陳誠の仕事は、日本社会が官僚的集団指導で行うところを個人の指導力でもって率いた感がある。その時期、統治権力構造を担い「白色テロ」をほしいままにして民衆を震え上がらせた息子の蒋経国が、権力を継承するに至って、見事な転身をとげる。幾重にも危機であった七〇年代を、政治の台湾人化＝民主化に舵を切り、この社会を救う方向を示して去る。蒋経国の最大の遺産は、純粋台湾人にして、日米に学んだ国際的知識人李登輝を発掘し、引き上げ、後継者として残したことであった。その時期、李登輝は一農業経済学者にして有能なテクノクラートであるに過ぎず政治的能力と意欲を持っていると思った者はいなかった。

台湾という舞台について、本書は中国大陸に漲《みなぎ》る力と海洋の力とが交錯する戦略的重要地点と見る。中国に吸収されることを潔しとしない高い経済と政治を築きつつ、独立国となる条件を与えられない台湾。李登輝はその台湾に生れた「場所の悲哀」を司馬遼太郎と語った。しかし、著者はそれを語る人と社会を築くことを可能にした「場所の幸運」を見落としてはならないとする。台湾ミサイル事件の火の粉の下で李がはじめての民選総統となるまでを本書とともにたどって、読者はあるいはそうかもしれないと感じるであろう。

（「毎日新聞」一九九七年九月十四日朝刊）

華人経済圏のダイナミズムを描く好著
『香港　アジアのネットワーク都市』（ちくま新書）
浜下武志　著

時代が求めるテーマに関する本は書店に咲き乱れるようにならぶ。だが、そのほとんどが急ごしらえであり、時間をかけた調査と思索にもとづく作品はめったにない。その点、本書は香港返還を前に出版された新書でありながら、ほんものの研究の奥行きをたたえた好著である。

十五世紀以来の中国から東南アジアへの移民は、休止期をはさみながらも長期的にふくらみ、二十世紀初頭に東南アジアの華僑は約四百万人、今日では東南アジアに二千万人、世界全体で三千万人という。そして華僑は中国の郷里へ送金する。出国に際して仕度金を借金した場合が多いし、それを返済しても家族に仕送りし、さらに郷土の諸事業に投資もする。それはおびただしい経済活動の流れを生んだ。労働移動、金融、交易を通して華人による一大経済圏が形成されたのである。

英国はアヘン戦争により、一八四二年に香港を獲得して自由港とし、現地の自主性を活用する間接統治方式をとった。この「香港方式」は、植民地の内国化を図るフランスの「アルジェリア方式」と対照的である。日清戦争により台湾を領有するに至った日本政府が、双方を比較しつつ「香港方式」を当初は台湾統治のモデルにしたとの歴史の一コマは興味深い。

中国大陸と南海、そして東シナ海と南シナ海の分岐点に立地する香港は、広東に代って移民・金融・交易の中継センターとなった。同じくマラッカに代って中継センターとなったシンガポールと連動して、英植民地がつなぐ国際経済ネットワークが形成された。それは西洋のインパクトによって成立したアジアの経済動脈、もしくは西洋による経済的アジア支配の象徴とすら見られてきたであろう。

だが、それは問題の一面をかすめとった議論でしかない。実相は先述のように華人の活動が自生的に作り出したアジアの既往の交易圏を前提とし、西洋はそれに参入し、またがったのである。本書はこのように、華人ネットワークを中心とするアジア内部の経済活動の本源性を強調する。

華僑の中国への送金など金融活動の主たる担い手となったのは、一八六五年創設の香港上海銀行である。おそれいるのは、著者が自ら同銀行の古い伝票や記録を繰って、どこからどこへどれほどの額が流れたか、地道な調査研究を重ねてきたことである。同じ解釈を語るにしても、こうした原資料による実証が土台になっている場合と、思いつきに過ぎない場合とでは、重みがちがう。その点で本書は、やはり今年注目された出版である杉原薫氏の『アジア間貿易の形成と構造』(ミネルヴァ書房)とともに、ぶ厚い実証をふまえつつ、西洋のインパクトを受けたアジア内部の関係とダイナミズムを再評価する史観に立った研究なのである。

では、間近に迫った香港返還は何を意味するのか。著者は香港上海銀行やジャーディン・マセソン商会が、日本軍の香港占領、中国共産革命その他の国際環境の変動に際して、国際化路線に活路を求めつつも結局は香港・中国への回帰を果した歴史を語る。多層的に香港社会のもつネットワークを語りつつ、本書は中国が香港返還により「海国としての中国」という分野への拡がりを手にすることに注目する。より深い理解をもって香港の行方を見守ることを可能にする作品である。

(「毎日新聞」一九九六年十二月一日朝刊)

大局に立ち構造的変動を描き出す
『アジアのなかの日本』(NTT出版)
田中明彦 著

われわれは怒涛の如き歴史の激流の中に生きている。戦後世界の基本枠組みであった冷戦体制が崩れ去り、何でも起こりうる時代となった。この時代の動きを、脈絡をもって理解するのは容易でない。世界を見ながら生きてきた読者はレーガン、ブッシュ、クリントンの歴代アメリカ大統領とその事績を思い起こすことはできる。ゴルバチョフやエリツィンについても同じである。しかしわれわれの同時代認識は印象づけられた事象の断片的記憶に留まりがちである。諸事象を関連づけて大小の流れとして認識し、因果関係において理解することは至難の業である。

それでも米ソ超大国の動きと世界史の流れは、まだしも想起しやすい。それに対し冷戦終結前後からアジアがどう動いたかを整理して解することははるかに難しい。

冒頭に描かれるカンボジア内戦がどのような国際関係の中で起り収束に向ったかは、多くの日本人の意識するところではなかった。自衛隊を派遣することになって、はじめてその地を意識した感があった。それに較べれば、マルコス政権を打倒したフィリピンの「ピープルズ・パワー革命」は、テレビ画像とともに印象づけられている。けれども本書の過不足のない的確な記述を見れば、わが認識がきわめて断片的・恣意的であったことを思い知らされる。フィリピン革命ほど劇的ではないが、韓国と台湾における段階的にして重大な民主化の進展については、なおさらである。

本書の何よりの特長は、われわれの同時代史を、アジアという舞台との関連において鮮明に提示したことにある。あの時何が起こったか、しばしば混濁している事実関係を正確に記し、各国の変動を国際環境と内部経緯の流れの中で描き出す。それを積み重ねることにより、われわれが生きてきた時代のアジアの地殻変動を描き出す本書である。

アジアにおける主要な変動要因は何か。著者は「冷戦の終結、グローバル化、民主化の三つの構造的変動の流れ」と見る。冷戦の終結は対立する体制間の垣根を取っ払い、グローバル化は相互交流と相互依存を強め、民主化は権威主義権力による壁を外す。こうして「三つの構造的変動」は、「アジアの地域化」をもたらしつつ、「他方さまざまな危機も生み出す」。

かつてアジアは多様であり、一つ一つが別々な国と社会に見えた。今もなおアジアは一つではなく、一つ一つである。けれども、かつてに較べれば何と互いが近くなったことであろう。経済的な相互関係の深まりは驚くべきであり、著者は「東アジア的生活様式」の存在すら指摘する。東アジアの首都間を飛び交う飛行機のビジネスクラスの旅行者にはどこか共通性がありながら、どこの国の人か分らない。東アジアに中流的・文化的共通基盤が拡がっていることは否定すべくもない。

にもかかわらず冷戦後のアジアは危機の連続である。文明の遭遇と文化の接触は、即自的に友愛と統合をもたらしはしない。むしろ対立と摩擦の契機を招来する。冷戦後のアジアは、北朝鮮の核とミサイルの危機、台湾危機をはじめ、地雷原にこと欠かない。

地域化の統合力と危機の破壊作用とでは、どちらが強いであろうか。アジアの行く末について、悲観すべきか、楽観してよいのか。著者はいう。「地域化の進展と危機の連鎖は、地域的な制度形成への誘因となる」。危機の発生が地域を破壊するよりも、「これに対処するための仕組みを作り出すことにつながる」とする。ここに著者の大局観に立った不屈の楽観主義が見てとれよう。

本書は、続発する危機だけでなく、日本にとって重苦しい過去の歴史をめぐる中国、韓国とのやりとりや、中国の反日暴動などをも、淀みなく描く。東アジア経済危機に際して日本が提唱したＡＭＦ（アジア通貨基金）の構想はアメリカと中国によって否定された。しかし本書の記述は、それらを乗り越えるイニシアティブが次の局面でどこからか生れたことを示している。

マレーシアのマハティール首相が提案したEAEC（東アジア経済会議）は、その反西洋の情念ゆえに一度は見送られたが、同じ構成国によるASEAN＋3（日中韓）が繰り返し有意性をもって再提起され、次第に内実を伴うに至り、今では東アジア・サミットすら定例化されている。大局において本書の「地域的な制度形成」への展望も首肯されてよいであろう。

もう一つの関心は、このようなアジアの地殻変動と新しい歴史創出にあたっての日本外交の役割である。この点について著者の採点は甘くない。宮澤喜一、小渕恵三首相らが識者を集めて見るべき構想を示したことはあっても、国内政治基盤の脆弱さや病魔によって十分な展開をなしえなかった。国内政治に規定されすぎた日本に対外的な地殻変動力は望み得ないのであろうか。

ともあれ、われわれの現住所であるアジアの場をめぐるよき同時代史の誕生を喜びたい。

（「毎日新聞」二〇〇八年四月二十日朝刊）

自己認識と他者認識は、表裏をなす一つのことであろう。外国は分らない、自国しか分らないという場合、実は自国意識はあっても自国認識に至らないことが多いであろう。

第六章

世界認識のフロンティア

本章は、国際認識から始まる。日本の航海には世界地図が必要である。

国際政治のよき全体像を得たら、続いて古典外交の国イギリスの英知を訪ねたい。やはり自己認識と他者認識を冷徹に結ぶ外交という営みの達人は英国ではあるまいか。歴史上の大国の中で、英国は自らの力の限界を絶えず意識できたほとんど唯一の国であろう。近年、日本の研究者にイギリス外交を愛する人が湧き出ている。ロイヤル・ネイヴィーと英外交研究のルネッサンスを喜びたい。

冷戦後の世界変動、そして二十一世紀の国際関係をどう読むか。その実相と構造をたずねる中で、新たな世界を生み出す国際構想がこぼれ出て来ないだろうか。その雫《しずく》を拾い集めた本章である。

怒濤の時代に良心的リアリズムの書

『国際政治とは何か　地球社会における人間と秩序』（中公新書）

中西寛　著

常日頃、国際政治など関係ないと思っている普通の日本人も、この状況ではそうも言っておられないだろう。アフガンに続いてイラクとの戦争に踏み込んだ米国は、はじめは大量破壊兵器を、後にはサダム暴政からのイラク国民の解放を開戦理由とした。他国の悪しき体制を変えるために、軍事力を行使してよいのか。北朝鮮のミサイルと核に日本はどう立ち向かえばよいのか。より一般的に、国際関係をどう見ればよいのか。グローバリゼーションの中で、世界はボーダレスと地球一体化へと向かっているのか。それとも依然として主権国家のみが実質的な単位なのか。次々に衝撃的な事件が生起する中で、国際政治とは何かが改めて問われているこの時代である。

国際関係の論文は学界に少なくないし、国際問題についての時事評論や会議用ペーパーはあふれかえるほど生み出されている。しかし国際政治について歴史的・理論的にじっくり考察した出版が近年、本当に少なくなった。本書は久しぶりに手にする外交と国際政治についての根本的な思索の産物である。

本書は冒頭にバーナード・ショーが自国イギリス外交の偽善性を痛烈に批判した有名な一文を引いている。近衛文麿を含む日本の識者がそれに共鳴し、大義を語りつつ自国の利益を図る英米の偽善的外交姿勢を批判した。問題は日本人がそうすることで道義的批判に加えるにふさわしい立派な振る舞いで自らを律したのではなく、狭い自己利益に走ることを許容した点にあると著者は振り返る。「高い原則を掲げながら、他者の偽善を非難し、現実に行うことは狭い自己利益の追求」であるという型が、戦前にも、戦後のたとえば湾岸戦争時の対応にも繰り返されたとする。厳しいが誠実な日本外交の自己省察である。

本書は、ギリシャ・ローマ以来の国際政治を視野に入れつつ、主として近代の歴史と思想を語る。新書の中に、数多くの思想家の議論を紹介しながら、国際政治の長期的波動や主要な特徴を説得的に描き出して行く。とても新進気鋭の学者による最初の著作とは思えない博識と円熟ぶりである。多くの偉い先学の諸説を並べて崇《あが》めるという姿勢ではなく、歴史的な実相における諸説の位置を示し、著者自身の議論の展開の素材として諸思想を活用するといったこなし方である。

本書は国際政治の三つの捉え方を示す。第一に国家こそが、そして国家のみが国際政治の単位であり主体であるとする「主権国家体制」、第二には国家だけでなく国際機関や諸集団と諸個人によって国際社会が構成されるとする「国際共同体」、第三には究極的に唯一尊重されるべき個人を主体とし、価値の共有によって世界が統一され平和が達成されるべきであるとする「世界市民主義」である。本書は、この三者があい矛盾する認識と志向性を宿しながら、それぞれに根深い歴史的存在理由を持っているとする。その意味で、国際政治はトリレンマ（三律背反）であり、どれかを採って他を否定するといった安易な選択を許さない。国益を求めつつ国益以上のことを考慮し、三重のアイデンティティをこなす中で、妥協や時には偽善と映る行動もあえてする。「それが国際政治を生きるということなのである」。

十九世紀後半から国民国家による権力政治と帝国主義の発動、つまり主権国家の爆発を見た。それは逆にウィルソン大統領のような、国際共同体の中に主権国家を収める志向性をも生み出した。おびただしい国際組織の形成と科学技術革命による地球の狭小化は、ついに「仮想の地球社会」を人々に看取させるところまで進んだ。

国家は「力の体系であり、利益の体系であり、価値の体系でもある」とする名著『国際政治』(中公新書)を一九六〇年代に著したのは故高坂正堯教授であった。本書はそのフォローアップを志すものである。それだけに、本書も、安全保障、政治経済、価値意識の三軸をもって国際政治の現代的展開を語る。それら諸側面と歴史的生起を論じたうえで、著者は結論的に「主権国家体制」を重視する立場を示す。それを可能な秩序としての「国際共同体」や理念としての「世界市民主義」をもって、代えることはなおできないとする。その点でリアリズムの立場であり、著者も「保守的」といささかの恥じらいをこめて自ら語る。

けれども、人は宗教的信念や普遍的価値を奉ずる時に「喜び勇んで」徹底的な悪を行うことができる」ことを思えば、理想への狂熱は人類にとって恩恵ではなく、「主権国家体制」を土台としての「慎重な普遍主義」のアプローチをとることが、より賢明なトリレンマへの処し方であろう。人権を掲げての人道的介入にも著者は懐疑的であり、歴史をつくり出す主体たる人間は、「愛」に比して「冴えない美徳」でしかない「寛容」を求めるべきではないかと語る。

疾風怒濤の時代に、やはり所持して参照したい良心的リアリズムの本書である。

(「毎日新聞」二〇〇三年五月十八日朝刊)

「軍事的優位の世界支配」戒め

『国際紛争 理論と歴史』（有斐閣）

ジョセフ・S・ナイ・ジュニア 著　田中明彦 村田晃嗣 訳

読者は国際政治学の教科書を手にされたことがあるだろうか。国際情勢や外交関係には興味あっても、国際政治学の難しい理論など見る気がしないとおっしゃるかもしれない。そういう方にも本書だけはお勧めしたい。この分野において、おそらく世界で一番よいテキストであるだけでなく、読んで面白い内容だからである。とりわけ歴史好きの読者であれば、引き込まれて手離せなくなるだろう。

著者は今日のアメリカを代表する国際政治学者であり、米国が軍事力以上に無形の国際的感化力をもって世界的役割を果たすことを説く「ソフト・パワー」論の提唱者である。力の行使に傾くブッシュ政権の路線に対して、著者はリベラルな立場を代表する存在であるが、現実政治に疎いわけではない。再度政権に入って実際の対外政策にも関与した。とりわけクリントン政権では安全保障担当の国防次官補として「ナイ・イニシアティブ」や「ナイ・レポート」の名で知られる仕事をした。それは冷戦後の世界が流動化する中で、東アジアに対する米国の安全保障政策を定義したものであり、アジア太平洋地域の安定と日米安保再定義への道を用意したものであった。

本書はハーヴァード大学の学生に対し、戦争と紛争の歴史を語りつつ国際政治をどう理解すればよいかを説く教科書である。刊行以来高い評価を得て、広く全米で用いられたが、二〇〇〇年に出た第三版が初めて邦訳された。それは二〇〇二年のことであり、訳がよいこともあって短期間に日本でもこの分野の必読書となった。九・一一テロ攻撃が勃発した後、著者はかなり加筆した第四版を二〇〇三年に刊行した。この増補版の訳が速やかに出たのを機に、ここにとりあげる次第である。

本書はアテネとスパルタの死闘であるペロポネソス戦争についてのツキュディディスの名著から説き起こす。それは、力と力の闘争がもたらす論理と心理を研ぎ澄まされた筆致で描き出した。権力の魔性とジレンマはギリシャの昔に洞察され、それは今もなおリアリズムの視点から国際政治を理解するうえで最良のテキストであるとする。

ただ国際政治を見るうえで、力の要素を基本に貫くリアリズムは不可欠であるが十分でないというのが著者の立場である。無政府状態での力の衝突が熾烈であればあるほど、何らかの国際社会のルールや共同体の形成する協調的な努力が必要と認識される。このような立場がリベラルであるが、本書の基本的特徴はリアリズムとリベラルを二者択一する社会の通弊に陥らず、両者の併用を説く点にあろう。

そのような観点から、本書は、「偶発戦争」であった第一次大戦、野心的な現状打破国家への対応失敗であった第二次大戦、核兵器が微妙な規定要因となった冷戦、のそれぞれを鮮やかに解き明かす。

本書の後半は、冷戦終結後の主要事象たる民族紛争とテロ、グローバリゼーション、情報革命を豊かに分析する。著者は現在の国際政治を三層のチェスゲームになぞらえる。上層は軍事ゲームであり、そこでは米国の一極支配である。中層の経済ゲームでは米欧日の三極が世界の三分の二を占めており、近く中国を加えた四極構造となろう。下層には国家以外の諸アクターを含めた多極ゲームがある。これらを総じた「多層的相互依存」が世界の姿であり、軍事的優位によって米国が支配できる世界ではないとして、より包括的な新世界への対処を求めている。

（「毎日新聞」二〇〇四年五月十六日朝刊）

敵の弱みを知り自らの強みで打ち破れ

『戦略の本質　戦史に学ぶ逆転のリーダーシップ』（日本経済新聞社）

野中郁次郎　戸部良一　鎌田伸一　寺本義也　杉之尾宜生　村井友秀　著

長い日本の歴史において、戦争に敗れ他国に支配されたのは一回きりである。われわれはその得難い経験から学んでいるだろうか。答えを持っているだろうか。何故あの大戦争をやったのか。何故負けたのか。

かつてそれに答える共同研究が『失敗の本質』（中公文庫）と題して出版された。もっとも踏み込んだ敗因研究だった。以来二十年を経て、同じメンバーによる共同研究が本書である。

日本軍は「真珠湾」での開戦について、事前に綿密なシナリオを描いて、不意を衝き、そのシナリオ通りに事を進めて成功した。「しかし、敵が目覚め、我の予想したシナリオとは異なる戦い方で対応してきたとき」、日本はそれを見据えて対応することができず、逆に「敵が描いたシナリオどおりの戦い方」にはめられた。本書はそのことを「戦略不在」という。

戦略論にも二つの系列があるという。一つは、ジョミニに代表される静的な系統立った型を描き、それに沿って万全の準備をもって臨めば勝利しうると考える流派である。他は動的な実際戦の中での相互作用を重視するクラウゼヴィッツの流れである。「戦争は敵対する意志の不断の相互作用である」。日米戦争の例に戻れば、日本が自らのシナリオを描き先制したが、米国がそれを超えるシナリオをもって応酬してくると、もはや対応できないというのは、戦略を静的な自己完結性において捉え、「不断の相互作用」であることを見落す弊ということになる。戦略とはどこか高きにある立派な観念ではなく、戦争の実相への洞察でなければならない。

戦力の大量集中による敵主力の撃破というジョミニ的思想はプロシャ参謀本部に生き続け、第一次大戦を導いたが、それは大量の無益な犠牲の山を築いた。それを学んだリデルハートは「間接アプローチ」、すなわち敵の強力な主力をたたくのではなく、予期されていない弱い部分を衝くことにより敵を攪乱し敵の戦いを困難にすればよいとの観点を打ち出した。戦力全体では優越する敵に対しても、その局地的な弱みに対してこちらの強みをかみ合わせれば勝利は可能であり、局部の勝利は全局の勝利をもたらし得る。戦争は誠に微妙な陰影を伴っての相互作用であり、認識の争いでもある。孫子の「敵の虚を衝く」兵法が再重視され、ボーフルは「敵の精神的解体」を戦略目的とする。核時代の抑止とは相手の心理に作用を及ぼして、その反作用をコントロールする戦略に他ならない。政治と国民感情まで組み込んでの心理劇という局面から、戦闘における武器や地形のささやかな優位を利する作戦指揮の局面に至るまで、重層的な連動の中でのダイナミズムとして今日の戦略論が語られている。

本書は戦略論の展開をひもときつつ、新が旧を、もしくは小が大を制するような歴史的逆転をもたらした戦略ケースを尋ね求める。本書の豊かさと面白さは、そのようなケースを六つ、歴史の中から選び出している点にある。すなわち毛沢東の国民政府に対する逆転、チャーチルによる英本土上空の防衛戦、スターリングラードの逆包囲作戦、マッカーサーの仁川上陸、サダトの第四次中東戦争、ベトナムの対米勝利の検証である。

それぞれのケースがきわめて個性的であり、二度と起こり得ない魅力あふれる一回性のドラマである。毛沢東のように「敵進我退、敵駐我撹、敵疲我打、敵退我追」の十六文字に自らの戦略の要点を集約して全兵士に暗誦させ、長期にわたる持久戦を通じて革命を実現した者もあれば、サダトのように強大なイスラエルに対して局地的勝利を瞬間的につくりあげ、それを一定の政治的目的の実現に結びつけたケースもある。チャーチルのように豊かな表現力をもって語りかけて国民を鼓舞する者もいれば、スターリンのように無気味なまでにおし黙って大事をなす者もいる。

個性的な諸ケースでありながら、共通性もにじみ出て来る。何よりも大局をつかみ逆転勝利への不屈の意志を持つリーダーの存在が決定的である。彼らは与えられた歴史状況の中で戦略目標を強く示しつつ、戦闘そのものについては指揮官を選び任せ切る勇気をもつ場合が多いようである。自他の強みと弱みを鋭く認識し、全般的な強者である敵が全面的に力を発揮しがたい場を設定し、自らの限られた強さをもって敵の弱さを打ち破る戦略が、ほぼすべてのケースの急所であろう。

戦争は政治の延長であり、政治の極限的表現形態であるといえよう。それだけに本書は戦争をもっぱら語っていながら、今日の政治の事例をも連想させる。たとえば、自らの強みたる郵政民営化という場へ政治全体を引き込んで大勝した小泉選挙も、靖国参拝を続ければ中国も従うに至るという自ら描いたシナリオが相手の反応によって覆されているにも拘わらず戦略を変えることができない状況も、本書を読みつつ想起せずにおれなかった。

（「毎日新聞」二〇〇五年十月二十三日朝刊）

成功した原典をよみがえらせる試み

『君主論』（岩波文庫）

マキアヴェッリ 著　河島英昭 訳

「ギョエテとは俺のことかとゲーテいい」の川柳はたんに名前の読み方をめぐる駄洒落である。その点、マキャベリズムの解釈をめぐる振幅はもっと深刻である。死の床についたマキャベリに対し、非難怒号の津波が押し寄せたかと思えば、次には思わぬ方向から称讃の渦が巻き起こる。「マキャベリズムとは俺の考えか」と、おちおち眠っておれないに違いない。

マキャベリ没後の一五三二年に『君主論』が公刊されると、やがて「悪魔の所産」と危険視され、教皇庁はこれを禁書とした。とりわけ四十年後に聖バーソロミューの虐殺によって数千名のユグノーが殺されると、マキャベリにその責が帰せられた。たしかに『君主論』の中には、君主は事に臨んで逡巡《しゅんじゅん》することなく、必要なら中途半端でない力の行使を効果的に敢行することが説かれている。というわけで、マキャベリズムは暴君と虐殺の教説、目的のためには悪しき手段を辞さぬ悪魔の教えと難ぜられたのである。

だがイタリアやドイツが民族国家の統一に燃える十九世紀を迎えると、マキャベリは一転して愛国心をもって祖国統一を導く思想家であり、その書は国家統一の教科書と崇められるに至った。事実、マキャベリは、君主制を理想政体と決めつけた訳ではない。ローマの共和制をしばしば称讃し、どの政体もよき政治を行う可能性とともに堕落の危険性があるとした。君主制は僭主政治に、共和制は衆愚政治へ、というように。分断され、大国の餌食と化すイタリアを憂い、力強い指導力が現れて、国家統一の偉業が実現されることを切望したマキャベリであった。統一のための戦略家として再評価されたのである。

さらにマキャベリこそが科学としての政治学の祖であるとの議論が勃興した。「あるべき」価値の呪縛から解放されて、現実に「ある」政治の内在的分析を創始した巨匠であると再評価されたのである。実際、統治者は獅子であり狐《きつね》であらねばならぬとし、闘うにあたって野獣と人間の双方の能力を十分に発揮すべしと語る。かくて、マキャベリは悪魔にして神様とされたのである。危機の時代の体験に裏打ちされたマキャベリの文章が、驚くべき多面性と力強さを帯びていることは明らかである。

さて本書は十年かけて生み出された『君主論』の新訳である。これまでの騒々しい論争のはてに、訳者はどんなメッセージを読者におくろうとしているのか。いずれかの議論や解釈を推そうとするのではなく、むしろマキャベリが書いたありのままの原典を蘇らせる試みであると見られる。接続句「なぜなら」で文章を始めながら、結び流れになるマキャベリの癖すらそのまま残し、丹念に注をつける。本文よりも多くの字数を費やした注によって、訳者はマキャベリの置かれた時代状況とその後の研究史を再現して読者の便宜を図りつつ、もう一度生のマキャベリに直接触れる機会を読者に与えようとしているように思われる。

お陰で、私は学生時代以来、久しぶりに『君主論』に接し、かつてにもまして楽しんだ。たとえばクラウゼヴィッツの『戦争論』(中公文庫)が軍事学的議論に傾くのに対し、マキャベリの方がはるかに人間心理と社会心理への洞察を伴った水準の高い戦争と平和の統治学である。それをきわめて平明な言葉で語っている。これに比肩しうる戦争論＝統治学は、わずかに東洋の孫子のみではないか、との感想を持った。もちろん最終的に軍事力がすべてを決した当時と今は違う。それでも、君主にとって兵士を失うよりも民衆の支持を失う方が致命的であり、そうなれば城砦も君主を守ることはできないと説く。力の要因は時代によって変るが、時代を超えた多くの洞察を本書は含んでいる。ところでマキャベリは悪人だったのか。本当の悪い人は『反マキャベリ論』を書いたフリードリヒ大王のように、マキャベリの権謀術数はいけない、政治には徳と道義が大切だと大声で論じて人々の共感を得つつ、マキャベリの書いた権謀術数を黙って実行した人である。それに較べれば、マキャベリは志ゆえに正直率直にすごみのある本音を語って非難を浴びた軍師なのであろう。

本書は時代潮流と政治スタイルの適合・不適合を論じている。ある時代に成功した政治が次の局面で失敗する。時代はめぐるのに、統治者は一つの成功したスタイルでしか対応できないからである。平穏な成長期に成功した日本政治が、冷戦後の激動期に不適応の悲鳴を発している現状に響く言葉である。そういえば、訳者が十年かけているうちに、経済国家日本は絶頂期から衰退の影におびえる時代に入った。マキャベリが『君主論』を書いたのは、まさにフィレンツェの繁栄に衰退の影がしのびより、新しい国際環境に即応した変革が求められながらなしえなかった時代であった。本書は時代に適合的に再登場したのである。

（「毎日新聞」一九九八年六月二十八日朝刊）

海軍力が支えた大英帝国の盛期
『ロイヤル・ネイヴィーとパクス・ブリタニカ』（有斐閣）
田所昌幸 編著

一七七六年のアメリカ独立は、欧州政界から見れば、戦争を発動してなお植民地の反乱を抑え切れなかった宗主国イギリスの大転落を意味した。だがその後の英国は、的確な外交努力を営々と実らせ、ついにナポレオンの挑戦を斥《しりぞ》ける欧州の中心大国に再生浮上した。ウィーン会議がもたらした秩序は、メッテルニヒやタレイランに劣らず、英国外相カースルレイの作品でもあった。こうした歴史を敗戦の悲運の中で反芻《はんすう》していた吉田茂は、首相となる瞬間に「戦争に負けて外交に勝った歴史はある」と言い切ったのであった。

さて、ウィーン会議以後の十九世紀世界である。本書は、その時代の国際秩序をもっとも積極的に担った英国に焦点を合わせ、何が「パクス・ブリタニカ」と呼ばれる大英帝国の盛期を可能にしたのかを歴史的に解剖する試みである。

われわれの時代はパクス・アメリカーナを目撃しているが、巨大な海洋国家にして大陸国家である超大国アメリカをもってしても、多くの蹉跌《さてつ》を免れない。戦後世界の他方における超大国ソ連はもろくも転落した。通商国家戦後日本の繁栄もはや通り過ぎようとしているように見える。それだけに、日本よりも小さい島国イギリスが、なぜ百年に及ぶ国際秩序の運営をなしえたのか、パクス・ブリタニカの実体が何であり、何によって成り立っていたのか、われわれは限りない好奇心を禁じ得ないのである。本書はそうした関心に対し説明力のある解答を提示した待望の書である。

本書は、国際政治経済を専門とする編者がさまざまな分野の五人の若い学者を集めて行った共同研究の成果であるが、驚くべきは分担執筆にあるまじき作品としての統合性である。歴史が好きな者なら読み始めるとやめられないテーマの展開とモチーフの一貫性が認められる。

本書の第一の特徴は、パクス・ブリタニカを支えた中軸として、海軍力「ロイヤル・ネイヴィー」という国家装置に焦点を合わせたことである。トラファルガー海戦でナポレオンの仏艦隊を破ったネルソン提督が率いた軍艦は、木製の帆船であった。世紀半ばには、ペリーが浦賀へ来た時そうであったように蒸気船となり、世紀後半には鉄で覆われた装甲艦に進んだ。激しい技術革新の中で、英国は意外に海軍予算に手抜きをしながら海軍力の相対的優位を維持した。ハードの事実関係をしっかりおさえ、事物をして語らせることによって、英国の優位の程度と限界が具体的に読み取られている。

第二に、ロイヤル・ネイヴィーというハードを活かすも殺すも、実は外交というソフト次第である。海軍力を背にその使用と不使用によって国際情勢に影響力を行使する外交展開を本書はたどる。つまりロイヤル・ネイヴィーという特異な国家インフラと、イギリス外交という伸縮自在な構想力の結合においてパクス・ブリタニカを説くのである。

とりわけ個性的な外交指導が重要である。パーマストンのパクス・ブリタニカ全盛期を画す旺盛な外交指導は、同時に奴隷貿易の撲滅という意外に理想主義的な国家戦略を併存させていたことを君塚直隆の第一章が描き出している。他方、ドイツやアメリカの工業生産力が躍進し、イギリスがそれに力負けする黄昏《たそがれ》の世紀末にあって、なおソールズベリが宥和に陥らない現状維持外交を展開する様を、細谷雄一の第五章が語る。意外にもトラファルガー以後、ロイヤル・ネイヴィーの総力をもって戦うことのなかった十九世紀英国の「長い平和」であった。

（「毎日新聞」二〇〇六年五月七日朝刊）

自ら不退転の帝国外交を追究

『ヴィクトリア女王　大英帝国の〝戦う女王〟』（中公新書）

君塚直隆　著

なんとも楽しい本である。

在位六十三年七カ月、最長不倒のヴィクトリア女王の治世に象徴される十九世紀の大英帝国最盛期。それが楽しく読める新書一冊にまとめられた。

そもそも読んで楽しい本というのは、著者が研究対象を愛していることなしに生まれない。その点、本書の著者ほどの有資格者は稀であろう。英国史狂い、とでも評する他はない。私が最初に著者の作品に驚いたのは、十年ばかり前『イギリス二大政党制への道』（有斐閣）に接した時であった。普通の学術書っぽい表題であるが、中味はあのワーテルローの英雄ウェリントンがその後、英政界の長老政治家として、後継内閣の選定や危機管理に尽力した歴史の解明であった。明治日本の「最後の元老」西園寺公望の苦闘を想起させる作品である。続いて『女王陛下のブルーリボン　ガーター勲章とイギリス外交』（NTT出版）を手にした時、著者の英国狂い《マニア》と王室オタクぶりに唖然とする想いであった。そして二〇〇六年出版の『パクス・ブリタニカのイギリス外交』(有斐閣)では、大英帝国最盛期の前半を担ったパーマストンの力強い外交指導を描き上げた。古典外交の内実に深入りする学者を、ここに日本の知的世界は持つに至ったのである。

そして登場した本書は、パクス・ブリタニカのイギリス外交の鳥瞰図を示すものであるとともに、その完成形態を解き明かすものでもある。驚くべきことに、パーマストンやディズレーリの強硬な外交指導なき後、実はヴィクトリア女王自身が不退転の帝国外交追究者であったことを、本書は語っている。

それは英国王室の「君臨すれども統治せず」型のイメージと異なる。政治の実際は臣下に委ね、自らは象徴的存在に控えるという立憲君主制イメージは、ウォルター・バジョットの名著『イギリス国制論』がつくりあげたモデル、もしくは神話であって、実際のヴィクトリア女王は大英帝国の偉大な役割を求めて政策と人事に影響力を行使することを止めない君主であった。もちろん専制君主ではない。表立って命令するのではなく、首相や有力者に自らの意向を伝える非公式な間接手法を常とする。女王は帝国の隆盛を求める保守主義者としての思いつめが時に強すぎる。そうした際、老獪《ろうかい》な臣下は、憲政手続き上それは好ましくないといった返答をする。道理のある抵抗を受けると女王は控え、自らの想いを実施できる時を待つ。

十八歳の小柄な少女として王位についたヴィクトリアは、長老たちも想像しなかった聡明さと威厳すら示して驚かせた。やがて夫アルバートに支えられて精神の安定と指導力を確立した女王は、夫の死後数年間、国政の放棄とも見える引きこもりの時代を経る。それを超え地球的な大英帝国の確立とヨーロッパ政治のバランス回復を求めて力強い指導性を発揮する晩年に至る。こうした長きにわたるドラマが、女王の公事と私事との混然一体たる情景として描き出されている。

国内改革派の不倒翁グラッドストンとの長期にわたる対抗ゲームに示されるように、選挙権の拡大や大衆社会化状況への対応は、女王にとって嬉しくはないがこなさねばならない務めだったように読まれる。アイルランドの自治問題も同様である。それに対し女王の圧倒的関心は、ロシアついでドイツの危険な台頭であり、臣下に対し遅怠なく注意を喚起する。その重さに較べればまだしも成果を得やすかったのが「七つの海」にまたがる大英帝国の編成であったろうか。

歴史のページェントを、仕事のあい間に楽しませてもらった三日間であった。

(「毎日新聞」二〇〇七年十二月二日朝刊)

力と宥和の間で悩んだ英外政家の教訓
『外交による平和 アンソニー・イーデンと二十世紀の国際政治』(有斐閣)
細谷雄一 著

「戦争に負けて外交に勝った歴史はある」。挫折の多かった退役外交官・吉田茂が、敗戦国日本の首相となる決断をした際に発した言葉である。日本の指導者にめずらしく、鮮明な歴史意識をもっての決意ではなかろうか。

この言葉は英国史に基づいていた。アメリカ独立戦争に敗れた英国の威信は地に墜ちる。しかしピットをはじめよき外政家を得て、英国はじわじわと国際的存在感を高め、カースルレイに至ってナポレオン戦争後の欧州秩序樹立に主導的役割を果たしたのだった。その後もパーマストン、ソールズベリ、グレーらの外政家が輩出して、パックス・ブリタニカの時代を支えた。二十世紀の二つの大戦は、衰退期に入った大英帝国にとってつらい局面であったが、イギリス外交の伝統に恥じない水準の高い外交政策を展開した最後の人物こそアンソニー・イーデンであった。

人物研究があまり重視されておらず、従って優れた評伝の多くない日本にあって、本書は久しぶりに手にする本格的な評伝であり、外交史の秀作である。本書の魅力の一つは、イーデンという対象が逆説性を帯びた人物であることによる。三次にわたる長い外相としての全任期を通じて、精緻で周到な外交を展開してきたイーデンが、首相に登りつめると一九五六年のスエズ危機に際し、信じ難い粗暴な軍事行動に走る。それによって政治家イーデンには失格の烙印が押された。イーデンは「外交に勝って戦争に負けた」人物なのである。何故そうなったのか。本書は世界に流布された否定的イメージとは対照的なイーデンの卓抜した外交事跡をまず鮮明に再現し、評価する。イギリスでは人物と外交についての研究蓄積が豊かである。外交文書はもとより、イーデンの個人文書も公開されている。本書はそれらを読みこなして、重要な瞬間にイーデン外相がどのような政策メモをつくり、閣議でどう議論し、国際会議に飛んでどんな演説、説得、交渉、合意を行ったか、外国の要人との個人的会話やチャーチル首相への頻繁な手紙による報告を交えて再現される。密度の高い外交が手にとるように分かるであろう。

第一次大戦はイギリスの若きエリートたちの死に場であった。名門イートン校に学ぶ内省的な生徒であったイーデンは志願して入隊し、その寡黙さに似合わぬ果敢な勇士ぶりを示し、それでいて大戦を生き残ったのである。この現場体験がイーデンを政治と外交の道へ進ませた。戦場を知る「失われた世代」の落し者として平和のために戦おうとしたのである。

英国と欧州の安全保障に鋭い関心を持ち、卓抜した知力と語学力を持ち合わせたイーデンは、早くも一九三五年には三十八才の若さで外相となる。ムッソリーニのエチオピア侵攻やヒトラーのラインラント進駐などで欧州が騒然とする状況が、イーデンの働き場であった。チェンバレン首相がヒトラーの挑戦に対しミュンヘンの宥和をもって応じた時、イーデン外相は閣内で孤立した。粗暴なドイツの挑戦に対し、平和のためにとめどない妥協に傾く首相にイーデンは反対し辞任した。

この出発点から明らかな本書のテーマは、「平和」と「宥和」の問題である。外交による平和が追求されねばならないが、力の裏づけを欠いた弱さからの交渉は宥和に帰結する。十分な軍事力を背景に持ちつつ外交による平和を築かねばならない。

しかし現に英国の力がドイツに対し、さらに冷戦期にはソ連に対し劣る状況にあってどうすればよいのか。イーデンは根深く英仏協調論者である。欧州の安定のため西欧の自強が必要である。戦後は英国指導者にはめずらしくブレない支持を独仏の提携にも与え続ける。イデオロギー的対立の過熱した冷戦期にも、イーデンはソ連との対話と合意の可能性を求めて止まない。「毅然たる態度で交渉に臨みながら、同時に偏見や憎悪を排して柔軟に合意を求める」外交の芸術家であった。西側の立場を説得的に展開しつつも、ソ連が懐く不安と懸念に耳を傾け、その払拭に労を惜しまなかった。指導者の人的信頼関係のネットワークが大きな役割を果たすことが歴史には多い。

だが究極の課題は、米国の力を活用することにあった。英米協力以外に、ドイツやソ連の粗暴な挑戦を斥ける術のないことをイーデンは洞察していた。しかし三〇年代の危機以来、イーデンの眼には米国は内向きであり、国際問題に鋭敏な認識と対応力を示さなかった。冷戦期のパートナーであるべきダレスの外交は、過度にイデオロギー的であり強硬であった。インドシナ和平をイーデンはダレスの反対を抑えて実現し、米国外交指導者との関係を悪化させた。それはスエズ危機の悲劇の伏線となる。

外交と力の基本問題は、「対話と圧力」が語られるように、今日の日本が六十年ぶりに直面しているところである。対米基軸を重視しつつ、米国が無分別な一方的行動に傾こうとするときどうすればよいかと悩むイーデンは、今日の日本でもある。英国外交家の評伝でありながら、文明的選択にかかわる問題提起を含む本書である。

（「毎日新聞」二〇〇五年二月十三日朝刊）

デタント期に挑む若手研究者の新視角

『冷戦変容とイギリス外交　デタントをめぐる欧州国際政治　1964〜1975年』（ミネルヴァ書房）

齋藤嘉臣　著

今にして想えば、冷戦の終わりは一九七五年の全欧州安保協力会議（CSCE）におけるヘルシンキ合意に始まった。この合意により、東側は第二次大戦中に大きく西に向かって進出した領土への承認をついに西側から取りつけた。ポーランドの国境は、二百マイルばかりロシア側で失い、ドイツ側へ押し出した。このいびつな戦後国境線を西側は受諾した。大戦後三十年を経た時点での、東側のめざましい外交的勝利であった。それに対し、西側が手にしたものといえば、「人・情報・思想の自由移動」といった雲か霞のようなものであり、東側の手にした決定的な領土権に比肩しうるものとは思われなかった。

ところが歴史は逆説を好む。ヘルシンキ合意は東側を精神的に武装解除した。領土を認められて緊張がゆるんだだけでない。西側に与えた約束により、自由主義思想の流入が阻止困難となり、それを行う人物の拘束もやりにくくなった。十五年を経て、ソ連東欧体制は内部から総崩れとなった。ヘルシンキ合意に、西側は「負けて勝った」のである。東側に領土を与え、心を奪ったと言ってよいであろう。

本書はこうした冷戦の変容、とりわけデタントと呼ばれる緊張緩和のプロセスを、新たな視座から解明する研究である。それも英米独仏など各国の公刊公文書だけでなく、英国とNATOの公文書館を訪ねて、生の文書を自ら手にしての実証研究である。それを三十歳の若さで筋道立った研究書に仕上げ、出版する青年が日本にいることは喜ばしい。

原文書による国際関係史の研究は、一九七〇年代から日本で本格化した。評者もその一人であるが、当時は早く公開された米国公文書にもっぱら依存し、一部英国公文書や他の諸々の文献で間を埋めていた。近年、日本をはじめ多くの国々の文書公開に伴い、若い世代の研究者が新分野・新視角の研究を旺盛に生み出すようになった。たとえば、六〇年代については日米関係だけでなく、宮城大蔵らの東南アジアに対する経済関与をからめた外交など、研究も全方位化している。多数の国の文書の中でも日本の外交原文書を中心的に使う結果、米国中心史観を脱して、おのずと日本外交再評価の研究潮流が生れている。

意外だったのは、川島真らにより戦前の中国外交文書を用いての外交史研究が切り開かれたことである。その点、英国を中心に欧州外交史に身を投ずる細谷雄一ら若い研究者たちの登場は、むしろオーソドックスな知的フロンティアの存在を示すものとしても好ましい。本書はそうした動向の中でも、七〇年代という新しい時期に取り組んだ実証的外交史研究である。

これまで多くの冷戦研究がなされてきたが、その本流は二超大国を軸とする東西両陣営の応酬の分析であった。その点、本書はデタントという局面に着目して、欧州地域内の国際関係に光を当てる。国家主体だけでなく、NATOという西側軍事機構をも重要なアクターとして描く。デタントの中で機能と生命力を失いそうになったNATOが、情報交差路の立場もしくは認識の参謀本部の役割をもまとうに至ったとの指摘は興味深い。

東西デタントをめぐる欧州国家アクターの役割としては、西ドイツの東方外交、フランスのドゴール的自主路線が脚光を浴びがちであった。本書は、半歩うしろに引きながら、デタント期の東西関係と欧州関係の調整機能を目立たない仕方でリードしたイギリス外交に注目する。日本の若手研究者の着目は味なものであり、その研究の進展を看過してはならないであろう。

(「毎日新聞」二〇〇六年十月二十九日朝刊)

偉大な国家を滅ぼすものは何か

『大英帝国衰亡史』(PHP研究所、現在はPHP文庫)

中西輝政 著

国はなぜ興り、そして亡びるのか。

日本自身の問題として、この問いを発せずにはおれない心理的契機をわれわれは迎えている。二十世紀の日本は、それまで西洋諸国の専有物であった強さと豊かさを手にし、近代史の「世界化」を切り開く役割を担った。軍事帝国として勃興し、そして一度は滅亡しながら、戦後また経済国家として再興をみた。しかし今、日本は早くも衰亡への軌道に入ったのではないか。「日本の衰退」は本当なのか。だとすれば、何故なのか。その理由を逆転させれば、もう一度再興は可能か。

誰か答えを、と思う今日の日本に、もっと大きな「大英帝国」の興亡をもって返答したのが本書である。

超大国の器に恵まれたアメリカが戦後たった四半世紀でベトナム戦争によりかげりを見せ、元気すぎて思慮を欠くドイツや日本が一世紀の間に激しく浮沈を繰り返すのに対し、英国はさすがである。エリザベス一世の時代から三百年の長期にわたって、大きな誤りを犯さず隆盛を守り、天寿を全うした。そういった所がわれわれのおよその印象である。

本書は、そんな単純なものではないことを教えてくれる。大英帝国の偉大さと魅力はもちろん語られている。しかし、圧倒的な工業力と海軍力の優位によって、横綱相撲のような歩みを続ける情景はあまりない。むしろ、困難な事態にあって周到に情報網をめぐらし、一瞬の機会をとらえて個性の超人的奮闘により奇跡的な成功を得るようなきわどい局面が少なくなかった。情報力をもとに間接的アプローチによって勢力均衡を巧みに営む外交力こそが英国の持ち味であった。スペイン無敵艦隊を迎えうつ女王の外交は、なんと精緻《せいち》であったことか。

勝利の栄光は、むしろ深く刻み込まれた失敗と挫折のしわの間にのみ見えるものである、本書はそう語りたげである。深い傷を残した敗戦が大英帝国史に三つあった。アメリカ独立戦争、ボーア戦争、そしてスエズ侵攻である。いずれも軍事的敗北であったに劣らず、国際的な正統性を失い孤立を招く愚行であった。

アメリカ独立戦争に打ちひしがれた後の英国は、しかしナポレオンを破って甦り、かえってヴィクトリア時代の全盛期を迎える。成功と繁栄の絶頂にしのび寄った衰退の足音。その正体は何なのか。「偉大な国家を滅ぼすものは、けっして外面的な要因ではない。それは何よりも人間の心のなか、そしてその反映たる社会の風潮によって滅びるのである」。「精神的活力」こそが問題であるという。偉大な成功そのものが生み出す「弛緩」や「喪失感」と「軽薄さ」、それが世紀末の大英帝国を醜悪な金への貪欲と結びついた陰険な帝国主義的行動としてのボーア戦争へと走らせた。日本は同じく繁栄のピークにおいてバブルの愚行へと走ったことを著者は語らないが、読者は想起せずにはおれない。

落目が明らかになっても、改革をはばむ議会政治。ドイツの台頭に対しひたすら封じ込めに没頭して、帝国の自殺に等しい第一次大戦の悲劇に自らを追い込んだ英国。それに較べれば第二次大戦時にはチャーチルとともにつかの間の「最良の時」を味わい得た英国。その過程で担い手となった多くの個性を、その敢闘を、悲哀を含めて著者は描く。帝国の輝かしい成功よりむしろ「うめくような苦悩」を抱擁して綴った作品である。そのことが本書にまれな深みと味わいを与え、同じジレンマから自由でありえなくなったわれわれ日本人の想像力をかきたててくれるのである。

（「毎日新聞」一九九七年二月九日朝刊）

知恵ある勝者のつくる戦後秩序

『アフター・ヴィクトリー 戦後構築の論理と行動』（NTT出版）

G・ジョン・アイケンベリー 著　鈴木康雄 訳

「おごる平家は久しからず」という言葉がある。軍事的勝利によって手にした権力をほしいままに行使すれば、早晩、人心を失って失脚する道理を語るものである。百戦百勝の将軍・項羽が「四面楚歌」に陥る故事も、同じ理《ことわり》を告げるものである。

アイケンベリーの本書は、こうした東洋の知恵との等価物を、西洋の概念と歴史によって論ずる作品である。大戦乱のあと、諸国はいかに秩序を再構築するのか。一六四八年のウェストファリア、一七一三年のユトレヒト、一八一五年のウィーン、そして第一次大戦後と第二次大戦後の戦後秩序を比較検討し、何が秩序再建のキーポイントかを論じている。

すべての「戦後」は異なる様相を呈する。「戦後」の歴史も一回性である。けれども共通する点もある。著しい力の不均衡が厳存することである。敗者は元来持っていた力すら失っている。勝者は雲の上にそびえ立つ程のパワーを手にする。おん身はある者にして、われは無き者となり、と言う他ない程の力の不均衡が「戦後」の常態である。そこで勝者がおごりたかぶって恣意的にして無際限な力の行使に傾けば、「平家」や「項羽」となる。そこで知恵ある勝者は、力の行使を自制する。敗者にも立つ瀬のあるよう配慮をもって遇する。とりわけ一時的でしかない圧倒的権力をもって他国も納得する自制的な戦後制度の樹立へ動き、長期的な秩序の安定を手にする。圧倒的優位をその瞬間に消費する愚を避け、自らの権力を抑える損をするようでありながら、長期持続的な利益を制度化するのである。

そのような戦後秩序の構築に画期的な進展を示したのが、ナポレオン戦争後のウィーン体制であったとする。ウィーン会議といえばメッテルニヒやタレイランの外交が注目されがちであるが、本書によれば、英国とロシアが決定的に重要であった。戦勝をリードした両国は、いずれも大陸ヨーロッパの周辺国であったがゆえに、戦後処理について野心を控えることができた。とりわけ英国はカースルレイの外交指導のもと、協力国に莫大な補助金まで与えて、戦後の持続する平和を可能にする合意へと導いた。パックス・ブリタニカの国際インフラを買うことに成功したのである。

第一次大戦後が不安定な制度しか生めなかったのに対し、第二次大戦後は人類史上最高といってよい程の長期的制度の樹立に成功したとする。世界GNPの四十四パーセントを占有するほどの抜きん出た超大国となった米国は、政治安全保障面で国際連合、経済面でブレトンウッズ体制を樹立する労をとっただけでなく、NATOとマーシャル・プランを欧州に提供し、米国の支配と米国に見捨てられることの双方を惧《おそ》れる諸国を安堵させ、長い生命力を持つ重層的な国際制度をつくりあげた。

著者は冷戦終結後に、改めて勝者となった米国が、それを利して民主主義と市場経済を押し拡げつつ、ソ連に対し報復的とならず体制移行を促し、WTOなどの制度整備も試みた。米ソによる勢力均衡型の二極秩序は二十世紀を十年残して終滅したが、第二次大戦後の制度が、冷戦終結を越えてなお有効性を持続しているとする。

このような楽観的な展望を著者が書き上げた直後に九・一一テロが勃発した。卓絶する力を自制し国際合意をとりつけつつ新秩序を築く米国の立派な業績を本書はあとづけた。それとは対照的な現実がイラクで繰り拡げられていることに、著者は悲憤しているに違いない。

（「毎日新聞」二〇〇四年十月十七日朝刊）

国連活動の全貌とその本質に迫る

『国連財政　予算から見た国連の実像』（有斐閣）

田所昌幸 著

もしかしたら、この世界を救う主体になるのではないか、そう保守派にも進歩派にも、さらには超大国アメリカにも開発途上国にも、思わせる瞬間がある。それでいて過大なすべての期待を見事に裏切る。幻滅させながらも、やはりこれなしに世界はやっていけない。国連はそういう存在であり続けてきた。

なぜそうなのか。それに答えるのが本書である。国連とは世界的な話し合いのフォーラムに過ぎないのか、国際的な共同活動を行うメカニズムなのか、あるいは超国家的な世界機構なのか。そのどれか一つではないが、いずれでもある。国連の実像をかくも過不足なく説き明かした作品は稀であろう。

意外にも、本書の著者は予算、つまり組織の活動経費をおさえることによって国連の実体をとらえることに成功した。予算とは組織の優先順序の表現である。それは過去の記録であるとともに未来への予測や期待をこめた行動計画でもあるとする。本書の最大の特徴は、財政を財政学の中で論じるのではなく、財政を通して国連の活動の全貌を示しその本質を問うところにある。

国連の通常予算はつつましやかなものであり、ニューヨーク市警察の予算規模にも満たない。主として経済力に応じた負担率で各国が拠出する通常予算は国連経費の一部に過ぎない。ＰＫＯ分担金と「予算外資金」が劣らず大きい。そして三者の拠出方式は異なる。そのことに著者は国連の苦悩と限界、そしてそこから見出した知恵を見る。

六〇年代のコンゴや中東にＰＫＯのさきがけ的な軍事活動が急増すると、それを通常予算から切り離した。各国を四グループに区分しつつ、五大国と先進諸国が九割以上を負担する方式がＰＫＯ予算の基調となっている。また、金のかかる経済社会開発等の経費も主要国からのプロジェクトごとの寄金による「予算外資金」としており、それは通常予算より大きい。通常予算と別個に扱うことにより、国連本体の財政破綻に連動しない仕組とした。「予算の分節化」の知恵であるという。

創立当初、米国の比重は圧倒的であり、国連を随意に動かす米国に対しソ連は拒否権と途上国との連携をもって対抗した。ところが六〇年代に南に新興国が急増し、総会の圧倒的多数派となった。多勢をかって南は国連貿易開発会議を設立させ、七〇年代には新経済秩序を声明して途上国のための国連になるよう攻勢をかけた。

国連総会の少数派に転落した米国はどう対応したか。予算である。世界一の負担を負う米国が拠出を拒否したり、ユネスコから脱退することになれば、組織も活動も縮小・停止せざるを得ない。予算の抑制については、分担金大国であるソ連も米国に同調した。こうして、大国に拒否権を与えたこととともに「予算の分節化」は、世界政府たりえない国連が何とか合意を調達し、全面崩壊を免れて生き延びる方策たりえた。

ひるがえって、民族紛争や難民問題が深刻化し、開発・環境などグローバルな人類存亡をかけた難問への対処が急務となる今後の世界を考えれば、国連が単に「分節化による政治的消毒」に逃れていて良いのだろうか。むしろ大きな政治性をもって地球規模の経営を可能にする方途を考えて然るべきではなかろうか。今日の国際社会の等身大の姿とともに、二十一世紀の人類のあり方を想わせる書である。

（「毎日新聞」一九九六年九月九日朝刊）

世界の現場という「生き物」との格闘
『国連の政治力学　日本はどこにいるのか』（中公新書）
北岡伸一　著

国連で働くとは、世界の現場に生きることだ。国連次席大使を務めた学者の手になる本書を読んでそう感じた。

世界の平和と安全のためにつくられた国連にあって、中心的位置を占めるのが安全保障理事会である。冷戦終結後の安保理は激増する世界各地の紛争に多忙となり、ＰＫＯを次々に繰り出さねばならなくなった。目下、十五件を展開中である。二〇〇五年の国連の通常予算が十八億ドルであるのに対して、別会計のＰＫＯ予算は五十億ドル、通常予算の二・八倍に上る。冷戦期と比較すれば、今日のＰＫＯ予算は十倍規模となった。そして経済規模を基本とする分担ルールにより、日本はなお双方の十六・六パーセントを負担することになる（二〇〇六年までは十九・五パーセントであったとのこと）。

国連で働く外交官の方々は、ニューヨークのあのガラス張りの長方形のビルの中、独特の約束ごとの下で会議と折衝に明け暮れ、夕刻からは優雅なパーティやニューヨーク生活を楽しむ人種であると、一般に想像されているのではないだろうか。本書は国連外交がそんな甘いものではなく、激動の世界との格闘であることを告げる。

そういえば、三十年ばかり前に私がハーヴァード大学に滞在していた時、当時国連公使を務めていた緒方貞子教授が来訪し、報告されたことがあった。質問者のうちに日本の国連外交が大勢追随的であり英語力も不十分であるとの認識を語る者がいた。緒方氏はそれは必ずしも当らないと実情を語り、「そんなことでは国連ではサーバイブ(生存)できません」と語気鋭く言い切った、その場面を想い起こした。日本人学者のうち国際関係の現場に飛び込んで仕事をする人材が、多くはないが続いていることを本書は示している。

世界の安全保障をめぐる議論は国連ビルの中で終始してよいものではない。それは世界の現場という生き物を認識し方向づける営みである。だから著者は機会を見ては問題の地を訪ねる。紛争の止《や》まないカリブ海の国・ハイチを訪ね、隣国ドミニカが緑豊かなのにハイチは禿山《はげやま》、一人当りGDPは五分の一、平均余命に十五歳の差があることを指摘し、この違いをもたらしたのが政治であるとする。「よい政治と悪い政治がもたらす差は、これほど大きいのである」。

今問題のスーダンは、アフリカ一広い国とのこと(コンゴやアルジェリアあたりの方が広いかと思っていた)。イスラム教徒のアラブ人が多い北部と、アフリカ系黒人のキリスト教徒もいる南部との対立が深刻である。加えて遊牧民と農耕民が争うダルフール問題が西部のチャドとの国境沿いに併発し、スーダンは紛争の複雑な連立方程式を構成している。著者はその地へ過密なスケジュールの視察旅行を行い、国連として日本として難問にどう関与すべきかを考察する。

もともと極東の島国であったうえ、近年いっそう内向きとなり、国内のセンセーショナルな事件にしか眼が向かなくなった感のある日本人である。もちろん世界の厳しい現実にかかわっている日本人も少なくない。外交官だけでなく、ＯＤＡや青年海外協力隊の人々、民間のＮＧＯや企業の海外駐在員など、日本人のグローバルな関与は現実である。

残念なのは「世界と苦楽を共にして生きる」日本人の姿を日本のメディアが扱おうとしないだけでなく、国際活動を行うその人達自身が特殊専門的分野の中に身を潜め、一般社会に対する表現力が十分でないことである。その点、日本国内ですでにオピニオン・リーダーである著者のような存在が、世界の現場に飛び込み、その体験と認識を語る場合、説得力が違う。著者の場合、学者でありながら現実政治に関わり、国内政治を専門としつつ、外交と国際政治を得意とする。歴史を素養としつつ現在の問題と政策に明るい。そういう著者であればこそ、世界の現場へ日本人の関心と共感を誘うことができる。

そうした意味を持つ本書の中でも、後半の国連常任理事国入りをめぐるプロセスは、やはり迫力がある。結果がすべてだと、ただちに成就しなかったことをもって斥《しりぞ》けるべきではない。途方もなく複雑で困難な事業に立ち向かったのであり、よく戦い、少なくない成果をあげた。引き続きチャレンジすべき、いわば戦後世界の不平等条約改定問題であると説く。はたして日本の政府と外務省にそのエネルギーがあるだろうか。

迫力といえば、北朝鮮のミサイルと核の実験に対する国連の制裁決議をリードした局面の記述が一番かもしれない。国連を舞台とする外交的応酬の活写を通じて、日本国内でともすれば懐《いだ》かれているイメージ——日本は国際舞台で受け身であり追随を常とし、外交的主導権をとることができず、国際的に好かれておらず信頼されてもいない——と全く正反対の世界を読者は垣間見ることができよう。書籍においてだけでなく、マスメディアとりわけテレビでもこの現実を語っていただきたいものである。

（「毎日新聞」二〇〇七年六月二十四日朝刊）

国際政治のうねりと日本の姿を捉える
『首脳外交　先進国サミットの裏面史』（文春新書）
嶌信彦　著

よくできるし、真面目でいい奴なんだけどな、ちょっと情緒不安定でね、思いつめて走り始めたら何も見えなくなるんだな、のぼせ上がったり落ち込んだり、忙しい奴だよ……。もし近代日本を人にたとえて、ウォッチャーに論評させれば、こんなところであろうか。

能力があることは間違いない。非西洋の中で日本はまっ先に近代化に成功し、二十世紀を「西洋の世界史」から「世界の世界史」に転換する偉業をなしとげた。戦前の日本帝国は早くも世界の三大海軍国の一つであった。しかしせっかく三極の一つをなす軍事帝国に急上昇していながら、知恵と情緒安定を欠き、世界を敵とする戦争にのめり込んで滅亡した。

誠にあわただしいことである。戦後は廃墟から再発進し、経済復興と高度成長をとげて、一九七〇年代の国際危機の中でサミット＝先進国首脳会議がスタートすると、日本はまたも非西洋の中から唯一参加し、今度は国際経済の分野で米欧日三極の一つを成すに至ったのである。

戦後の経済国家日本のピークを画する局面でありながら、意外に日本人が直視してこなかったサミットという場を明らかにせんとする作品である。先進国サミットは、国際政治の中でどんな地位を占め、どんな役割を果したのか。日本はそれにどう参画し、どのような存在だったのかを描き出す。『首脳外交』という表題が示すように、本書は各国の大統領や首相たちが繰り拡げる人間臭を発散させての外交ゲームを活写しつつ、二十世紀最後の四半世紀の国際政治と国際社会のうねり、そしてそこでの日本の姿を捉える試みである。

著者はジャーナリストとして、過去二十五回のサミットのほとんどを直接取材した。その時々のサミットを支配していた空気と現場認識を基にしながらも、世界の首脳たちがその後出版した回想録を突き合わせて読み返し、現場取材ではつかみ切れなかった首脳たちの思想や政策、感情や感慨までを伴った言動のぶつかり合いを再現していて興味深い。

四半世紀のサミット史は、大きく三つの時代に区分されるという。第一期は七〇年代であり、折からの石油危機に示されるエネルギー問題など国際経済面の共同対処が中心課題であった。七九年の東京サミットが石油輸入割当を決め、その後も省エネルギー対策や代替エネルギー開発などを打ち出して、OPECの挑戦を斥けると、サミットの権威は高まった。OECDやG5、GATTなどの諸国際経済機関をまるで輩下に従えるかに思えるほど「サミットは求心力を増大した」のだった。

第二期は八〇年代であり、テーマは経済から政治・安全保障へと移行した。「新冷戦」の八〇年代前半に、レーガン大統領はサッチャー首相と中曽根首相の強い支持を得て対ソ対決の砲列を布いた。この時期、欧州勢は米国の高金利政策に非をならしたが、八〇年代半ばより減税と規制緩和のレーガノミックスが経済活況をもたらす。レーガンに率いられたサミットは強い求心力を回復し、共産圏を圧倒しつつ冷戦勝利へと向う。サミットは、七〇年代の経済危機を克服し、八〇年代に冷戦を超えることにも成功して輝いたのである。世界のすべての国々をほぼ包含する国連が、こうした世界の重大問題について無力であったのに対し、サミットはわずか七カ国の集りながら、否、そうであるからこそ、機動的・実効的に世界史のカジ取り役を担うことができたのである。思えば、この重要グループへの参加を得たことは、日本にとって幸いであったといわねばなるまい。

第三期は九〇年代であり、共通の敵の喪失とともに緊張感もゆるみ、サミットの結束力も低下した。世界の記者たちの取材熱も潮が退くように醒めた。サミットは世界各地に勃発するさまざまな地域紛争等に十分な対処能力を持たず、ロシアを加えG8となっても世界を統御する力は回復しないという。それでも著者は、サミットが環境、人権、グローバリゼーションの光と影など、世界的な認識の潮流を告げる点で意義深いと評価する。おそらく今後ともサミットの役割は、上下にかなり振幅しつつも、決してその重要性が低下し続けはしないであろう。

サミットという高き場を手にした日本であるが、その存在感は概して薄いという。中曽根、福田、大平、橋本の首相たちを例外として、日本の首相は官僚の用意した作文を越えて、他の首脳たちをうならせるような自分の観点を鮮明に表現する能力を持たず、まさにそうした場であるサミットでは影が薄くなりがちであるという。

新しいミレニアムを迎える年に、日本は沖縄サミットを主催することになる。この機会に、沖縄の歴史と地理を積極的にアピールするだけでなく、中国のサミット入りに道筋をつけることを著者は提唱する。世界の中の日本を考える機会としたいものである。

（「毎日新聞」二〇〇〇年一月三十日朝刊）

説得力ある二十一世紀の世界像の登場
『新しい「中世」』21世紀の世界システム（日本経済新聞社、現在は日経ビジネス人文庫）
田中明彦 著

ついに出るべき本が出た、との感が深い。冷戦後の世界はどうなるのか。何度このテーマの特集号が出され、シンポジウムが開かれたことか。その割に答えの方ははかばかしくない。様々な可能性の羅列であったり、逆に、新世界秩序とか無秩序論、あるいは文明の衝突といった一面論の押し売りであったりすることが多かった。最近は、二十一世紀の世界はどうなるか、に論点が移行しているが、議論の内容がさして進んだわけではない。

そうしたなかで、本書は、歴史、国際関係論、現状分析に広く依拠しつつ、今後の世界像をようやく納得のいく全体性において論じたものといえよう。本書はまず冷戦後にもたらされる変化、米国の覇権が衰退することの意味、そして相互依存が進展し、その制度化が進んだ今日の状況を検討したうえ、その先にあるものは何かを探る。著者はH・ブルら先学からヒントを得ながら、「新しい中世」なる表現を今後の世界に与えようとするのである。

本書によれば、世界は「三つの圏域」に分かれる。第一は、市場経済と民主主義の成熟した欧米日など先進諸国二十三カ国であり「新中世圏」と命名される。具体的基準としては、一人当たりGDP一万ドル以上にして、体制自由度の「高い」国々である。第二は、国造りにはげんでいるが、双方の基準を達成してはいない大多数の国々であり「近代圏」と呼ばれる。第三は、体制自由度が「低く」、平均寿命が六十歳未満である二十七カ国であり「混沌圏」とされている。

以上のうち、第一圏域の特徴が、相互依存の進展という域を越えて「新しい中世」と呼ぶにふさわしいと論ずるわけであるが、その意味するところは何か。中世と今後の世界は、主体の多元性とイデオロギーの普遍性というパッケージにおいて共通であると、本書は指摘する。ヨーロッパ中世にあっては、国家だけでなく諸侯、教会、都市など主体はきわめて多様であり、他方でキリスト教という普遍的イデオロギーに覆われていた。近代はこれから脱し、主権国家が唯一至高性を主張し、同質的な主体が、地球上を覆うに至った時代である。

ところが、「近代」が地球的勝利を外見上はとげながら、今日、主権国家は内と外からその主権性をむしりとられ、NGOや国際組織など様々な主体《アクター》が台頭、主体の多元性を見ようとしている。冷戦終結により対抗イデオロギーが後退して、西側の自由民主主義と市場経済を両軸とするイデオロギーが地球的普遍性を確立しつつある。こうして、多元的主体と普遍的価値の抱合において「新しい中世」が生じているとするのである。もちろん十一世紀と二十一世紀が同じであろう筈がない。技術水準と経済システム、国際環境は全く異なる。にもかかわらず、普遍主義的観点から国家の絶対性が否定され、国家の行う戦争に正邪の区別が設けられる点で両時代に共通性が見られるとの指摘は興味深い。

果たして「新しい中世」はよきものか、悲惨なものか。著者は、それは多分にアジア・太平洋次第であるという。「新中世」と「近代」がこすれ合うアジアが二十一世紀の運命を左右しよう。「新中世」に属しつつ、すごみのある国造りに燃える「近代」に対処することを迫られると説く。

地球的な視界をもって、一つ一つ実相をふまえた議論をしながら、世界像を組み立てようとする作品の出現を喜びたい。

（「毎日新聞」一九九六年五月二十七日朝刊）

日本に必要な外交戦略とは
『ワード・ポリティクス　グローバリゼーションの中の日本外交』（筑摩書房）
田中明彦 著

日本には各分野に優れた専門家がたくさんいる。その専門分野をこなしつつも突き抜けて、社会に語り、あるいは社会を語る知的リーダーを日本は必要としている。

冷戦後の国際関係は、まるで固定相場が変動相場制に変ったかのようなめまぐるしさである。その事態をこなして日本外交の認識を曇らせないためには、政治家にも、外務省にも、ジャーナリズムにも、学界にも、その分野に精通して抜けたパブリック・インテレクチャルが不可欠である。

学界でいえば、会員二千人の国際政治学会がある。それぞれが国際関係の一面を切り開く研究を仕事とする専門家である。だがその専門に基づいて、日本外交戦略と外交政策について論じることができる人となれば、きわめてわずかとなる。

本書の著者は、冷戦後の国際関係と日本外交についての認識をリードしてきた。著者は四年前の『新しい「中世」』(日経ビジネス人文庫)において、世界の動向と構図を描いてみせた。冷戦後の世界は、ゆるやかに自由民主主義と市場主義の理念を共有しつつも、国家だけでなく多様な主体が並存して構成する社会に向かっている。そうした特徴は著者が第一圏域と呼ぶ米欧日の先進社会に顕著であり、国境を骨抜きにするほど相互依存が深化している。だが世界には他に二つの圏域がある。国造りに取り組み、その達成には武力行使も辞さない中国・インドなど圧倒的多数の国を包含する「近代圏」、そして国家の維持すら困難な「混沌圏」である。

本書も、新世紀を迎える世界の特徴として、①グローバリゼーション、②民主化、③主体の多様化、④三圏域への分化、⑤アメリカの決定的重要性と、お見立てを継承・展開しつつも、議論の重点を処方箋、すなわち日本の外交政策がいかにあるべきかに移している。橋本、小渕両首相の外交への評価が高い。

国益に基づいて個々の外交対応を行うといった一般論に留まらず、中期的な優先事項を鮮明化する具体的な外交戦略が肝要であると本書はいう。

今日の日本にとって、それは何か。著者は自ら答えて言う。「新しい東アジアの形成」がそれである。日本はアジアに性急に押しつけたりはしないが、市場経済が機能し、自由民主制が確保され、文化の多様性など日本人が望ましいと思う価値が守られる「新しい東アジア」の形成を中長期的なビジョンとすべきであると提唱する。

アメリカ要因の決定的重要性を強調しつつ、新しい東アジアの創造を語るなら、日米中の三国関係の再定義が不可欠であろう。それはしばしば「三国志」的なパワーゲームとして意識されたし、時には米国が古いつきあいの日本に飽き、奔放な魔性の中国に心がひかれる「三角関係」にたとえられたりもした。

それに対し本書は、台湾ミサイル危機をこえ日米安保再定義が成就したあと、一九九七年頃から「社交場」が成立したと見る。そこではパートナーを互いに変えながら踊るが、同時に世論がつくられ評価が決まり、人事や社会が方向づけられて行く場である。そこで大事なのは、軍事力や経済力以上に、魅力的な言動で方向づけをリードする言葉の力であり、「ワード・ポリティクス」(言力政治)であるとする。

かつて石原莞爾は「外交は日本の得意にあらず。これ日本人の心正しきが故なり」と喝破した。そのような日本の自己規定を克服する途を説く世紀転換期に有用の好著である。

(「毎日新聞」二〇〇〇年十一月十九日朝刊)

船橋洋一 著『あえて英語公用語論』(文春新書)
国際社会での戦略を言語の側から考える

八〇年代の日本経済は世界を圧した。強すぎる日本の工業生産力に対する悲鳴が、日米経済摩擦であった。それは「春闘」よりも頻繁《ひんぱん》かつ定期的に繰り返された。冷戦が終結した一九八九年に、世界全体のＧＮＰの十五パーセントを日本一国で占めた。世界には百八十カ国以上あるというのに、とんでもない経済超大国になってしまったのである。それは経済国家としての戦後日本のピークであった。

冷戦が終結し、九〇年代に入ると、話は急変した。バブルはじけて日本経済は迷走状態となり、不良債権の処理を怠って長期不況にはまった。それは日本自体の問題であった。が、それと差し違えるように、アメリカ経済が再活性化し再強化を遂げていることが明らかとなった。陽はまた昇ったのである。夜であった時期に、アメリカは日本にあたり散らしていただけでなく、規制緩和しベンチャービジネスを育てる再浮上の戦略的布石を打っていたのだった。

アメリカ再活性化を引っぱるのがＩＴ革命である。それはグローバリゼーションの波を加速し、世界の経済活動に新たな高い水準を設定するに至った。日本は不良債権の処理と不況脱出という自分の問題に加えて、ＩＴ革命というグローバルな津波に対処せねばならなくなった。

森喜朗首相はこのほど国会の所信表明演説で、五年のうちにＩＴ分野で再逆転しトップに立つ構想を語った。成否は不明だが、敗者の悲哀をかこってばかりいないで、このような目標を掲げて課題設定するのは、政治の大事な役割である。達成は難しいにせよ、その方向にむかって軌道に乗ることが望まれる。

もう一つ、劣らず重要な問題でありながら、手つかずなのが、本書のテーマである「英語の世界語化」への対処である。

本書によれば、世界の六十カ国ほどが英語国であり、「外国語」であった英語を「第二言語」として国内生活に組み入れる国が急増している。国際機関はもとより、ＥＵやＡＳＥＡＮのようなヨーロッパとアジアの地域的機関においても、英語が実用語(作業語)である。技術、ビジネス、外交の分野で、英語が国際的な共通語として用いられるようになり、とりわけ「グローバル経済で生き残りたいのなら、英語に習熟していなければならない」といった認識がアジアを覆いつつある。

グローバリゼーションはインターネットと英語を両輪とする津波だといってよい。二十一世紀にはデジタル・ディバイドに劣らず、イングリッシュ・ディバイドが問題となろう。インターネットと英語をこなすシンガポールやインドがアジアで元気になる。他方、受験英語でうなりながら英語を使えない日本人、そして株式上場に英語での申請を受けつけない日本を国際経済は敬遠し、日本は暗くなる。

ＩＴ革命はたかが十年の問題であるが、産業革命を経た西洋諸国に開国を迫られた時の日本は百年の遅れに直面していた。その時のスローガン「和魂洋才」や「東洋道徳西洋芸」は興味深い。生き残るために西洋文明に学んで近代化を遂げる他はないが、あくまで「魂」や「道徳」は自分のものを守ると強調した。誇り高い民族はそう言い交わすことによって、西洋の技術をなりふりかまわず学ぶことを正当化したのである。

純粋技術であるインターネットを学ぶことに心理的抵抗は少ない。科学技術革命の世紀を新しい技術に対応せずに生きることはできない。しかし言語は便不便だけでとりかえてよい純粋技術ではない。それは文化であり思考であり感情でありアイデンティティである。だから、あれほど西洋化に没頭した明治日本にあっても、森有礼の日本語を廃し英語を採用すべしとの主張は顰蹙を買い、退けられた。また「21世紀日本の構想」懇談会の報告書が「英語第二公用語」化に言及したところ、それに最も大きな反響が賛否双方にわたって生じた。

本書は、そのかしましい賛否両論を過失相殺するかのように放置する知的怠惰をよしとせず、世界において英語をめぐり現に何が起こっているかを広汎かつ豊富に例証しつつ、再論したものである。本書を一読すれば、英語が「世界語」化しつつある圧倒的な津波を眼前に見る感を懐《いだ》こう。他方でそうした「英語帝国主義」に対する強い反発がインドやフランスなど各地で生じていることも示される。著者は日本人が日本の歴史と思想をもっと大事に学ぶべきだと強調する。だが、それと世界語たる英語で表現し対話することができなければ、日本文化と日本人は世界に輝くことができない時代を迎えているのである。本書は、言語表現の面から切った国際関係論であり、そうした世界の現実の中での日本の戦略を考察した有用の書である。日本語を公用語とし、現在「第一外国語」である英語を「第二公用語」とせよ、と本書は提唱している。

（「毎日新聞」二〇〇〇年九月二十四日朝刊）

未知の大陸を拓いた探求者
『現代アラブの社会思想』（講談社現代新書）
池内恵 著

二十一世紀の地球上に、なお未知の大陸が存在する。九・一一テロ攻撃はそれとの遭遇であった。イスラムを奉ずるアラブという精神の大陸は理解不可能か。一人の若い知性が、この大陸の深淵部に分け入り、どれほど闇が深いか、それは何故か、淵の内部メカニズムはどうなっているのか報告したのが、受賞作となった池内書である。

エジプトのアラブ社会が不本意な境遇の中で、ナセル、マルクス主義、イスラムに次々と絶対的な解放を求め、裏切られ続けることで、イスラム原理主義や終末論的陰謀理論の袋小路にはまっていく精神史を本書は描きだした。理由とメカニズムが分かれば闇は闇でなくなる。

それにしても、日本の二十代の若者に、どうしてこんな知的探検が可能になったのか。われわれの社会にも、思わぬ未知の大陸があるかも知れない、との希望を抱かせる快挙である。

（二〇〇二年第二回大佛次郎論壇賞選評）

この地への「良質の認識」は可能か

『アラブ政治の今を読む』（中央公論新社）
池内恵 著

『イラク 戦争と占領』（岩波新書）
酒井啓子 著

地域専門家の重要性は日本において十分に認識されていない。国際戦略や外交政策への不満がしばしば口にされるが、対外政策は相手のあることである。相手を知らず、思い込みで突進してうまく行くはずがない。相手への内在的認識が乏しければ乏しいほど、好意的であれ敵対的であれ、自己意識を投影した決めつけに傾かざるを得ない。対外政策の基盤は自他についての認識であり、他国についての良質の認識を支えるものこそ、地域専門家である。

戦乱に荒廃したカンボジアでの和平と再建になぜ日本が重要な役割を果しえたのか。日本外務省に数名の優れた地域専門家がいたからである。アメリカと国連安保理のカンボジア和平方針が現地の実体とかけ離れたものであることに日本の専門家が気付き、妥当性のある和平案を提起しえたからである。

東南アジアと異なり、中央アジアから中東にかけての専門家は日本に乏しい。ブッシュ大統領の「悪の枢軸」演説があり、どうやら次なるターゲットは、イラクらしいと見えた。それは日本にとって認識上の危機でもあった。イラクはサダム・フセイン体制が西側からの批判や介入を嫌い留学を歓迎しなかったため、外務省はともかく、学界にイラク政治を内側から分析できる専門家は皆無に等しい。こんな状況で、日本はイラク危機に対応できるだろうか。

そんな心配をしていた矢先、二〇〇二年に二冊の書物が現れた。酒井啓子の『イラクとアメリカ』（岩波新書）、そして池内恵の『現代アラブの社会思想』（講談社現代新書）である。酒井書はイラクの最近の動きをイラク自体の歴史と社会から説明した。日本にもイラク専門家がいたのだ。聞けば、バグダッドの大学に留学はできなかったが、バグダッドの日本大使館に専門調査員として派遣され、イラク政治を分析する機会を得たという。日本外務省の人員は総定員法に抑えられて、先進国水準の四分の一程度であり、立派に仕事のできる状態にない。それを補填する便法が人事交流であり、若手研究者も専門調査員の名でリクルートされ、世界各地の在外公館でお手伝いをしている。この制度が国際政治学者や地域専門家の育成に役立っている。現場を知る学者となるうえで貴重な基盤である。酒井氏がそうした一人として自己形成し、イラク戦争直前に研究成果を出版したわけである。

他方、池内氏はイラク専門家ではないが、アラブ社会の魂の彷徨《ほうこう》とでも言おうか、挫折と不遇の中でイスラム原理主義や陰謀論・終末論にとりつかれる軌跡を解き明かした好著を同じ時期に出版した。地域専門家は他文化を内在的に理解するのが仕事であるが、それにはその文化への愛情が必要である。愛情をもって理解すれば、それが基準になり、すべてを赦《ゆる》して、それと異なる日本社会を批判するという地域専門家の定型にはまる。池内氏はまだ二十代の若さで、アラブを内在的に解読しつつも突き放しておかしい所をおかしいと言い切る知力の持ち主である。

このイラク戦争直前に日本の知的世界に登場した二人の学者が、イラク戦争が始まり、米国の圧勝に終ったあと、テロとゲリラ攻撃の止まぬ事態をどう観察し分析したかを示すのが、ここにとりあげる二書といえるだろう。

酒井氏はゲリラ的抵抗が激烈化する直前の二〇〇三年七月に現地を再訪したうえで本書を書いた。サダム独裁の下でイラクの伝統社会は圧殺されたとの見方もあった。米国は戦勝のあと民主主義をもって真空を埋めるつもりであったが、実はイラクの社会は死んでおらず、サダム体制崩壊後、かえって根強く力を発揮していることを、氏は現地で見てとった。動乱の中でかえって力を強めている社会とは部族勢力であり、とりわけ宗教勢力である。シーア派の権威ある師の政治社会問題についての言葉がかくも重い秩序機能を持ちうることを外部の人には想像しがたいであろう。他方、米国のイラク占領政策については、なかなか問題をわきまえた「イラクの将来」計画を国務省が用意していたことを本書は紹介している。しかし米国務省のプランは用いられず、米軍による占領は感心できない亡命者を重用しての粗雑な統括方針に堕した。なぜか、大きな謎であり不幸である。

池内書は、さまざまな雑誌にこの時期に寄稿した文章を集めたものである。テーマも時事評論的なものから文明論的なものまであるが、イスラムの社会教説についての分析が面白かった。邪宗に対するジハード（聖戦）を説くイスラムは、他方で異教徒との共存をも強調するといわれる。両者はどう関連するのか。共存はイスラムの優位を前提にしてしか認められておらず、やはり砂漠の一神教らしい苛烈さが本領のようである。アラブ認識のあり方と、それに対するわれわれの認識のあり方が、池内氏の多様な文章の背後にある変わらぬテーマである。

（「毎日新聞」二〇〇四年三月七日朝刊）

米外交政策史通じ世界秩序の行方示す

『「帝国」の国際政治学　冷戦後の国際システムとアメリカ』（東信堂）

山本吉宣 著

こんな学術的な大著が新聞書評で取り上げられることは稀《まれ》であろう。私自身は時として研究書を扱うが、その多くは歴史研究である。学術書として書かれたものであっても、その文明史的意味を帯びる内容であれば、新聞書評にふさわしいと思う。

本書は国際政治学の研究書である。専門外の者にはとっつきにくい本となっても不思議でない。が、書く人次第ではそうならない。本書にあっては、論の向こうに実相が透けて見える。国際政治と外交政策をめぐる米国の旺盛な議論が、きわめて明快にこなされ紹介される。難しい理屈としてではなく、ある時代状況の中で存在理由のある主張として示される。それを重ねる中で、論の論でなく、米国の政治外交をめぐる認識の歴史が、そして外交政策史そのものが浮び上る。そういう作品である。現代の国際政治という文明を描き上げた研究書として、ここに取り上げる次第である。

本書のキーワードを二つあげるとすれば、「アメリカ」と「帝国」である。去る二十世紀は「アメリカの世紀」であると言われた。けれども「アメリカ帝国主義」という名は、イデオロギー的非難の世界は別として、一般語として用いられることは余りなかった。それが新世紀を迎えて、この二つのキーワードが結びつこうとしている。どういうことか。

「帝国」といった言葉を使って議論をする場合、どう定義するかが肝要である。本書は、ある国が他国に支配を及ぼすに際し、外交政策への影響に留まる場合を「覇権」と呼び、外交と内政双方を統御する場合を「帝国」と使い分ける。アメリカは多くの国々の対外政策に圧倒的な影響力を及ぼしているので疑いもなく覇権国である。しかし他国の内政まで支配するのは常ではないので帝国かどうか議論は分れる。

古典的な帝国は、他国の主権を奪って、併合し、あるいは植民地化するものである。このような制度化された帝国は第一次大戦以降、終焉に向った。けれども強制もしくは合意によって、他国の外交・内政を支配する試みは終らない。このような支配を、本書は「インフォーマルな帝国」と呼び、米国がそれにいかに踏み込んだかを豊かに検証する。

十九世紀末の米西戦争によるフィリピン領有は、その是非をめぐり米国内に「帝国主義論争」を伴ったが、第二次大戦までの米国は、カリブ海域以外に覇権を振うことはなかった。一九三九年の米陸軍は十八・五万人であり、巨大な経済力を対外支配力に転化する国内インフラは乏しかった。

大戦がアメリカを決定的に変えた。戦後世界にあって米国は圧倒的な経済力をもとに、自由貿易体制を築き世界に拡げた。さらに冷戦期は競合する二つの帝国システムの対峙《たいじ》となったが、米国は反共同盟網をめぐらせて、世界中に軍事基地網を形成した。米国がインフォーマルな帝国システムを築き運営するための上部構造として、本書はこの基地網を重視する。

ベトナム戦争の敗北で傷ついた米国は、ニクソン、キッシンジャーの下で、帝国から勢力均衡と多極化を図る普通の大国へ回帰したかに見えた。しかし七〇年代に他方の帝国・ソ連が経済停滞の中で対外過剰介入に走ったことから、内外に困難を深め、ついに九一年の崩壊に至る。冷戦終結後の世界について米国の単極から多極化まで様々な見方が存在した。事実は、九〇年代の米国は新たな情報産業を展開して長期の成長を続けて経済力で圧倒的立場を築いた。さらにユーゴ空爆などを通じて、自らの無比の軍事力を確認するに至る。ライバルなき世界大国の立場を得たのである。

ここで本書が重視するもう一つの要素「ネオコン」が米国の対外政策に深く刻印を残すことになる。ネオコンの歴史は長く苦しいものであったが、冷戦終結後の九〇年代に新たな息吹をもって浮上した。世界の民主化を対外政策の目標とし、そのため軍事力の行使をも辞さない。米国単独でも、先制的にも力を行使しうるとし、善悪二元論に立ち、道徳的明確さと強い政治的意思を鼓舞するネオコンである。ブッシュ政権は九・一一テロの衝撃の中で、それまで下支え的役割に留っていたネオコンの観念と政策を受けいれ、イラク戦争に突き進むに至った。

その結果の不首尾によって、今やネオコンの退潮は明瞭であるが、米国の培った帝国システムはどう変容するのであろうか。伝統的な国際政治に立つ中国やインドによる挑戦、より普遍的な国際システムやグローバル社会などとの重層的併存の中で、いくつかの可能性を本書は示している。二十一世紀の世界秩序と世界文明の行方を、現在の国際システムの構造的分析から考えさせる力作である。

（「毎日新聞」二〇〇七年一月二十一日朝刊）

「日本に欠けているパワー」を知らされる
『欧米クラブ社会』（新潮社）
木下玲子 著

楽しい「クラブ」探訪記である。フリーの女性ジャーナリストが、アメリカを中心にヨーロッパと極東にも足を伸ばし、社会に秘かに影響力を及ぼしている「クラブ」を訪ねる。インタビューで扉を開く軽妙なタッチの構成であるが、扱う問題は軽くない。

本書の描く十件の「クラブ」の内容は多様である。当然ながら、趣味を同じくする同好会がある。ワシントン郊外の超高級ゴルフ・クラブの「バーニング・ツリー」や、イギリスに始まりアメリカが中心となり、そして世界化したヨット・レース「アメリカズ・カップ」のような〝体育会系〟のクラブもある。アメリカ首都の文化水準を飛翔させたワシントンの「ナショナル・ギャラリー」（国立美術館）や、イギリスの由緒ある地理と探検の会「ロイヤル・ジオグラフィカル・ソサエティ」など、〝文化サークル系〟もある。

たかが趣味の世界であっても、超一流であればその専門分野における高品質の要求とそれを守るエリート精神には妥協がない。これらクラブに、閉鎖性・差別性・秘密性は当然のこととして備わっていた。バーニング・ツリーのゴルフ・クラブは、女人禁制にして会員名簿秘密主義をとり続けている。

A・W・メロンは稀な鑑識眼に恵まれた美術愛好家だった。彼はビジネスで築いた財産を投じて絵画美術を買い集めた。よくある話であるが、その後が独特である。メロンは国立美術館を作らせ、自らが蒐集したすべての美術品を無償で提供した。しかも美術館に「メロン」の名を冠することを固く辞した。芸術作品は公のものとの哲学からという。その後、国立美術館に蒐集美術品を寄贈する篤志家が（税制上の優遇もあって）続いた。

このエピソードは、閉鎖的なクラブがエリート精神の要求する高い品質とモラルゆえに、普遍性をも帯びるという変化を示唆する。時代もそれを要求する。世界の知的エリートをスイスの山村に集めて行われる「ダボス会議」の存在理由について「自分だけが分かっていれば何とかなった時代から、分かる層を広げなければどうにもならない時代へ急激に変化した」と参加者が語る。閉鎖的クラブの普遍性という逆説が、本書の隠されたモチーフの一つではなかろうか。

この時代は民間活動の充実なしに乗り切れない。情報公開法を活用して、政府に更なる文書公開を迫り、その成果を広く市民に提供するワシントンの民間機関「ナショナル・セキュリティ・アーカイブ」。評者も研究者としてこの機関の恩恵に浴しているだけに、著者の着眼の確かさを認めた。

官民の横断的交流を当然視するアメリカ社会にあって、政府も民を重視し、民に情報を公開する、民を政府に招き入れようとする。ホワイトハウスをはじめ政府中枢部に、有為の民間人材を一年間インターンとして働かせる「ホワイトハウス・フェロー」の制度は、日本人にとって新鮮な知見であろう。このフェローの経験者から、米国指導者が輩出されているが、政治ではなくジャーナリズムに身を投じたジョンソンCNN社長の観察を引きたい。政府内で「少しでも米国を良くしたいと真剣に働く」多くの人々に打たれた。こうした多数の人士の奮闘にもかかわらず、なお「うまくいかない国政というメカニズムの現実」を知った。それでいて「個人の出来ることの大きさを痛感した」という。認識の成熟を示す言葉であろう。

市民が高度の自発性と専門性を保ちつつ国際的に働くグループとして「国境なき医師団」は著名である。巨大な存在となりながら、政治化と官僚化を避け、初心の目的に身軽に対応するムーブメントであり続けようと苦闘するＮＧＯとして、著者は暖かくレポートしている。

民間の自由なイニシアチブによりながら、反政府に傾くのではなく、広い国際公共性の観点から政府をも支える。そのようなクラブの極致が「日米欧委員会」であろう。一九七二年夏にニューヨーク郊外のロックフェラー邸で始まった三極委員会は、世界の重要問題を討議する知的交流のネットワークを成しただけでなく、Ｇ７サミット発足を先導することになった。このグループは珍しく「初めから本当に対等な立場で」日本の参加を求めた国際クラブであるという。

本書は、著者にとって『インフルエンシャル』『プライズ』(ともに新潮社)に続く作品である。この『フォーサイト』誌に連載された三部作を通じて語りたかったことを、著者は「日本に欠けているパワー」としてエピローグに触れている。それは一言でいえば、〝シビル・ソサエティづくり〟であろう。政治と行政のあり方にタメ息をつきがちな今日、読者は一見気楽な本書の知的散歩につきあいながら、日本の行方についてのヒントをそこここで得るのではあるまいか。

(「毎日新聞」一九九六年五月六日朝刊)

おわりに

日本と世界についての近年の新刊書に対する私の書評を集めたのが本書である。それも二十世紀末から学会誌に書いた一冊を例外にして、すべて冷戦終結後の出版を扱っている。

二十一世紀のはじめの数年間にかけての作品に集中している。

私が注目するこの時期のすべての著作を書評しえたわけでは勿論ない。すばらしい本だ、是非とりあげたいと思っていたら、執筆の順番が来る前に別の書評者に奪われたこともある。いい本が複数あり、順に書きたいと思っているうち機を逸したこともあった。そして社会的マナーからの辞退もあった。教え子など身内の著作は、たとえ客観的に傑出した作品であると確信しえても、私が書くわけにはいかない。そうした除外はあるにせよ、これほど多くの作品とご一緒できたことを幸せに思っている。

この時期は、日本にとっても世界にとっても、稀な激動期であった。国内の戦後システムであった五五年体制も、戦後世界に君臨した冷戦体制も、長期安定的と見えていたものが共に音をたてて崩れ落ちた。人の世に始まりがあって終りのないものはない。そのことを改めて事実によって教えられたこの時代である。

どの程度に歴史的な変動期なのであろうか。大化の改新、明治維新、占領期に次ぐ史上四回目の大変動期という説を耳にすることがある。当っている面もあろうが、いささか過大な位置づけの感は否めない。中国文明のインパクトを受けて古代国家を成立させた大化の改新、西洋文明の衝撃の下で近代国家を成立させた明治維新、第二次大戦の敗戦から民主主義と経済立国に再出発した占領期は、いずれも旧体制の崩壊と新国家の成立をもたらすほどの画期であった。それと較べれば、冷戦後の変動は、旧共産圏諸国は別として、旧西側諸国にとっては旧体制の崩壊と新国家の誕生まで迫られたわけではない。むしろ西側世界にとって、東側の崩壊による冷戦の終結は、自らの基本原理であった自由民主主義と市場経済が勝利し、地球的に普遍化される意味をもった。

ただ西側諸国にとって冷戦後の境遇は一様ではない。米国は、七〇年代にベトナム戦争後のどん底を経験し、八〇年代にはレーガン時代を中心に活力の再生を図ったが、なお日本の工業生産競争力には手を焼いた。冷戦終結後、九〇年代に至って米国はIT革命を成功させてグローバリゼーションの主役となった。軍事と経済の双方について圧倒的優位を築いた米国は、九・一一テロの刺激を受け、ネオコン的ビジョンによりイラク戦争へ跳躍して再転落することになる。他方、西欧はEU統合という歴史的な試みを通しての復権に力を注いだ。

西側諸国のうち、冷戦後に苦しんだのは日本であった。八〇年代の日本が米欧を凌駕する工業製品の輸出国であったのに対し、九〇年代前半にバブル経済がはじけた後の日本は、不良債権の処理に手間取って十年に及ぶ長期不況に陥った。米国主導のITグローバリゼーションを機敏にこなすことは、日本が前の十年における成功者であっただけにかえって難しかった。モノづくりという実業の信者であった日本人には、ITや金融で稼ぐビジネスを「虚業」と敬遠する気分が抜けなかった。またグローバル化時代の活動には英語を世界語として使いこなさねばならないが、世紀転換期に小渕内閣の諮問機関である「21世紀日本の構想」懇談会が英語を第二公用語とする提案を行ったとき、日本の伝統文化を危うくするものと反発の声があがった。どん底に落ち、すべてを失った社会は、過去と決別して出直す他はない。しかし成功者が変わるのは難しく、次の局面に乗り遅れがちなのである。

冷戦後の日本は、むしろ第一次大戦の日本と似た境遇にあると言えよう。日本は第一次大戦の勝者として世界の五大国という高い地位を享受した。それでいて世界は大戦を期に大きく変容し、帝国主義の時代を後に、非植民地化と大衆民主主義の時代へと転じた。日本はかつて成功し、そして時代遅れとなった富国強兵型の政策から、一九二〇年代に離脱しようとして成功せず、三〇年代に回帰して破滅を招いた。

その時代に似て、今日の日本は成功した旧時代の遺産がそれなりに生きていながら、地球的津波の下で変革を迫られる状況にあるといえよう。旧体制の崩壊がなく、成功の過去があるだけに、現状の肯定と否定が複雑に交錯し、方向を見定めるのが容易でない時代である。

混迷は日本のみの例外現象ではない。『アフター・ヴィクトリー』になぞらえて言えば、冷戦の勝者であった西側諸国は冷戦後の世界秩序を築くことに成功していない。グローバル化の津波に対して、自己の伝統と文化を守ろうとするナショナリズムやアイデンティティ・ポリティックスの衝動が、勝利した諸国においても強い。米国主導のグローバリゼーションに反発する地域では自爆テロが続いている。そんな中、中国、インドなど、長く沈潜していた大国の勃興が二十一世紀世界の新アクターとして注目されるが、まだ途上国と大国の二重アイデンティティを精算するに至っていない。総じて、神去って未だ来たらざる時代にあると言わねばならないであろう。

それだけに日本と世界の現実への洞察と、二十一世紀の新しい社会を求める構想力を知的世界は必要としている。その雫を新刊書に拾い集める書評という営為に参画できたことは思えば幸いであった。内向き・後ろ向き・縮み思考の議論と政策に引き込まれやすい日本社会だけに、ダイナミックな打開力のある知的営みが今後とも輩出することを望まずにはおれない。

人との出会いに劣らず、本との出会いは貴重である。それを書評というかたちで記録することを重ねてきた。その記録が一冊の本になるという想像しなかった僥倖をもたらしたのは、千倉書房に移り、編集者として再出発しようとする神谷竜介氏であった。防衛大学校での新しい仕事の多事にまぎれて怠ける私を、揺らぐことなくリードされた氏に深謝したい。

二〇〇八年盛夏

五百旗頭真

村井友秀『戦略の本質』日本経済新聞社　265
村田晃嗣『アメリカ外交』講談社現代新書　173
村田晃嗣『大統領の挫折』有斐閣　190
メドウズ，ドネラ・H『成長の限界』ダイヤモンド社　082
毛里和子『ニクソン訪中機密会談録』名古屋大学出版会　184
毛里興三郎『ニクソン訪中機密会談録』名古屋大学出版会　184
莫邦富『ノーといえる中国』新潮文庫　244
ヤ 山室英男『外交とは何か』NHK出版　084
山本吉宣『「帝国」の国際政治学』東信堂　304
吉川英治『宮本武蔵』講談社文庫　055
吉田茂『回想十年』中公文庫　071
吉田茂『吉田茂書簡』中央公論社　071
吉田孝『日本の誕生』岩波新書　004
ラ 李登輝『台湾の主張』PHP研究所　248
ルオフ，ケネス『国民の天皇』共同通信社　102
ワ 若月秀和『「全方位外交」の時代』日本経済評論社　155
若林正丈『蒋経国と李登輝』岩波書店　250
渡邉昭夫『アジア太平洋連帯構想』NTT出版　217
渡邉昭夫『首相官邸の決断』中公文庫　077
和田春樹『朝鮮戦争』岩波書店　229

平川裕弘『中国エリート学生の日本観』文藝春秋　243
福永文夫『占領下中道政権の形成と崩壊』岩波書店　044, 047
藤原帰一『戦争を記憶する』講談社現代新書　140
藤原帰一『デモクラシーの帝国』岩波新書　173
船橋洋一『あえて英語公用語論』文春新書　297
船橋洋一『ザ・ペニンシュラ・クエスチョン』朝日新聞社　234
船橋洋一『同盟漂流』岩波現代文庫　190, 195, 227, 235
船橋洋一『日本の志』新潮社　142
古矢旬『アメリカ　過去と現在の間』岩波新書　173
保阪正康『吉田茂という逆説』中公文庫　070
細谷千博『サンフランシスコ講和への道』中央公論社　021
細谷千博『シベリア出兵の史的研究』岩波現代文庫　017
細谷千博『日本外交の座標』中公叢書　021
細谷千博『両大戦間の日本外交』岩波書店　011
細谷雄一『外交による平和』有斐閣　275
本田優『日本に国家戦略はあるのか』朝日選書　162
マ　マキアヴェッリ『君主論』岩波文庫　268
牧原出『内閣政治と「大蔵省支配」』中公叢書　106
増田弘『公職追放』東京大学出版会　041
升味準之輔『現代政治』東京大学出版会　036
升味準之輔『昭和天皇とその時代』山川出版社　035
升味準之輔『戦後政治』東京大学出版会　036
升味準之輔『日本政党史論』東京大学出版会　036
松山幸雄『自由と節度』岩波書店　093
マハティール・モハマド『アジアから日本への伝言』毎日新聞社　212
真渕勝『大蔵省統制の政治経済学』中公叢書　108
丸山眞男『現代政治の思想と行動』未来社　055
マン, ジェームズ『ウルカヌスの群像』共同通信社　202, 235
マン, ジェームズ『米中奔流』共同通信社　187
ミ　御厨貴『首相官邸の決断』中公文庫　077
御厨貴『東京』読売新聞社　118
御厨貴『馬場恒吾の面目』中央公論社　072
御厨貴『明治国家の完成』中央公論新社　006
宮城大蔵『「海洋国家」日本の戦後史』ちくま新書　152
宮城大蔵『バンドン会議と日本のアジア復帰』草思社　210
三好範英『戦後の「タブー」を清算するドイツ』亜紀書房　138
村井友秀『失敗の本質』中公文庫　265

田中明彦『安全保障』読売新聞社　190
田中明彦『ワードポリティクス』筑摩書房　295
田中修『検証　現代中国の経済政策決定』日本経済新聞出版社　245
谷口将紀『日本の対米貿易交渉』東京大学出版会　120
湯正宇『ノーといえる中国』新潮文庫　244
チャ，ヴィクター・D『米日韓　反目を超えた提携』有斐閣　231
喬辺『ノーといえる中国』新潮文庫　244
張蔵蔵『ノーといえる中国』新潮文庫　244
筒井清忠『西條八十』中公叢書　089
寺崎英成『昭和天皇独白録』文春文庫　036
寺本義也『失敗の本質』中公文庫　265
寺本義也『戦略の本質』日本経済新聞社　265
戸部良一『日本陸軍と中国』講談社選書メチエ　026
戸部良一『失敗の本質』中公文庫　265
戸部良一『戦略の本質』日本経済新聞社　265
トルクノフ，A・V『朝鮮戦争の謎と真実』草思社　228
ナ ナイ・ジュニア，ジョセフ・S『国際紛争』有斐閣　263
中北浩爾『経済復興と戦後政治』東京大学出版会　047
中島信吾『戦後日本の防衛政策』慶應義塾大学出版会　147
中西輝政『アメリカ外交の魂』集英社　172
中西輝政『大英帝国衰亡史』PHP文庫　280
中西寛『国際政治とは何か』中公新書　260
西崎文子『アメリカ外交とは何か』岩波新書　173
ニッシュ，イアン『戦間期の日本外交』ミネルヴァ書房　023
日本国際政治学会『太平洋戦争への道』朝日新聞社　021
野中郁次郎『失敗の本質』中公文庫　265
野中郁次郎『戦略の本質』日本経済新聞社　265
ハ 長谷川毅『暗闘』中央公論新社　032
秦郁彦『日中戦争史』原書房　028
秦郁彦『盧溝橋事件の研究』東京大学出版会　028
鳩山一郎『鳩山一郎・薫日記』中央公論新社　065
浜下武志『香港』ちくま新書　252
原敬『原敬日記』福村出版　066
原田熊雄『西園寺公と政局』岩波書店　066
ハルバースタム，デービッド『静かなる戦争』PHP研究所　197
ハルバースタム，デービッド『ベスト・アンド・ブライテスト』朝日文庫　197
東野真『昭和天皇　二つの「独白録」』NHK出版　068

坂元一哉『日米同盟の絆』有斐閣　071, 180
佐々木卓也『アイゼンハワー政権の封じ込め政策』有斐閣　204
佐々木卓也『封じ込めの形成と変容』三嶺書房　205
佐道明広『戦後日本の防衛と政治』吉川弘文館　145
佐藤栄作『佐藤榮作日記』朝日新聞社　066
佐野眞一『凡宰伝』文春文庫　086
信田智人『官邸の権力』ちくま新書　123
信田智人『総理大臣の権力と指導力』東洋経済新報社　125
信田智人『冷戦後の日本外交』ミネルヴァ書房　157
司馬遼太郎『坂の上の雲』文春文庫　055
司馬遼太郎『殉死』文春文庫　037
司馬遼太郎『「昭和」という国家』NHK出版　037
司馬遼太郎『義経』文藝春秋　037
嶌信彦『首脳外交』文春新書　290
シャラー, マイケル『「日米関係」とは何だったのか』草思社　177
朱建栄『毛沢東の朝鮮戦争』岩波現代文庫　229, 239
朱建栄『毛沢東のベトナム戦争』東京大学出版会　239
城田安紀夫『外交官』実業之日本社　103
杉之尾宜生『失敗の本質』中公文庫　265
杉之尾宜生『戦略の本質』日本経済新聞社　265
杉原薫『アジア間貿易の形成と構造』ミネルヴァ書房　254
須藤眞志『ハル・ノートを書いた男』文春新書　175
スラヴィンスキー, ボリス『考証日ソ中立条約』岩波書店　031
スラヴィンスキー, ボリス『千島占領』共同通信社　031
スラヴィンスキー, ボリス『日ソ戦争への道』共同通信社　030
芹川洋一『メディアと政治』有斐閣　130
芹田健太郎『日本の領土』中公叢書　135
添谷芳秀『日本の「ミドルパワー」外交』ちくま新書　052
宋強『ノーといえる中国』新潮文庫　244
タ 瀧井一博『文明史のなかの明治憲法』講談社選書メチエ　006
竹内洋『学歴貴族の栄光と挫折』中央公論新社　009
竹下俊郎『メディアと政治』有斐閣　130
田所昌幸『「アメリカ」を超えたドル』中公叢書　182
田所昌幸『国連財政』有斐閣　285
田所昌幸『ロイヤル・ネイヴィーとパクス・ブリタニカ』有斐閣　271
田中明彦『アジアのなかの日本』NTT出版　254
田中明彦『新しい「中世」』日経ビジネス人文庫　293, 296

小和田恒『外交とは何か』NHK出版　084
小和田恒『参画から創造へ』都市出版　084
カ　カーティス，ジェラルド『政治と秋刀魚』日経BP社　095
カーティス，ジェラルド『代議士の誕生』サイマル出版会　096
葛西敬之『未完の「国鉄改革」』東洋経済新報社　115
加藤淳子『税制改革と官僚制』東京大学出版会　113
蒲島郁夫『メディアと政治』有斐閣　130
鎌田伸一『失敗の本質』中公文庫　265
鎌田伸一『戦略の本質』日本経済新聞社　265
北岡伸一『国連の政治力学』中公新書　287
木下玲子『インフルエンシャル』新潮社　309
木下玲子『欧米クラブ社会』新潮社　307
木下玲子『プライズ』新潮社　309
君塚直隆『ヴィクトリア女王』中公新書　273
君塚直隆『イギリス二大政党制への道』有斐閣　273
君塚直隆『女王陛下のブルーリボン』NTT出版　273
君塚直隆『パクス・ブリタニカのイギリス外交』有斐閣　274
木村幹『韓国における「権威主義的」体制の成立』ミネルヴァ書房　223
金熙徳『徹底検証！ 日本型ODA』三和書籍　219
古清生『ノーといえる中国』新潮文庫　244
宮内庁『道』NHK出版　100
宮内庁『明治天皇紀』吉川弘文館　009
久米郁男『日本型労使関係の成功』有斐閣　110
クラウゼヴィッツ『戦争論』中公文庫　269
倉田百三『出家とその弟子』岩波文庫　011，249
黒崎輝『核兵器と日米関係』有志舎　150
ゲーテ『ファウスト』集英社文庫　249
高坂正尭『国際政治』中公新書　262
高坂正尭『不思議の日米関係史』PHP研究所　168
河野雅治『和平工作』岩波書店　215
国分良成『現代中国の政治と官僚制』慶應義塾大学出版会　241
国分良成『中華人民共和国』ちくま新書　236
後藤田正晴『情と理』講談社＋α文庫　075
サ　西條八十『アルチュール・ランボオ研究』国書刊行会　090
齋藤嘉臣『冷戦変容とイギリス外交』ミネルヴァ書房　278
酒井啓子『イラク 戦争と占領』岩波新書　301
酒井啓子『イラクとアメリカ』岩波新書　302

著者索引

主要な編著者・監修者・訳者名のみとしたが、
本文中では書名しか挙がっていない参考的書籍についても掲載している。
名前の読み方は、それぞれの書籍の書誌データにしたがった。
書評の対象となっている書籍については当該頁に下線を記した。

［著者略歴］
五百旗頭真（いおきべ・まこと）

防衛大学校校長・神戸大学名誉教授・法学博士
1943年、兵庫県生まれ。京都大学法学部卒業、同大学院法学研究科修士課程修了。広島大学政経学部助手・助教授を経て、81年より神戸大学法学部教授。2000年より同法学研究科・国際協力研究科教授。ハーバード大学（1977-79年、2002-03年）、ロンドン・スクール・オブ・エコノミクス（1990-91年）客員研究員、日本政治学会理事長（1998-2000年）などを歴任し、2006年より現職。
主著に『米国の日本占領政策』（中央公論社、サントリー学芸賞）、『日米戦争と戦後日本』（大阪書籍／講談社学術文庫、吉田茂賞）、『占領期』（読売新聞社／講談社学術文庫、吉野作造賞）、『戦争・占領・講和――1941-1955』（中央公論新社）など、編著に『新版　戦後日本外交史』（有斐閣、吉田茂賞）、『日米関係史』（有斐閣）などがある。

歴史としての現代日本
五百旗頭真書評集成

二〇〇八年一〇月三〇日　初版第一刷発行
二〇〇九年　四　月一〇日　初版第二刷発行

著者　五百旗頭真
発行者　千倉成示
発行所　株式会社 千倉書房
〒一〇四-〇〇三一
東京都中央区京橋二-四-一二
〇三-三二七三-三九三一（代表）
http://www.chikura.co.jp/

印刷・製本　中央精版印刷株式会社
造本装丁　米谷豪

ISBN 978-4-8051-0889-5　C1020

旅の博物誌

樺山紘一 著

未知へと旅した人々は、どんな体験を通して何を観察したのか。人間文化のありかたを普遍性のもとに探る。

❖四六判／本体 一九〇〇円＋税／978-4-8051-0890-1

世界遺産が消えてゆく

中村俊介 著

世界で、日本で、目撃した危機的状況。わたしたちは「世界遺産」を後世に伝えられるのだろうか。

❖四六判／本体 一八〇〇円＋税／4-8051-0871-1

文化としての都市空間

市川宏雄 著

都市政策の第一人者が歴史のなかで解き明かす、街の表情とたたずまいの秘密。都市の持つ文化空間とは。

❖四六判／本体 二一〇〇円＋税／978-4-8051-0877-2

千倉書房

表示価格は二〇〇八年一〇月現在

冷戦期中国外交の政策決定　牛軍 著　真水康樹 訳

毛沢東が指導した歴史的事件への対応を分析し、今日にも通ずる中国という国家の性格を浮かび上がらせる。

❖四六判／本体 二六〇〇円＋税／978-4-8051-0885-7

日米同盟というリアリズム　信田智人 著

外交政策から戦後の日米関係を通観し、21世紀の同盟国に求められる安全保障の未来像を問いかける。

❖四六判／本体 二二〇〇円＋税／978-4-8051-0884-0

インテリジェンスの20世紀　中西輝政・小谷賢 編著

13人の専門家が描きだす情報史から見た国際政治。戦間期・大戦中と冷戦期の裏面史が21世紀日本の指針を示す。

❖A5判／本体 三三〇〇円＋税／978-4-8051-0894-4

表示価格は二〇〇八年一〇月現在

千倉書房

なぜ歴史が書けるか

升味準之輔 著

歴史家は意味や効用があるから歴史を書くのではない。政党史研究の泰斗が傘寿を越えてたどり着いた境地。

❖四六判／本体 二八〇〇円＋税／978-4-8051-0897-0

表象の戦後人物誌

御厨貴 著

戦後史を表象する人物の足跡をたどり、我々の人生をすっぽりと覆うほど長い「戦後」の変遷と変質に迫る。

❖四六判／本体 二四〇〇円＋税／978-4-8051-0912-0

表示価格は二〇〇八年一〇月現在